洪堡兄弟传

DIE BRÜDER HUMBOLDT EINE BIOGRAPHIE

［德］曼弗雷德·盖尔　著

胡嘉荔　崔延强　译

重庆大学出版社

作者简介

原著者： 曼弗雷德·盖尔，1962—1968 年在法兰克福大学、柏林大学和马尔堡大学学习日耳曼文学、政治学和哲学，1970—1979 年在马尔堡大学工作并在 1973 年获得博士学位，研究题目为"作为语言能力理论的语言学结构主义"，1982 年完成的教授资格论文是有关"文化历史语言分析"的内容。1982—1987 年在汉诺威大学担任副教授，教授语言学，1998 年结束教师生涯。现生活在汉堡，职业为自由学术评论员和私人讲师。出版作品 20 余部，包括《康德的世界》（罗沃尔特，莱茵贝克，2003）、《聪明人笑什么：幽默小哲学》（罗沃尔特，莱茵贝克，2006）、《洪堡兄弟》（罗沃尔特，莱茵贝克，2009）、《启蒙：一个欧洲项目》（罗沃尔特，莱茵贝克，2012）、《灵光乍现：另类哲学史》（罗沃尔特，莱茵贝克，2013）、《维特根斯坦和海德格尔：最后的哲学家》（罗沃尔特，莱茵贝克，2017）、《哲学家的爱情：从苏格拉底到福柯》（罗沃尔特，汉堡，2020）、《卡尔·波普尔》（罗沃尔特，莱茵贝克，1994）、《马丁·海德格尔》（罗沃尔特，莱茵贝克，2005）、《维也纳学派》（罗沃尔特，莱茵贝克，1992）等。

译　者： 胡嘉荔，四川遂宁人。1992 年毕业于重庆四川外语学院德语语言文学专业，四川外国语大学德语学院副教授、德国研究中心成员。研究领域包括德语作为外语教学法、德语国家文学以及德国高等教育理论。翻译出版《洪堡人类学和教育理论文集》《马丁·路德》等。

崔延强，毕业于中国人民大学，获哲学博士学位。西南大学原副校长，中希文明互鉴中心主任，教授，博士研究生导师，从事外国哲学和高等教育学研究，翻译出版《亚里士多德全集》第五卷，塞克斯都·恩披里柯哲学文集《皮浪学说概要》《反逻辑学家》，西塞罗哲学文集《论学园派》《论诸神的本性》《论目的》等译著。

原出版社： 罗沃尔特

译者序

威廉·冯·洪堡（1767—1835）和亚历山大·冯·洪堡（1769—1859）是18—19世纪之交两位百科全书式的德国学者，同时也是启蒙运动后期德国古典主义和理想主义的代表人物。一般认为弟弟亚历山大更为出名，原因在于时代的发展以及个人的成就：因为环球旅行的可能性，人们研究自身之外的世界以及对大自然的渴望剧增，自然科学在现代化进程中的地位也越来越重要；亚历山大比哥哥威廉长寿24年，在这24年中亚历山大不仅利用生动活泼的口头讲座以及通俗易懂的著作致力于在德国发展国际化的学术氛围，还着力培养、支持和赞助科学界的后备人才。他不仅给同时代的人留下了深刻的印象，还对德国在国际上的学术地位产生了深远的影响，他的著作《宇宙》是超越死亡、超越时代仍然具有价值的典范。而威廉的学术作品大部分是片段式的、零星的。他的思想并没有得到详尽的阐述。他的作品很小一部分在其生前以论文的形式出版，虽然在小范围内很有名，但因为文字写得晦涩难懂，即使有一定的思想深度，内容也涵盖关于人以及关于古代文化的研究等，但都不容易被普罗大众理解，因此威廉的思想在生前并没有被真正地认识和了解。直到亚历山大出版了哥哥的著作以及后来莱茨曼出版的有关威廉作品的17卷本全集，其中包括威廉给妻子和朋友的信件、日记以及在不同领域工作的备忘录等，人们才得以了解到威廉思想的丰富性和多样性。广为人知的是他在德国进行的教育改革，尤其是成立柏林大学事宜以及年老之后的语言学著作。

迄今为止有不少传记研究洪堡兄弟，但都是将兄弟俩分开来写，而本书在研究大量文献的基础上将兄弟俩生活中各个重要的阶段与历史事件巧妙地结合起来，以引人入胜的方式向读者平行地描绘了兄弟俩的生活，尤其他们多元化的交际、友谊、旅行和通信等。其中，作者强调了兄弟俩与歌德、席勒的交往以及兄弟俩对歌德和席勒产生的影响，改变了人们谈到德国古典主义整体观的时候只想到歌德、席勒的刻板印象。此外，作者还以轻松愉悦却优雅的方式让读者得以窥见兄弟俩的"私密空间"：当威廉扮演"粗鲁的肉欲者"的角色时，亚历山大逐渐发现了自己的特殊性倾向。作者真实地再现兄弟俩对本能的强烈渴望和追求，不仅使读者更容易理解他们的精神生活及兄弟俩不同的研究和发展方向，也使得本传记更具感性且极具可读性。

值得一提的是，洪堡兄弟俩虽然性格不同，学术研究领域也不同，但他们受时代思潮的影响，对许多问题的看法却又是一致的：古典主义整体观贯穿着他们的研究。亚历山大偏自然科学且专注于研究大自然，从微小的沙粒到浩瀚的宇宙，他认为不能单独研究某一个部分，因为所有的个别部分都是整体的一个部分，研究者必须纵观全局，从整体与局部的辩证关系来进行研究，而且研究者也不能凭猜测和臆想得出结论，而应该进行实证和更多地列举事实以达至真理；威廉研究一切重要的思想潮流及其代表人物，无论是国家理论、艺术理论、哲学、历史、人类学、心理学、语言学等研究领域，还是他的所思所想及所作所为似乎也都是一种主题和一种理念的不同变种，那就是最充分、最丰富地发展人性，因为他认为只有个体得到最充分的发展，自己的民族以及整个人类才有可能发展到下一个更高级的阶段。从这个意义上说，洪堡兄弟俩的精神成长以及自身的成就既是那个时代的产物，也是他们自身发展的必然结果，并且兄弟俩不仅是伟大的思想者，更是自身理念最好的践行者。

需要说明的是，书中人名是根据德语翻译的，有些可能与英文惯常译法有所不同，比如 Charlotte，之前常常译为夏洛特，但根据德语应为莎洛特。如果是大家都熟悉的名字还是基本采用通用的人名，比如 Forster，德语应为福斯特尔，但之前作为库克环游世界的同伴被翻译为福斯特，本书就延用福斯特。为方便阅读，正文中人名全名第一次出现时附上原文。同时，为了不影响阅读顺畅度，因地名太多，正文中未附上地名原文。对一些可能影响阅读的地方，译者特意作了脚注。书中（"Br.,""G.S.,""Jbr.,""K."）是本书使用到的最重要的一部分文献，请见文献说明。

译文如有不妥或错误之处，望读者批评指正，译者将不胜感激。
感谢重庆大学出版社为译作出版提供的支持。

译　者

胡嘉荔　崔延强

目 录

第一章

悲伤的童年：

——

为什么两个小孩热爱大自然，却感觉受人的折磨

1823 年夏天，来自柏林的枢密大臣夫人科尔劳施（Kohlrauch）和冯·霍恩措伦（von Hohenzollern）侯爵夫人在波希米亚的马林浴场度假，她们在此认识了歌德。令她们惊讶的是，74 岁的歌德看上去比任何肖像画中的自己都年轻帅气。这没什么奇怪的，因为歌德自己也正感觉年轻力壮了许多：他爱恋着 19 岁的姑娘乌尔里克·冯·莱韦措（Ulrike von Levetzow），莱韦措小姐与母亲正好也在马林浴场度假。当两位女士试图和歌德攀谈的时候，她们对他的这份恋情一无所知。歌德话不多，大部分时候他只稍加评论，尽管说话的时候语调丰富、嗓音迷人且意味深长："太美妙了！"人们谈到科尔劳施夫人的家乡柏林。歌德去过柏林吗？歌德否认去过。后来他们聊到共同的熟人威廉·冯·洪堡：洪堡在 1820 年离开普鲁士政府，回到柏林附近宁静的祖屋特格尔庄园。歌德想起来了："啊，对的，我们度过了愉快的一天。"歌德不动声色地对自己的记忆漏洞进行了评注："你们看嘛，人有时会说漏嘴。"[1] 然后他变得严肃起来并结束了谈话。人们注意到，他似乎不太愿意回忆唯一的一次柏林之行，或者他对自己的健忘感到恼怒？

　　最初歌德自己都忘了这次柏林之行，但他写在了日记里，那是 1778 年 5 月。歌德从 1776 年开始任公使馆参赞并参与魏玛宫廷的所有政治事务。1778 年 5 月，歌德陪同外交使团以及当时还相当年轻的萨克森 – 魏玛大公卡尔·奥古斯特（Karl August von Sachsen-Weimar）去普鲁士首都柏林。阿勒菲尔德（Ahlefeld）的大公英科克里托（Inkognito）在侍从官和朋友冯·魏德尔（von Wedel）以及歌德的陪同下也去了柏林和波茨坦。他们和国王弗里德里希二世，即"老弗里茨"就萨克森 – 魏玛在巴伐利亚王位争夺战中的政治和军事地位进行了谈判，这场王位争夺战在普鲁士和奥地利之间进行。5月15日人们来到波茨坦，接下来的一个星期都待在柏林，这个星期的经历没给歌德留下好印象。柏林街上拥挤的人群、马匹、车辆以及大炮使他不安。"在这个马上就要爆发战争的时刻"[2]，他正处于战争的源头上。

5月20日的短途旅行使紧绷的神经稍微放松了些。歌德只记下寥寥数语："大约10点从柏林出发经过舍恩豪森到达特格尔。中午在特格尔用午餐，经过夏洛滕堡到达策伦多夫，夜晚11点到达波茨坦。"[3]他真的去过特格尔。十年后在提到威廉·冯·洪堡这个名字的时候他回忆起在柏林度过了愉快的一天。这就是那个被人广泛提及并在众多有关洪堡兄弟的传记中都不可或缺的小故事：歌德于1778年到特格尔拜访过洪堡。"但洪堡还是位年轻人，并且还不算贵族。"[4]尤里乌斯·勒文贝格（Julius Löwenberg）于1872年在莱比锡出版了三卷本的亚历山大·冯·洪堡学术传记，他详细地描述了此事："歌德在1778年5月唯一的一次柏林之行中去过特格尔。他不喜欢勃兰登堡的雅典①，他的天赋引导他经过舍恩豪森和特格尔到达波茨坦。中午他在特格尔庄园午休，他似乎被特格尔的魅力所吸引。威廉和亚历山大，那时分别是11岁和9岁，在他的脚边玩耍，这两个小男孩跟他那一代有亲戚关系。"[5]由此可见，历史学家有时也会"失言"并让自己的想象天马行空。

在马林浴场谈及洪堡时，年老的歌德回忆起柏林之行和特格尔之旅，这是很

---

① 这里指柏林。

正常的：因为自从他们认识以及 1794 年 12 月在耶拿开始学术讨论以来，两兄弟在他的生活中就起着举足轻重的作用。正如歌德以神话般的暗示提到不朽的双胞胎^①卡斯托（Castor）和普鲁科斯（Pollux）一样，洪堡兄弟常作为"生命中的莫逆之交"⁶给他指明方向：亚历山大广博的自然研究促进了歌德的博物学研究，威廉的美学和文学思想促进了他的文学创作。

　　但既无可靠的事实也无令人信服的证据说明歌德和兄弟俩早在 1778 年 5 月就已愉快会面。歌德自己也没说明他用"我们"的时候指的是谁，是大公和他一起去的特格尔吗？为什么他恰好在这一天去特格尔？人们不知道，也许他读过弗里德里希·尼克莱（Friedrich Nicolai）的畅销书《皇家官邸柏林和波茨坦》，书中提到特格尔地区属于柏林附近的风景名胜。特格尔这个小地方属于舍恩豪森，位于哈维尔河畔，这一段河流河面狭长，特格尔庄园就在河边，庄园有着"美丽的花园和葡萄园，地理位置非常宜人，人们可以在附近林荫覆盖的山丘中散步，从各个角落均可欣赏风景秀丽的特格尔湖，也能看到施潘道区及周围的风景"⁷。特格尔森林尤以树木闻名遐迩：特格尔的林业顾问弗里德里希·奥古斯特·冯·布格多夫（Friedrich August von Burgsdorf）不仅为本地植物建造了众多的苗圃，还尝试在勃兰登堡的沙地上种植很多异域尤其是北美的木材。这些可能是吸引歌德前往特格尔的原因，因为他自己从春天开始也忙于重新设计施特恩河畔的魏玛自然风景公园和蒂福特公园。与躁动不安的柏林相比，也许在特格尔这个宁静的小地方有值得观赏的东西，这些东西可能对他的植物学研究也有帮助。但也许歌德只是因为尼克莱的推荐去的特格尔：人们可以在一家很好的名叫"新罐"的饭馆品尝美味佳肴，"因此常有人从柏林坐车过来，必须得提前订位"⁸。

---

① 希腊神话中的孪生兄弟，也指双子座冬季星座中的一对明亮恒星。

歌德记下了"午餐"，却未提到洪堡这个名字。歌德早上 10 点出发，一会就把奥拉宁堡城门抛在身后，他朝西北方向前进，不久就上了行进缓慢的沙地。柏林附近的沙地尘土飞扬。他肯定过了潘科小溪，然后穿过大片人们当时称之为"荒野"的杉树和松树林，再穿过容番草原、海里根湖和施潘道，最后来到如原始风光般的、长长的、宽宽的哈维尔河源头：河中点缀着众多的岛屿，还有草地，一条蜿蜒的小溪穿过草地，小溪推动着磨坊和锯木厂，小溪的一边是小小的特格尔，另一边人们可以在森林边缘的小招牌上看见"施勒斯根"这几个字。

关于特格尔庄园的描述和画作向我们介绍了洪堡兄弟度过大部分童年和青年时光的家乡。从小溪开始，一条舒适的林荫密布的道路通向古老的房屋建筑群：当时房子周围有一座坚固的塔楼，塔楼旁边有一座多角弯曲的两层楼房以及杂物房，还有农庄。有一口吸水井负责供水，仓库马厩分别储存饲料和养马，旁边还有简朴的供酿酒师傅居住的房屋，酿酒师傅负责管理附近山丘上的葡萄园。尽管是沙地，特格尔的葡萄酒据说也"有点浓烈"[9]，但味道还是不错的。

洪堡一家夏天都在风景优美的特格尔度过，特格尔附近的财产和庄园从 1766 年起属于家族财产，冬天他们偏爱柏林城里的房子。如果说 1778 年 5 月 20 日当时才 11 岁和 9 岁的威廉和亚历山大在歌德脚边玩耍这事不大可能，那么有一点是肯定的：威廉和亚历山大喜欢待在特格尔这样的自然环境中。在以后的岁月中他们不无忧伤地回忆起大自然对自己童年性情产生的影响。

威廉·冯·洪堡给未婚妻卡萝莉内·冯·达谢尔奥顿（Caroline von Dacheröden）描绘过家乡特格尔的美，他想让卡萝莉内熟悉自己从小长大的地方并了解自己性格形成的原因：大自然在他性格形成过程中一直扮演着非常重要的角色。"特格尔非常美。"他 1790 年 5 月 8 日从柏林写信给卡萝莉内（他深爱的"李"）："事实上这片地区有点罗曼蒂克，对当地人来说非常美。从小生活在这里的我，每次见到它时都有如此多的回忆涌现在脑海。每当我站在种满葡萄的山丘上，都像是第一次。当我看到田野、草坪、湖泊以及湖中大大小小零星的岛屿时，那种渴望瞬间溢满我的心房。"（Br. I，144）在那时的他看来：小山丘如同山峰，湖泊如同大海，他感觉被这片地区征服了，它的魅力深深触动了他。几天之后他又从特格尔写信给卡萝莉内，这种特别的难以名状的感觉占据了他的心，他看到"山顶、山谷，它们从童年时就带给我如此美妙的愉悦感。在最初有所追求的青少年时期，我的目光聚焦在湖泊，然后延伸到远方，越来越远，越过森林和草地。这一切在我身上形成并塑造了我。我如此有勇气和有兴趣，想做出点成绩，完成伟大的事业"（Br. I，460）。

和早期童年记忆相联系的这些青少年时期的兴趣在威廉后来的岁月中虽然难以觉察，但特格尔依然是超越其他一切的喜爱之地，威廉·冯·洪堡生命的最后10年（1820—1835）在特格尔度过。他似乎想重新找到自然的美以及由此带来的青少年时期的快乐，和夫人回到30年前他给她描绘过的优美的乡间。

年老的时候他又在给女友的一系列信件中形象生动地描述特格尔："我非常喜欢特格尔。"[10]他1822年7月10日写信给莎洛特·迪德（Charlotte Diede）。当时他正委托卡尔·弗里德里希·申克尔（Karl Friedrich Schinkel）把古老简朴的带四棱形结实塔楼的房屋改造成那种古典的、棱角分明的建筑。改造过的建筑如今魅力依旧：不仅仅是因为希腊精神被移植到勃兰登堡的土地上，似乎房子的主人也终于因为童年的自然爱好而达到幸福的境界。他对女友夸耀说这片地区是柏林附近最美的地方：广博的森林，植被覆盖的漂亮山丘以及从山丘上目之所及的湖泊和众多的岛屿，高大树木环绕的房屋。"童年时，我看这些树木还不特别高大，才中等大小，现在和我一起长高了。"[11]所有这一切都让他像孩子一样开心，尤其是那些树木依然让他着迷，他在1824年秋天对莎洛特·迪德再次提到：粗壮宽大、树荫浓郁的树木散落在房屋四周，在房屋周围形成多彩的层次。花园和葡萄园所在的山丘上还有各种各样的果树，公园是浓密深黑的灌木丛，湖泊也被森林环绕着："我对树有着特别的热爱，不愿意砍伐任意一棵，甚至移植都不愿意……树有不可思议的渴望的特征，当它们如此牢固地被限制在大地中的时候，它们却用它们的树梢——只要它们能够——竭力超越根的界限。我在自然界中还没见过其他东西如此生成而成为渴望的象征。"[12]

在童年和青年时期，威廉从未和比自己小两岁的弟弟亚历山大分开过一天。在亚历山大的思想和感受中充满魅力的特格尔风光也留下了永恒的足迹。威廉生动形象几乎是狂热地给新娘卡萝莉内介绍特格尔风光，亚历山大也充满激情地给喜欢的朋友卡尔·弗赖斯勒本（Karl Freiesleben）描绘过特格尔的自然风景，他想对卡尔描述自己的童年生活同时让卡尔了解自己的性格特征，他认为和卡尔生活在一起是自己未来生活最大的快乐。1792 年 6 月 5 日他对卡尔提到自己周末去特格尔拜访母亲。从柏林出发走了很远的路来到庄园。"道路尘土飞扬，但穿过茂密的森林。"到达狭长的湖泊，星罗棋布的美丽小岛点缀其中。"山丘上爬满了葡萄藤，我们把这些山丘称为山；异域的树木也被巨大的藤蔓植物缠绕，庄园四周的草坪以及眺望湖岸如画的风光都使这片地区成为最令人流连忘返的旅游胜地。"（Jbr. 192）像哥哥一样，亚历山大没忘记提及大自然带给自己的巨大乐趣，大自然也促使他思考并最终使自己的认知兴趣专注于自然研究，从而对他整体的思想发展产生了影响。

兄弟俩几乎是用同样的语言回忆起充满魅力的、柔美的、梦幻般的、浪漫的、超美的大自然带给他们的享受。他们不仅共同分享这种感受，也同样在之后的描述中转换了话题：他俩都是戏剧性地从对自然诗意的描写突兀地转到对早年灾难般生活的描述。亚历山大刚对弗赖斯勒本描述特格尔如画的风景，马上暗示说也正是这个自己常拜访的地方带来痛苦和悲伤："在特格尔我度过了令人悲伤的生活的大部分时光，和爱我的、希望我愉快的人在一起，也和那些我与之没有任何共同感受的人在一起，生活在各种各样的束缚中，生活在万分寂寞中。在这种环境中我被迫不断地掩饰、伪装、调整自己。当我现在在这里自由而不受打扰地生活着，我想全身心体会无限优美的大自然带给我的丰富多彩的享受时，我都会因为那些最令人讨厌的印象和回忆而想起我的童年时光，这里的每件物品几乎都使我

的童年生活活灵活现。"（Jbr. 192）

寂寞、伪装、束缚：威廉也以相同的话语描述过孩提时代深受其苦的悲伤情绪。在他给未婚妻卡萝莉内描绘过未来共同的幸福生活之后，他告诉她，他的童年"单调乏味，毫无乐趣"（Br. I，39）。他许诺给未婚妻一个充满乐趣的天堂，他把未来的天堂想象得越美好，就把童年生活描述得越黑暗："我经历了悲惨的青少年时代。人们折磨我。我未拥有一个对我有点意义的人，尽管我理想化了这样一个人，我也无法与之交往。"（Br. I，134）在大自然中找到乐趣，大自然使人渴望自由，使人渴望远行；同时深受狭隘并让人痛苦和寂寞的生活之苦。为了能理解这种强烈的对比，我们必须首先要了解那些在洪堡兄弟的童年和青少年生活中扮演着重要角色的人物。

父亲：亚历山大·格奥尔格·冯·洪堡（Alexander Georg von Humboldt），1720 年生于波莫瑞的查门茨，16 岁时加入军队并作为龙骑轻骑兵参与了三次石勒州的战争，最后一次战争持续了七年，他没能战斗到最后，因为这位皇家普鲁士少校在此战争中受了重伤，他于 1761 年退役，但由于在这次为时七年的战争中他获得了国王弗里德里希二世的信任，三年后他被任命为不伦瑞克 - 沃尔芬比特尔的伊丽莎白公主的侍从官。伊丽莎白是普鲁士王位继承人——后来的国王弗里德里希·威廉二世——的第一任妻子。但洪堡任侍从官的时间并不长。王子和公主的婚姻失败后，他早在 1769 年春就离开了波茨坦的王子宫殿，没有任何不开心，之后他再没任职而是专注于私人生活，他全心全意经营自己的家庭并管理着巨额财产。当他 1766 年迎娶比自己小 21 岁的妻子时，他已经 46 岁了。妻子的嫁妆包括特格尔庄园和其他重要的地产。

在我们研究洪堡兄弟的母亲之前，还需要简单梳理一下父亲一族的家谱，比较可靠的是父亲一族的历史可以追溯到 16 世纪早期[13]。值得一提的不只是最初来自东部德国波莫瑞的洪堡一家，他们与法国和瑞典的家庭成员有着较远的血缘关系，这对他们的社会地位也意义重大：他们不属于普鲁士容克阶级的古老贵族。

他们是市民，成功、有上进心、有抱负，从事的职业有手工业者、近卫队士兵、市长和书写官、宫廷侍从官和公使馆参赞等。虽然一些家族成员作为军官也为勃兰登堡选帝侯服务过，但第一次获得世袭的贵族称号是在 1738 年，由汉斯·鲍尔·洪堡（Hans Paul Humboldt）——皇家普鲁士上尉和波莫瑞策普林庄园的主人——请求"最尊贵和最强大的国王及最仁慈的主人"[14] 弗里德里希·威廉一世授予的。这是亚历山大·格奥尔格·冯·洪堡少校的父亲，他虽然获得了"冯"的贵族特权，但并不是通过严格的古老的普鲁士地主贵族传统获得的。

亚历山大·格奥尔格获得了宫廷的信任，即使在退出宫廷之后他也属于未来国王弗里德里希·威廉二世的亲信圈。人们说，如果他能活到王位更迭之后的话，他定能成为国王的部长。他并非目光短浅的宫廷侍从，相反他兴趣广泛，尤其对启蒙运动的新思想持开放态度。在一幅留存下来的为数不多的肖像画中，他看上去目光清澈透明，嘴角露出一丝浅浅的开心的微笑。人们认为他是有理智和有品位的人。"社会各阶层的人都愿意结识并看重他这样的人。他平易近人、乐善好施。他在 1779 年 1 月 6 日以 59 岁的年龄去世，因此让所有的人都觉得遗憾。"[15] 他把特格尔及周围的环境打造得舒适宜人，喜欢去特格尔庄园拜访他的人认为和他交流非常轻松愉快，他的性格和蔼可亲，开朗大方，而且他还具有自由开明的思想。所有这一切都"和他夫人安静及矜持的性格形成鲜明的对比"[16]。

母亲：玛丽·伊丽莎白·科洛普（Marie Elisabeth Colomb）虽然于 1741 年生于柏林，但她的家庭成员有法国人、苏格兰人和荷兰人。科洛普家族可以追溯到让·科洛普（Jean Colomb，1589—1672），他是法国南部小城市布劳萨克的地主。他的儿子亨利是胡格诺派，因为南特赦令①的废除于 1695 年逃离法国，先

---

① 又称为南特诏令、南特诏书、南特诏谕，是法国国王亨利四世在1598年4月13日签署的赦令，承认法国国内胡格诺派的信仰自由，并在法律上享有和天主教徒同等的权利。这是世界近代史上第一份有关宗教宽容的赦令。不过，亨利四世之孙路易十四却在1685年颁布《枫丹白露赦令》，宣布基督新教为非法，南特赦令因此而被废除，造成4万~5万名胡格诺派信徒移民。

去了哥本哈根，在那儿他娶了玛德莱娜·德·莫尔（Madeleine de Moor），玛德莱娜也是一位难民的女儿，这位逃难者来自荷兰的格尔德恩，在巴黎经营着一家最重要的制镜厂。首先是亨利使家族获得了一笔巨额财产，这笔巨额财产经过科洛普一族传到了玛丽·伊丽莎白（Marie Elisabeth）名下，在这个过程中来自苏格兰后来成为普鲁士高官和国库总监的威廉·杜尔哈姆（Wilhelm Durham）也起了重要的作用。总之母亲这一族的祖先来自各个民族并经历了各种各样及变化多端的命运。

玛丽·伊丽莎白·科洛普的生活也并不宁静。她出身于胡格诺教派的市民家庭，拥有巨额财产，包括位于柏林根达门市场附近耶格尔街22号的"科洛普宫殿"。她刚满18岁，父母就把她嫁给了普鲁士上尉、富裕的大庄园主弗里德里希·恩斯特·冯·霍尔维德男爵（Friedrich Ernst Baron von Holwede），男爵还拥有特格尔的世袭财产以及林恩瓦尔德庄园。婚后不久他们生了个男孩，看来幸福的生活毫无障碍，但两年后霍尔维德男爵突然意外死亡，1765年玛丽·伊丽莎白·冯·霍尔维德（Marie Elisabeth von Holwede）就成了年轻的寡妇，还带着个小孩。为了维持社会地位以及给予失去父亲的孩子相应的教育，她能怎么办呢？

于是她选择46岁的单身侍从官亚历山大·格奥尔格·冯·洪堡少校作为自己的第二任丈夫。他们于1766年结婚。这应该是一桩"自己喜欢的婚姻"[17]，虽然也肯定考虑过经济利益以及社会地位方面的问题。"他的妻子单独生活的时候比和他在一起的时候多。"[18]人们可以这样评价这段婚姻关系，但这只是猜测，因为没有找到令人信服的、可靠的资料来说明他们之间的关系。多次被证实的只是他们夫妻俩完全不同的性格和行为方式。和喜爱交往、快乐开朗的第二任丈夫相比，洪堡夫人内向、安静、沉着冷静。据说她出现时都比较生硬、严肃、端庄而符合礼仪。她非常节约，非常看重财产，一直担心自己变穷。她经常很"痛苦"，大部分时候安静独处，也从不对人吐露痛苦的原因。她"看上去天生属于那种性格：既不允许自己也不允许别人表露感情，或者可能是不允许自己拥有活跃的情感"[19]。

这个说法可能有点夸张，因为我们没能从她自己或熟人那里得到明确的关于她内心感情世界的信息资料。在这方面我们只能从冯·布里斯特（von Briest）夫人在一次拜访妹妹洪堡夫人之后说的话中可见一斑：洪堡夫人，"我可以向你保证，今天看起来像昨天一样，明天也一样。她的头饰和10年前一样，多年前也是如此：永远光滑、纹丝不乱、简单朴素的式样；脸色苍白、细腻，从来看不到情绪激动的痕迹；声音温柔，问候人时冷冷的、淡淡的；忠诚地履行着自己的一切义务"（Br. I，54f）。

她尽义务，但封闭自己的感情。在结婚的头一年，即1767年6月22日她生下了威廉，那时丈夫还在波茨坦宫廷做侍从官。两年后的1769年9月14日亚历山大在耶格尔街22号出生。她忠贞不渝地照顾家庭、管理财产。但她对丈夫感觉如何，她爱自己的孩子吗？她冷淡的态度对孩子们的性格形成产生了怎样的影响？这不仅是传记要回答的问题，两个儿子也提出同样的疑问：他们没有得到母亲的肯定，因为母亲没有对他们表现出恰当的情感，却不断地指摘和批评他们。

日后亚历山大用异常疏远的口气谈到自己的母亲，似乎他想删除自己的记忆。在一部自传中只能找到片言只语：母亲具有法国血统，为了能给孩子们细致入微的学术培养她做出了"牺牲"[20]。威廉则比较详细地描写了母亲，这不仅在于他很早就发展了仔细观察人的天赋，这种天赋使他后来成为性格学和相面术大师，也在于他感觉到自己和母亲之间更相似，而亚历山大更像父亲。亚历山大和父亲的相似之处不仅表现在坦率开朗的性格上，也表现在体型上。当父亲的一位远房亲戚拜访他们时，威廉就确定：这位亲戚"说话的时候和亚历山大特别像，他和我一点不像，我更像我的母亲而不像父亲，因此我一点不惊讶"（Br. III，384）。威廉像母亲一样个子不高，不轻易表露自己的情感，多数时候很严肃，也表现出母亲特有的稳定性。谁比较了解他，谁就会吃惊地发现：难以看出他的年龄。"洪堡不小了，因为他16岁了，他也不老，因为他60岁了。岁月没在他身上留下痕迹，而是他在岁月中留下痕迹，少年的洪堡和老年的洪堡还是那个洪堡，他身上的这个特点历经岁月沧桑而未曾改变。"[21]

当他 1814 年从伦敦写信给卡萝莉内的时候，他清楚地意识到自己和母亲之间的相似之处："我溜达的时候像过世的母亲一样手臂不动，牙齿打颤。"（Br. Ⅲ，354）交叉在胸前的手臂除了御寒，还传达出防御的态度：人们用这种姿势表示不接纳外面的世界。当威廉告诉母亲自己打算结婚时，母亲的这种防御态度让他特别有感触。她沉默着不予理会，似乎对儿子的爱情一点不感兴趣，而只考虑这桩婚姻的经济利益。爱情对她来说似乎是陌生的词，她没有一次谈到过爱情。当威廉去特格尔看望母亲并和她谈及婚礼和未来的规划时，她还真把威廉吓着了。1790 年 10 月 28 日，周四晚，"今天在特格尔，我发现母亲漂亮的桌子上有一小块墨迹并问及缘由，'还是你父亲弄的'，她对我说，'我洗过很多次，但都洗不掉。'最近又有一次，那天我们通常庆祝父亲的生日，我提醒母亲，她完全不记得了。我可能属于那种与大人的期待不太一样的小孩，但这真让我难受"（Br. Ⅰ，258）。几个月之后，结婚前夕他又去了特格尔，他给他最爱的"李"谈到和母亲共度的午后时光："你很容易想到，这里多么空虚无聊。"（Br. Ⅰ，479）

家庭教师：威廉和亚历山大从没去过学校，他们没有可以共同玩耍、可以分享童年的欢乐和痛苦的同学。他们一直在成人的监护下成长，这些成年人虽然想给予他们最好的东西，但不理解他们的感受。像当时很多有教养和富裕的家庭那样，他们的教育和培养由家庭教师负责。这些家庭教师大都是来自中产阶级的年轻学者，他们也常常以此开始自己的职业生涯。威廉和亚历山大从未抱怨过，他们称赞夏天在特格尔、冬天在柏林的屋子里接受的细致入微的教育。

第一位家庭教师不是给威廉和亚历山大，而是给比他们年长几岁的同母异父的哥哥聘请的：约翰·海因里希·卡姆佩（Johann Heinrich Campe）。卡姆佩是位年轻的神学家，后来以教育家、图书出版商以及儿童和青少年作家而闻名。他 1769 年从萨勒河畔的哈勒来到柏林，在柏林如他期望的那样弗里德里希大帝大力提倡启蒙运动精神。卡姆佩了解一些博爱主义者或者"新时代教育家"的教育观点。他们认为：新教育不是培养臣仆，而是努力培养成年的公民，公民的幸福不在上帝的彼岸世界，而是能在尘世中得以实现。每个人都能发挥自己的力量和才能来争取自己的幸福以及影响他人。卡姆佩最初的教育实践始于洪堡家，他花了四年的时间培养洪堡少校的继子，威廉和亚历山大还太小不能专心听课，但卡姆佩也给他们传授了些基础知识。卡姆佩还在特格尔公园里种植了一些树，现在这些树已经长得高大粗壮了，威廉在生命的最后几年喜欢回忆这位"与人为善"的家庭教师："我在他那里学会了读写，依照当时的方式也学了些历史和地理，了解了各国的首都以及所谓的世界七大奇迹等，他那时就具有出色的、天然的、能生动激发孩子们理解力的天赋。"[22]

1773 年卡姆佩辞去家庭教师的职位而成为弗里德里希·威廉（Friedrich Wilhelm）王子军队中的战地传教士。在他之后担任家庭教师的是同样在哈勒大学完成神学学业的约翰·科普朗克（Johann Koblanck）。科普朗克教亚历山大读和写。不久他也和卡姆佩一样转到军队任职并成为皇家步兵团的战地传教士。之后又有一位约翰·克吕泽纳（Johann Clüsener）被聘任。18 世纪 70 年代中期卡姆佩又在洪堡家短暂执教了一段时间。

然后是昆特。1777 年昆特作为家庭教师进入洪堡家族，他只有 20 岁，跟当时很多家庭教师一样出生于新教牧师家庭。在哈勒的教育机构和莱比锡大学他更多地学习古典语言如希腊和拉丁文以及现代语言如法语和意大利语，研究法学，不怎么学习神学。当洪堡少校在柏林的社交场合认识昆特的时候，昆特正努力想在普鲁士政界获得职位，少校决定聘任这位正直细心的人作威廉和亚历山大的家庭教师，他们分别为 10 岁和 8 岁。

戈特洛普·约翰·克里斯蒂安·昆特（Gottlob Johann Christian Kunth）一直在洪堡家当了 12 年的家庭教师，直到威廉和亚历山大 1789 年到哥廷根读大学，他才成功地专注于自己的政治生涯。昆特很重视自己的教学任务，他的两个学生也表示一生都感激昆特给予他们的教育和培养："在母亲家里，我和哥哥威廉一起在一位天才人物的指导下（后来成为首席行政专员的昆特）享受那种极其细致的学术教育。"[23]这是亚历山大1852年83岁高龄时写的。威廉在1826年写给歌德的一封信中也用类似的话赞扬过自己的老师和"老朋友"："对我和弟弟亚历山大来说，昆特特别珍贵，因为他一直陪伴着我们，从我10岁、亚历山大8岁开始到读大学为止。我们日后在生活中选择的方向还要感激他呢！"[24]

昆特不仅对兄弟俩的教育产生过关键作用，似乎对兄弟俩的性格形成也贡献颇多。亚历山大心里的痛苦说明了这一点。亚历山大在1789年5月1日从哥廷根写信给他们的第一位家庭老师卡姆佩，这是他第一次在没有哥哥和昆特的陪伴下感觉"非常非常孤独"："我没法告诉你，和一位引领者分开是多么痛苦，这位引领者用12年的时间作出了最高贵的牺牲，忍受了教育过程中的千辛万苦。我感谢他做的一切，智力和心灵的教育及培养。"（Jbr. 51）亚历山大对敬仰的朋友卡姆佩敞开心扉说的话，威廉也在三个星期后（1789年5月22日）给卡萝莉内的信中强调："最近几天你看到一个人在你身边，李，他一定让你鲜活地想起我来，我指的是昆特。哦，丽娜，你是无法相信的，只要我听到他的名字，这个名字在我身上引起怎样的情感，他让我想起那些永远让我感动的场景。他引领着我的整个童年生活。我成为现在的我，不是因为他，但也是因为在他身边，在他的激励下。"（Br. I，38）

乍看之下这些都是赞美及感谢之词，但如果仔细研究会发现这里面隐藏着反感和抗拒。如果人们了解昆特对这兄弟俩的智力和心灵培养历程，就不得不为这两兄弟感到遗憾并为他们还活着而心存感激。威廉在表达了对昆特的怀念之情之后又提道："乏味无聊、毫无乐趣，我的童年枯萎了。"只有在恋爱和与共同的朋友相处时他才看到一缕曙光，这缕曙光能把童年的黑暗从他的意识中驱逐出去："在幸福的家庭中幸福一回。"（Br. I，39）他对幸福的渴求非常强烈，这只能解释为洪堡想战胜"痛苦不堪的情感"，这种情感是他在提到昆特的名字并回忆起自己的童年时光时产生的。几个星期之后的1789年8月16日亚历山大也以同样的语气从哥廷根给一位朋友写信提道："跟我在柏林期间的学习生活有关的每种思想都和痛苦交织在一起：不幸的家庭关系，令人讨厌的环境，让人不得不对出于某些原因而敬仰的人发火。所有这一切都破坏了我未来的家的安宁。如果能待在你的身边！你肯定能让我感受到幸福并让我了解：地球上的一切财富中朋友是最值得珍惜和最永恒的。"（Jbr. 67）

亚历山大和威廉在给朋友和爱人描述自身性格及愿望时都提到童年生活，都使用了"乏味、压抑、反感和毫无乐趣"这些词汇，那么童年时期发生了什么事？他们没有朋友，没有感受到真正的被爱。那时没有人在身边和他们和谐共处。家庭教师来来去去，他们可能都是能干的拥有丰富学识的教育家，但他们没体会学生的感受，他们似乎只对学生的智力发展感兴趣。昆特在这方面发挥了重要的作用。兄弟俩在他那里不仅学到了丰富的法语知识，他也和他们一起阅读拉丁语文章，他让人把这些文章翻译成文笔优美，尤其是语法标准的德语。但这一切都是他随时竖起食指，随时纠正以及监控，还几乎是强迫地看着学生完成的，他没给他们一点自由的玩耍时间。在学习过程中这位呆板迂腐常常闷闷不乐的老师虽然没惩罚过他们："没有命令，他也没提什么要求，只是那样的一份委屈，或者对他不喜欢的事情的反感。"（Br. I，115）他包揽一切事务，因此毫不奇怪：两兄弟在长期的监管下学习，他们压抑了性格中自由的一面并且学会了伪装掩饰。

然而如果不是命运发生变化的关键的那一年，昆特也可能对两兄弟的智力和心灵成长影响不大。威廉 1787 年首次在写给亨利埃特·赫尔茨（Henriette Herz）的信中提及那一年的重要性："直到 12 岁我都很正常，像其他孩子一样，和其他人比起来只是有点不听话和被惯坏了而已。"[25] 他 12 岁时发生了什么？直到 1825 年他才告知老朋友莎洛特·迪德："我 12 岁的时候，父亲因病去世，这太突然了，因为从他的健康状况来看他本可以更长寿。"[26]

1779 年 1 月 6 日亚历山大·格奥尔格·冯·洪堡去世了，这位开朗大方、令人愉快的朋友的去世让所有认识了解他的人都觉得遗憾。随着他的去世，洪堡家唯一有生气并活跃的因素消失了。玛丽·伊丽莎白·冯·洪堡，霍尔维德的寡妇，又一次失去了丈夫。她越来越虚弱，情绪也因为身体虚弱变得越来越糟糕，她因此越来越不适合社交。她退出社交界，封闭自我，"所有的愿望和努力都局限于看到儿子变得优秀，看到他们达到那种人类可以达到的精神和道德的完美。"[27]昆特在自传中写道，同时强调自己在实现这个目标的过程中所做的贡献。因为昆特现在不仅仅是这位寡妇的财产管理者和一切生活琐事的顾问，她还让昆特全权负责教育两个年幼的儿子。昆特很高兴把自己看作是"满足她最高心愿的工具"，他称洪堡夫人为"妈妈"。当他承担起这两个孤儿的父亲的角色时，洪堡夫人很高兴。

毋庸置疑的是昆特在教育方面做出的成就，在这方面亚历山大和威廉给他们的老师交出了完美的答卷。他加深了他们在德语语法和修辞学方面的知识，他和他们一起读凯撒、萨鲁斯特（Sallust）[①]、西塞罗、贺拉斯等人写的拉丁语文章，他不仅教他们基础的历史和地理知识，也和他们谈到基督教，但不是从神学教义学或确信的实证的信仰角度谈论，而是以开明的、启蒙的、可能的幸福生活为导向来谈。他们一起阅读和讨论约翰·萨穆埃尔·迪特里希（Johann Samuel Diterich）的《根据耶稣学说通往幸福的指示》[28]。在学习过程中两兄弟的差异已经显现出来，这种差异随着岁月的增长越来越明显：亚历山大对宗教思想毫无兴趣，威廉却特别虔诚。威廉后来对此写道（也暗指康德的《纯粹理性界限中的宗教》）："弟弟和我很早就上一样的宗教课。宗教课从来都对他毫无影响，他不信仰任何东西也不对此进行思考。在我，至少从 12 岁开始就不一样了。我内心反对实证主义的信仰，但在相当长的一段时间里还是很虔诚的，只要在我看来这种信

[①] 即Gaius Sallustius Crispus，公元前86年10月1日—公元前35年或34年5月13日，古罗马历史学家和政治家。

仰是自然的并且通过纯粹理性是可以领会的。只要有机会，我总是马上使用《圣经》里的箴言，现在我还记得很多。"（Br. V，315）

为了完善他们的智力和道德，兄弟俩尽力而为，但所有这些努力都无法补偿他们从 1779 年起就遭受的损失。他们越发感受到母亲的冷淡和家庭教师的控制，也就越感受到心灵的创伤带来的痛苦，这个创伤是父亲"纯粹偶然"的死亡造成的。这点很明显地表现在他们的行为方式和情绪中，这种行为方式和情绪使他们在未来的岁月中对家庭灾难作出了不同的反应。

如果说威廉直到 12 岁都相信自己和其他小孩一样"正常"，现在他确信："自然界赋予我的很少。我从自然界那里感受到的东西很早就毁掉了命运。"（Br. I，52）自然的孩子气的生活乐趣至少在以父亲为榜样时还可以有点发展，现在完全变成了彻骨的寒冷。"为此我生病了。"（Br. I，52）威廉陷入了深深的忧郁中。在他看来，那些生活在自己身边的人毫无感情，他与人为敌并且自我封闭。"我完全无所谓。"他 1790 年写给热恋的李并回忆自己的青少年时期："甚至不期望也不努力让自己开心快乐，只有纯粹的折磨和不断的学习，因为只有当我能学习时，大部分人和事在我看来才如此可爱。"（Br. I，258）不断的研究、孜孜不倦的学习和高强度的阅读填补了威廉在 1779 年失去父亲时感受到的空虚寂寞。乍一看这是绝对积极的说法，如他 1787 年从特格尔写信给亨利埃特·赫尔茨说的："12 岁时因为阅读古代史我突然对文学和学术产生了兴趣，我几乎总是沉浸在书中，异常勤奋。"[29]昆特和他母亲对此一定非常高兴。

他因提及自己的年龄而泄露了秘密：刻苦的阅读和研究是为了逃避到书籍中，阅读和研究能提供给他现实生活中缺乏的东西。他并没对卡萝莉内隐瞒此事。在那令人伤心的岁月里，他感觉自己受人折磨，没有一个能和他友好交往的人在身边。在他身上产生了"一种对书的原本的热爱。在最枯燥的研究中混合着一种感受，一种依恋的情感，这种依恋出于对人的痛恨并常常伴随着眼泪"（Br. I，134）。为了逃避世间的痛苦，威廉深入到梦幻世界，希腊、罗马历史及神话中的崇高英雄人物形象尤其吸引了他的注意，占据了他的思想。他们在他的想象中能给予他在现实生活中与封闭的母亲及呆板的家庭教师在一起时无法获得的东西。威廉用古希腊罗马文化丰富自己的内心世界，他对外面的世界不感兴趣。他要成为内敛的人，"以斯多亚似的严格"（Br. I，360）反对社交生活追求享受的倾向。他认为只有这样才能战胜父亲去世那年所遭受的痛苦。他在 1816 年写的自传中再次强调："自我控制从我 12 岁时就开始了，完全是发自内心的冲动，直到现在我都不拒绝练习。除了自身没有其他任何目的。"（G. S. XV，455）为了能克服外在世界中的寂寞孤独及陌生感，他用严格的自我控制试图"在世界之外"找到一个平衡点。

而亚历山大在很小的时候就想当兵，那时父亲还健在。他从未说过他为什么想当兵却只是抱怨：父母不喜欢这个主意。他们对他有更好的打算：他应该进入皇家宫廷，父母与宫廷保持着良好的关系。但年轻的亚历山大对此丝毫不感兴趣。为什么他不应做父亲曾经做过的事：成为一名勇敢的士兵，在战争中经受考验并到遥远的国度经历冒险？他没能坚持到底，父亲的死更是彻底摧毁了他的梦想。现在他必须做人们期望他和哥哥该做的事情：为了从思想和道德上完善自己，他们要不断地学习和阅读，首先是语言、历史和文学。和威廉从 12 岁开始为了逃避外在世界一头扎进书堆中不同，10 岁的亚历山大几乎"没有兴趣研究学术"[30]。他觉得很难跟上为哥哥们设置的课程和进度。他没法集中注意力还常常头痛。他心灵的痛苦似乎反映到虚弱的身体上了。

亚历山大的天赋不及好学的威廉吗？老师们是这样认为的。亚历山大自己日后也提到："我比哥哥威廉发展晚很多……他很小的时候就因为拥有精湛的关于希腊和古代文学的知识以及对诗歌的鉴赏——那些他一直以来都非常擅长的科目——而让人吃惊。"[31]人们难以反驳这种严肃而真诚的自我评价，但这个自我评价只说对了一半，因为亚历山大虽然晚些时候才精通那些哥哥 12 岁起就研究的专业，但他却在其他领域远远超越了威廉。而且这还不仅仅是兄弟间的恭维，威廉在自传中指出，他从童年时就认为自己是"迟钝的、大自然（天赋）不怎么偏爱的人，尤其是和弟弟亚历山大相比"（G. S. XV，459）。

　　谁说得对呢？如果人们考虑到他们是从不同的角度来互相评价的话，也许两兄弟都有道理。因为父亲死后，诗歌、古典语言和文学对想逃避到内心世界中去的威廉有着巨大的吸引力，而亚历山大很早就喜欢探索外面的世界——大自然。大自然给他提供了挣脱所有束缚、伪装以及不断放弃自我而作出牺牲的通道，这些束缚、伪装使他非常痛苦。他希望得到大自然的宠爱，大自然不怎么偏爱威廉的头脑。没有让自己成为内敛并在梦幻世界中编织美梦的人，天赋促使亚历山大走向外面的世界，走向大自然。在大自然中他能增强自己的感官并发现自己独特的天赋，这种天赋在孤儿寡母的家里"不被待见并受到禁锢"[32]。因此他开始在充满魅力、风景优美的特格尔的自然环境中度过每一分每一秒。他收集石头、贝壳、植物、瓢虫和蝴蝶，他从博物学的角度对它们进行研究并分类，把它们放入不同的盒子里。虽然可能只是一件轶事：11岁的收集者被一位很为自己是贵族而骄傲的姨妈不屑地问道，他是否想成为药剂师，亚历山大调皮而自信地回答，"宁愿当药剂师而不是侍从官"[33]。从这个回答中不难听出亚历山大对不久前父亲的去世还满怀怒气和失望。

　　没有人比威廉·冯·洪堡更了解和更好地描述过兄弟俩之间的主要差别：兄弟俩从童年时代起就接受完全相同的教育，但在气质、性格、爱好和学术兴趣方面南辕北辙。威廉于1818年10月9日和弟弟在伦敦会面后给妻子写信："我从来不会因为专注于外在的研究对象而取得那么大的成就。我天生而且从童年时就更多地具有内敛的天赋。我的外在感官本身既不特别犀利也没受过训练……我们的教育本来就是为了促进这些的。亚历山大完全不同的天赋使他自己摆脱束缚并冲破了人们给他设置的藩篱。我以我的方式接受并加强了人们给予我的教育。"（Br. VI，336f）

尾 注

1. 卡尔·奥古斯特·法恩哈根·冯·恩泽《对约翰·彼得·埃克曼和歌德谈话录的评论及补充》。见《谈话录》选集第 18 卷，莱比锡 1875 年，第 3 版，第 344 页。

2. 《给莎洛特·冯·施泰因的信》。1778 年 5 月 24 日。见埃尔纳·阿尔霍尔德《歌德与柏林之关系》，哥塔出版社 1925 年，第 3 页。

3. 《歌德的日常生活》。罗伯特·施泰格的记录史，第 2 卷 1776—1788，苏黎世和慕尼黑 1983 年，第 160 页。

4. 同注释 1，第 344 页。

5. 尤里乌斯·勒文贝格出自卡尔·布鲁恩斯《亚历山大·冯·洪堡》第 1 卷，莱比锡 1872 年，第 19 页。参见库尔特·莱因哈德·比尔曼《亚历山大·冯·洪堡》，莱比锡 1983 年，第 3 版，第 11 页；汉诺·贝克《亚历山大·冯·洪堡》第 1 卷，威斯巴登 1959 年，第 3 页。

6. 约翰·沃尔夫冈·冯·歌德《形态学文集》。见《自然科学文集》第 9 卷，魏玛 1945 年，第 179 页。

7. 弗里德里希·尼克莱《皇家官邸柏林和波茨坦》。见鲍尔·奥特温·拉维《威廉·冯·洪堡和特格尔庄园》，柏林 1956 年，第 2 版，第 6 页。

8. 同上书，第 5 页。

9. 同上书，第 15 页。

10. 阿尔伯特·莱茨曼出版，《威廉·冯·洪堡给女朋友的信》第 1 卷，莱比锡 1910 年，第 46 页。

11. 同上书，第 46 页。

12. 同上书，第 145 页。

13. 海因里希·冯·马森巴赫男爵修订，《威廉和亚历山大·冯·洪堡的族谱》，莱比锡 1942 年。

14. 卡尔·布鲁恩斯《亚历山大·冯·洪堡》，见注释 5，第 11 页。

15. 安东·弗里德里希·比申《1779 年从柏林经特格尔到屈里茨的 7 天之旅》。见鲁道夫·弗雷泽：《威廉·冯·洪堡：他的生活和作用；同时代的信件、日记和记录》，柏林 1955 年，第 29 页。

16. 《卡洛琳·维尔赫敏娜·冯·布里斯特给妹妹的信》。1785 年 1 月，见第 1 卷第 54 页。

17. 贝阿特·诺伊鲍尔《美、魅力和思想：伊丽莎白、卡萝莉内、加布里拉和康斯坦茨——冯·洪堡家族的女性》，柏林 2007 年，第 20 页。

18. 汉诺·贝克《亚历山大·冯·洪堡》，见注释 5，第 3 页。

19. 安娜·冯·聚多夫《导言》，见第 1 卷、第 4 卷。

20. 亚历山大·冯·洪堡《我的生活》，慕尼黑

1989 年，第 2 版，第 50 页。

21. 卡尔·奥古斯特·法恩哈根·冯·恩泽《威廉·冯·洪堡》，见选集第 18 卷，莱比锡 1875 年，第 213 页。

22.《威廉·冯·洪堡给女朋友的信》，第 2 卷，见注释 10，第 264 页。关于卡姆佩参见雅各布·安东·莱泽尔：《约翰西姆·海因里希·卡姆佩：启蒙时代的生活画卷》，2 卷本，布伦瑞克 1896 年。

23. 见注释 20，第 85 页。关于昆特参见阿尔伯特·莱茨曼《威廉·冯·洪堡及其教育者》，柏林 1940 年；弗里德里希和保罗·戈尔德施密特《国务委员昆特的生活》，柏林 1888 年，第 2 版。

24. 路德维希·盖格尔出版，《歌德与威廉及亚历山大·冯·洪堡的通信》，柏林 1909 年，第 263 页。

25. 赖纳·施米茨出版，《回忆、信件及文件中的亨利埃特·赫尔茨》，法兰克福（莱茵河畔）1984 年，第 208 页。

26. 见注释 10，第 166 页。

27. 见注释 23，第 17 页；参见鲁道夫·博尔歇《亚历山大·冯·洪堡》，柏林 1948 年，第 16 页。

28. 迪特里希透露了新教主义内部的新改革运动，这种运动试图把神学的观点和理性的启蒙哲学结合起来。参见克里斯蒂娜·M. 绍特尔《威廉·冯·洪堡与德国启蒙运动》，柏林 1989 年，第 38 页。

29. 见注释 25，第 208 页。

30. 见注释 20，第 50 页。

31. 同上书，第 50 页。

32. 同上书，第 38 页。

33. 赫尔伯特·斯库拉《亚历山大·冯·洪堡：他的生活和作用》，柏林 1985 年，第 11 版，第 26 页。

第二章

鼓起勇气运用自己的理性：

年轻人如何进入柏林启蒙运动圈并从中学到了什么

当洪堡夫人的两个小儿子长大成人后，她决定要给他们提供更广阔的社交圈。亚历山大和威廉现在不仅在冬天，连夏天也住在柏林。他们平时都待在柏林城里，只有周日坐车去特格尔看望母亲并尽情享受勃兰登堡迷人的自然风光。虽然在昆特的指导下他们不得不刻苦学习，但昆特介绍他们进入柏林的社交圈，这些社交圈对他们未来的发展有指导性的作用。1785年16岁的亚历山大和18岁的威廉进入"柏林启蒙运动"的教育氛围。他们认识了启蒙运动的核心人物，大约有20人，他们搭建由各行各业的人组成的文化平台，确定每次讨论的重点话题，刻意培育普鲁士启蒙运动特有的谈话方式和风格：独立思考的人们试图通过相互的讨论和辩论找出他们一致认为是理性的东西。对话应该是批判性的、坦率的和尊重对方的。在这样的谈话中人们能发挥自己身上受到对方启蒙的力量。

如果说洪堡兄弟在童年时感到寂寞、不被理解和被束缚，现在在柏林的生活和谈话方式与童年的生活形成了鲜明的对比：享受的快乐代替了痛苦的寂寞，坦率代替了伪装，自由代替了束缚。这种变化对兄弟俩智力发展和性格形成的影响都是显而易见的。1785年到过柏林城里洪堡家的人欣喜地发现：威廉虽然涉猎广泛，喜爱阅读，但他并不是书呆子也不是孤独的独行侠，"相反他爱笑"，喜欢说笑话、开玩笑，也喜欢享受社交的乐趣。亚历山大则是个聪明人，"现在他正处于对妇女很殷勤的时期。他戴着两条长长的闪闪发亮的表链，跳舞，在母亲的房间里和人谈话。总的来说，看得出，他开始扮演一种角色。他特别容易让人想起他的父亲"（Br. I，55）。

　　洪堡兄弟进入柏林的公共生活，那时的柏林有超过11万的人口，他们属于年轻的普鲁士贵族，首先结识的是犹太夫妇马库斯和亨利埃特·赫尔茨。一个技术问题让兄弟俩结识了这对夫妇：特格尔庄园的塔楼要安装一个避雷装置，但如何安装？避雷装置又是否如反对者声称的那样非常危险？反对这种新式装备的人强调，避雷装置的尖顶会吸引闪电从而增大火灾的危险性。这种顾虑并非完全没有道理。人们想起1783年雷雨天气出现在英国和荷兰时引起的大量火灾，一些物理学家认为雷雨带来的灾难性后果是因为那里的避雷装置太过密集。昆特决定咨询集医生、物理学家和哲学家身份于一身的马库斯·赫尔茨（Marcus Herz）。其时马库斯已作为一名研究者以清晰思考和喜欢做试验而闻名。昆特多次拜访这位科学家-哲学家，很快他就带上自己的两名学生同行。[1]

　　自此兄弟俩迈出了接触启蒙主义者的第一步，他们因此而收获的东西是有争议的。因为对敏锐和自由的头脑来说启蒙主义的自我解释就是涉及具有指引作用的理性，这种理性反对阴暗的观点和封闭的团体，而这在反对者看来就是一种乏味肤浅的哲学潮流，这种潮流的特点首先是迂腐、过分注重细节及冷静的理性训练，正因如此连弗里德里希·尼采（Friedrich Nietzsche）都提到《德国人对启蒙运动的敌视》[2]。当在法国谈到启蒙哲学，伏尔泰（Voltaire）、孟德斯鸠

（Montesquieu）或者启蒙运动的百科全书派狄德罗和达朗贝尔①作为自由和冷静的自我评价先锋声名鹊起的时候，在德国人们把这种自我评价宣布为"德国事件"，反对启蒙思想，这种思想很容易把深刻的生活及其阴暗面浪漫化。这样看来启蒙哲学对洪堡兄弟的影响并不大，这也并不令人感到意外：威廉很快就脱离了启蒙运动，弟弟亚历山大几乎没学到什么。"启蒙运动的普遍错误在于给出完好的结论，而不是激发人自己进行思考，这个错误可能使这些课程未对洪堡产生成效。"³爱德华·斯普林格（Eduard Spranger）评价并指出：应该是威廉1788年开始学习康德而使他慢慢脱离了启蒙运动哲学。

我们再仔细研究，尤其是康德的批判哲学。批判哲学对柏林启蒙主义者的思想定位做出了什么贡献？两兄弟是如何接触并熟悉批判哲学的？要回答这些问题我们首先要关注医学博士马库斯·赫尔茨，他不仅是一位优秀的实践医生，还是一名狂热的康德主义者，多年来他已致力在柏林推广老师的理论哲学。

赫尔茨1766年在柯尼斯堡大学读书时就想通过哲学思考扩展和指导自己的医学研究，那时他就认识了康德。他对身体的感官和以理性为导向的智力之间复杂并难以解决的关系特别感兴趣，1770年8月21日他参与讨论康德的《论感官和理性世界的形式及其原因》，他作为《通讯》杂志的盟友已崭露头角。其后10年康德一再对感性和理性之间的紧张关系进行了新的思考，从概念上进行了完善并最终在1781年把解决方法写在了《纯粹理性批判》中。这个解决方法在赫尔茨看来引起了"我们最关心的人类认知方面的思维方式的彻底改变"⁴。在这个过程中康德和赫尔茨的联系并未中断。赫尔茨1774年获得医学博士学位后开始在柏

---

① 法语Jean le Rond d'Alembert，又译达冷柏，1717年11月16日—1783年10月29日，法国物理学家、数学家和天文学家，他一生在数学、力学、天文学、哲学、音乐和社会活动方面都有很多建树，著有8卷巨著《数学手册》、力学专著《动力学》、23卷的《文集》、《百科全书》的序言，很多研究成果记载于《宇宙体系的几个要点研究》中。

林的犹太医院做实践医生。

他们通信频繁，当然也不隐瞒他们之间互通有无的实际好处：哲学家康德需要医生朋友的建议。康德深受便秘之苦，他想让赫尔茨给他开通便药。必须要采取措施来对付"干扰我脑力劳动"和使我"脑袋迷糊"的东西，康德把影响工作的原因归咎于胃肠胀气和便秘。有谁能比他珍贵的朋友赫尔茨在他身体和思想都生病的情况下更好地帮助他呢？赫尔茨"拥有实验哲学家的研究热情，同时非常认真仔细，他不是把医学工作看作纯粹的'面包艺术'，而是在实践中把医学技术当作思想精神的娱乐消遣"[5]。

70年代末马库斯的家成为柏林启蒙运动的思想中心，在这个有限的空间里产生出那种独特的混杂的社交形式：在这里，贵族和市民、男人和女人、基督徒和犹太人、神学家和无神论者、官员和艺术家、科学家和哲学家无拘无束地聚在一起，他们作为观众共同自我教育和启蒙。他们的动力来自康德，1778年11月赫尔茨不无骄傲地告知令人尊敬的老师："这个冬天我满怀喜悦，幸福满满，这种幸福超出了我的想象。今天我第20次公开宣讲你的哲学学说，获得的掌声完全超出了我的期望。我的听众人数日益增长，差不多有30个左右了，其中有身居要职者、学者、医学教授、传教士、枢密大臣、内阁大臣、矿业大臣等，令人敬仰的部长是我们的领头羊。他总是最早到，最晚走。"[6]

在赫尔茨的听众中，皇家普鲁士宗教与教育大臣卡尔·阿伯拉罕·冯·策德利茨男爵（Karl Abraham Freiherr von Zedlitz）不仅是位求知若渴的大人物，他还是启蒙运动时期文化政策的领军人物，在弗里德里希二世领导下的普鲁士推行宽容的教会政策和中小学及大学改革。在这两个领域里，人们可以自由发言，这种言论自由不是指吹毛求疵的抱怨，也不是引证政府或教会的权威观点，而是以理性为导向的自由思考。

1779年，策德利茨成功聘请约翰·雅各布·恩格尔（Johann Jakob Engel）到教育委员会任职并负责普鲁士教育事业改革。恩格尔从1776年开始在柏林约翰西姆高级文理中学任教，约翰西姆高级文理中学是一所示范性的推行博爱主义教育观的机构。恩格尔作为一名"世界的哲学家"[7]理应构思出富有哲理的、独创的符合国王想法的教学大纲："谁能最好地思考，谁就能取得最大的成就。随便怎么都比那些只得出错误结论的人成就大。"[8]一年后恩格尔富有哲理的教育文章问世，他把这篇文章献给策德利茨：《因为柏拉图对话发展理性学说方法论的尝试》。这不仅是对系统哲学的拒绝，也是对生机勃勃的共同哲学化思考的"苏格拉底主义"的回归，还符合开明的文化部长的康德式的期望。这并非在于遵守印刷成文字的指示、法则和规章制度，而在于学习对话式的深入思考和讨论。几年后恩格尔把这种思想付诸实践并运用到自己最有天赋的两位学生——亚历山大和威廉——身上。

　　18世纪80年代中期恩格尔和洪堡兄弟第一次见面。在兄弟俩因为避雷装置认识了马库斯·赫尔茨及夫人之后，昆特又在1786年初带他们进入了以恩格尔为首的"阅读圈"。这个阅读圈属于那种私人性质的聚会，聚会的时候这些有文化、有教养的成员共同阅读并讨论阅读的内容。参与者有昆特、赫尔茨夫妇、圣母教堂的传教士及副主祭约翰·弗里德里希·策尔勒（Johann Friedrich Zöllner）。策尔勒还非常精通哲学、医学、植物学、化学和物理，几年后他使亚历山大成为"工艺学专业的同事"（Jbr. 43），威廉也在其从1781年就开始出版的《适合社会各阶层的阅读教程》中发表了第一篇文章。策尔勒出版这个教程是"为了促进高尚的原则、真正的品位及有用的知识"；还有几年来忙于编写《普鲁士国家通用法》的柏林高等法院委员恩斯特·费尔迪南·克莱因（Ernst Ferdinand Klein）；以及在外交部工作的内阁大臣克里斯蒂安·威廉·冯·多姆（Christian Wilhelm von Dohm）；教会总督查威廉·亚伯拉罕·特勒（Wilhelm Abraham Teller）；在柏林格劳恩·克罗斯特高级文理中学任教的卡尔·菲利普·莫里茨（Karl Philipp Moritz）。莫里茨以《对生命哲学的贡献》（1780）而出名并刚完成成长小说《安东·赖泽》的创作。

"家中的女性也属于这个阅读圈。此外还有16岁的亚历山大和18岁的威廉·冯·洪堡兄弟。那时的他们就举止高尚、活跃、思想丰富。简而言之，他们是绝对可爱且知识面非常广泛的年轻人。他们那时进入我们家，他们对一切美的东西都感兴趣，这可以充实我们美好的团体，因此他们属于这个团体。"正如亨利埃特·赫尔茨在回忆录里写的，这些聚会常在枢密官鲍尔家举行，鲍尔负责管理皇家宫殿，聚会冬天在宫殿、夏天就在位于宫殿门外鲍尔家的花园里举行。"几乎都是恩格尔主导阅读，他让迷途中人走上正道。冬天他不读书的时候就选壁炉后面的位置坐着。"[9]

在我们考察两兄弟的感官兴趣之前，我们先看看他们思想的发展。他们的思想发展通过参加阅读圈，尤其是通过亲密接触恩格尔、克莱因和多姆获得了决定性的、持续终生的推动力。他们在阅读圈里学到了什么？共同讨论了哪些问题？"阅读是每次必做的事，"亨利埃特·赫尔茨写道，"或短或长的文章、诗意或史诗般的诗歌、戏剧等交换着阅读，男人或女人都读。"[10]更多的信息我们无从知晓。关于阅读的文章可以根据一些间接证据推测：大概首先是那些在柏林月刊上发表并主要围绕"什么是启蒙"这个问题而进行讨论的文章。

首先以参与阅读圈的人员名单为证，因为恩格尔、策尔勒、克莱因、多姆和特勒这些人的名字并不是偶然出现在1783年成立的"星期三协会"人员名单里的。"星期三协会"是私密的"启蒙运动朋友圈"，这些朋友在不同的私人家里定期聚会："目的是通过朋友间的思想交流互相对思想进行启蒙并以此让自己清晰了解一些概念。"[11]团体的秘书是约翰·埃里希·比斯特（Johann Erich Biester）。比斯特是图书馆员、法学家和普鲁士文化部长冯·策德利茨男爵的私人秘书。正如协会章程规定的那样，最初不是为了达到先前共同制订的目标，人们感兴趣的是交流和辩论的方式。在这种交流和辩论的方式中既不是外在的权力职位也不是内在的信仰起决定作用，而是反对人们用不同级别压制人，提倡的是个人平等的能力，如果想获得权威，就只能用更好的论据来说明问题。因此那些领域里的问题就将作为疑难问题来被讨论，而那些问题在以前是不被认为有问题或可以被批评的：教会和政府的问题。

亚历山大和威廉作为最年轻的参与者参与阅读和讨论的阅读圈，与自由启蒙的法学家、神学家、医学家、政治家、教育家及哲学家组成的跨专业的网络交织在一起。他们也因此熟悉那些阐述启蒙时代纲领的文章，即那两篇答复，就是莫泽斯·门德尔松（Moses Mendelssohn）和康德1784年在比斯特1783年参与成立的《柏林月刊》上对"什么是启蒙？"这个问题的答复，直接导火索是策尔勒和比斯特之间的一次小争论。当法学家比斯特主张，成年人之间的婚姻不应该受到宗教和教士的干预，神学家策尔勒却主张不应放弃这种特殊关系的宗教性仪式。道德没落已经够令人遗憾了，因为"轻视宗教的价值并以启蒙的名义迷惑人的头脑"是不负责任的行为，甚至"什么是启蒙这个几乎和什么是真理一样重要的问题，在人们开始启蒙之前就应该得到回答，但我还没找到任何答案"[12]。

这最初并未让莫泽斯·门德尔松引火烧身，他不仅自认是犹太教哈斯卡拉[13]①传统的学者，他还和德国启蒙运动的领袖人物关系相当密切。他首先试图通过解释概念来回答策尔勒提出的具有攻击性的问题："启蒙、文化、教育这些词在我们的语言中还是新生儿，还只属于书面语。"[14]为了能在日常语言中使用它们，必须解释并说明这些词与生活实践有关的含义。门德尔松把这理解为"愉快生活的小变化"。为了描述民族的欢乐与人的使命之间的值得追求的和谐状况，教育这个词成为集合概念，文化和启蒙就构成有所区别的下属概念：文化更多地用于手工业、艺术和社交礼仪中的实践内容，"相反启蒙似乎更偏重理论内容。理性的认知（客观的）和能力（主观的）是为了根据它们的重要性以及对人的使命的影响程度而对人类生活的事情进行理性的思考"[15]。

---

① Haskala，希伯来语le-haskil，在理性的帮助下启蒙、澄清。

门德尔松对洪堡兄弟的教育产生了何种影响？这在那些专注于研究兄弟俩和犹太教之间关系的历史学家看来是有争议的。门德尔松 1786 年 1 月 4 日去世，可以肯定的是亚历山大参加了这位大名鼎鼎并受人尊敬的哲学家的葬礼；有文字记录的还有：老年的亚历山大 1853 年写信给意大利城市蒙图阿的犹太教宗教与法学教师："我们伟大而年老的作家之一，莱辛的朋友——莫泽斯·门德尔松——对我和哥哥在要成年时享受的教育产生过影响。"[16]但这可能只是从一般意义上说的。

当康德研究策尔勒的问题时，他还对门德尔松 1784 年 9 月在柏林月刊上发表的文章一无所知。如果他及时看到这篇文章的话，他应该会收回并修改自己 12 月发表的答复。那么他就能邀请读者检验一下："在何种程度上这个偶然事件能使人们思想一致。"[17]虽然不能确定是直接的一致，康德在门德尔松给出松散结论的地方继续研究。因为门德尔松虽然把"人的使命"确定为所有启蒙主义者追求和努力实现的标准和目标，但他并未继续解释，对人来说什么应该是重要本质的东西。康德关心的是这个问题。他的文章《对什么是启蒙的回答》关注人的天性。人是什么？人是成年的生物，至少从概率来看，人这个生物可以产生于未成年，而未成年可以成为人的第二天性。启蒙的过程就在于这点，没有别的。

"启蒙"，这篇著名的论文以此开头，"是人走出由其自身导致的未成年状态。未成年指人没有能力在无他人指导下运用自己的理性。如果未成年的原因不在于缺乏理性，而在于缺乏决心和勇气在无他人指导下运用自己的理性，那么这种未成年就是自身导致的。鼓起勇气运用自己的理性就是启蒙运动的口号"[18]。康德并没说，人实际上是成年的，监护和未成年似乎是正常情况。与此相反，康德在公共论坛中提出个体的自我思考者：人要走出自身导致的、既不是天生也并非不可消除的未成年状态只有在成年人自由思考和能公开发表思想的时候才能成功。"公开使用理性必须要随时自由，只有这样才能完成人的启蒙……我所理解的公开使用自己的理性就是某人作为理性的学者在阅读世界的整个观众前面运用理性。"[19]

康德的纲领性文章不仅让那些参加鲍尔家阅读协会的人的思想和理念上升了

一个高度，他们还在周三私下讨论，随后把思考结果发表到《柏林月刊》上。对两个年轻人来讲，康德的文章犹如一道闪电，因为这给他们展现了一个新世界，在这个新世界里他们敢于尝试并能形成自己的理性。寂寞、伪装和强迫的青少年时代一去不复返了，展现在他们面前的是最大可能的自由的学者生活。对此他们不缺乏决心和勇气，但他们还没完全摆脱束缚和监督。为了最终在无他人指导的情况下运用自己的理性，他们还要在能干的老师的监督下学习很多东西。昆特的远见正在于此：他在熟人中找到三位非常不错的、自己能思考的思想家来指导洪堡兄弟。我们已经多次提到过他们的名字：多姆、克莱因和恩格尔。

克里斯蒂安·威廉·冯·多姆 1779 年作为皇家图书馆馆员来到柏林并从 1783 年起在外交部任作战会议委员，他根据精确的统计学方法获得的在政治地理和国家地理方面的知识使他有资格胜任这个高级职位。本来他 1785 年秋天到 1786 年 6 月只教年轻的冯·阿尔尼姆（von Arnim）伯爵学习民族经济学，但非常了解多姆的昆特也让洪堡兄弟去听他的私人课程。课程涵盖面非常广泛，重点是贸易的扩张以及钱在贸易过程中作为各色物品不同价值的通用物所起的作用。多姆认为，贸易在很大程度上应由市场规则来导向："政府为贸易所做的最后一件事就是促进贸易的自由。"（G. S. Ⅶ，b，513）政府首要的任务是确保安全，这样人们可以自由地做其想做的事。这是极端的想法，但多姆不是革命型的思想家。在他看来促进自由必须渐进地发生。问题不在于把纯粹思辨的作品从头脑中提出并植入现实世界，相反人们必须把这种想法和现存的并非完美的形式、习俗、意见和看法结合起来，目的是一步一步地对之进行改革。从这方面看，作为门德尔松的好朋友以及经常出入赫尔茨家的客人，多姆也因此致力于争取犹太人在法律上的平等地位。1781 年他就写了《论犹太人公民权的改善》。他以此为出发点，"犹太人天生就获得了相同的能力：成为社会更幸福、更好和更有用的成员"[20]。

经过恩格尔介绍，昆特又成功地让恩斯特·费尔迪南·克莱因教授洪堡兄弟自然法。克莱因也是秘密的"星期三协会"成员并在 1784 年 4 月的《柏林月刊》上以《论思考和印刷自由》进行了激烈的论战。特别是针对专制的教会，他们打着虔诚的名义"提出崇拜愚蠢的事情"，克莱因设计出"冷静的思想家"的形象，这种思想家最突出的天赋是"纯粹自由地思考"[21]。只有威廉参加了克莱因关于自然法的讲座，讲座开始于 1785 年 3 月并于 1786 年 2 月结束。讲座应该为威廉的法律生涯做准备，但弟弟亚历山大对法律却毫无兴趣。值得一提的：在克莱因的课上，他不仅特别强调要有一个远离政府、由私人法进行调节的社会领域，在这个领域中一部分人的自由不能限制其他人的自由。特别值得高兴的是自己教授的学生的能力：可以共同思考并能把听过的讲座内容独立加工成文字。"我非常高兴，"克莱因 1785 年 4 月 7 日写信给威廉，"在阁下的文章中不仅有证据表明您对所听内容进行了思考，还能找到很多您自己的独特的没有人指导过的思考的痕迹。"（G. S. Ⅶ，b，481f.）这个说法尤其针对威廉对婚姻的思考。18 岁的威廉就已对婚姻发表了一些看法，这些看法日后总是不断地激励他继续对此进行研究和思考："婚姻是两种性别的人之间的一种联盟，进入这个联盟的双方共同分享所有的欢乐，并分享不同的天性并感受特殊的状况。"（G. S. Ⅶ，b，476）对此克莱因在文章旁标注并赞扬道："您不仅认真思考过婚姻，还带着热情和高贵的勇气谈论婚姻，为此我预祝您未来的妻子幸福。"

5 年之后，威廉通过亨利埃特·赫尔茨认识并爱上了自己的夫人，他一生都致力于和妻子分享所有肉体、思想和心灵的快乐。1789 年 11 月 12 日威廉给卡萝莉内·冯·达谢尔奥顿写了封长信，在这封信里他冒险给未婚妻披露自己最内在的本质和"我的感受方式的每种细微之处"。在他看来，他在 1785—1786 年上了两个学期的哲学课"一直非常奇怪"。"我通过恩格尔接受了最初的比较好的教育。他是非常细腻和睿智的人，可能不是那么深刻，但我以后从来没有碰到过像他那样快速理解并解释问题的人，他只了解智力方面的事情。我和其他少数几个人在他那儿听哲学课，他还教了我弟弟。我特别喜欢他，我对他有种依恋，尊敬他——在这个词能感受到的意义上说的——一种慢慢增长的最狂热的

爱。"（Br. I , 280）

由此可能推测出，年轻的威廉·冯·洪堡在对45岁的恩格尔的"爱"中找到了自从父亲意外去世后缺乏的东西。相反可以肯定的是两兄弟在恩格尔那儿学到的东西。威廉·冯·洪堡的遗稿中有他们上课的材料，材料上有老师恩格尔做的旁注和修改的内容。在给卡萝莉内的信中威廉虽然指出哲学教育"几乎一直只是逻辑学的"并在他身上发展出强烈的"经院哲学似的吹毛求疵"，以至于几乎没有其他人"比我更懂这个"（Br. I , 280）。但他的文字材料说明：学习内容不仅仅是关于逻辑学的思考，也不仅仅涉及智力上的事情，他们还讨论感情、"心灵"、幸福、爱好、欲望和热情。在这位"睿智"的人这儿上的课尤其因为那种苏格拉底主义而与众不同，那种苏格拉底主义是恩格尔1780年从柏拉图的对话中发展起来的。因为恩格尔不想用自己的方法来传授书本知识，他也不想只教哲学。他要教自己的学生学会哲学性的思考，对他来说哲学不是理论学说，而是一种活动。

为了能出成绩，苏格拉底似的教学方法也需要主题内容。逻辑学是处理概念、判断和结论的学说，但也会针对理性"力量"和概念形成的"感性"基础提出问题，因此恩格尔在最初的逻辑学部分使用的是汉堡的启蒙主义者赫尔曼·萨穆埃尔·雷马努斯（Hermann Samuel Reimarus）的《理性学》作为"在真理认知过程中正确运用理性的指南"（汉堡和基尔出版，1756年），他选择了两段话作为思考的材料，"雷马努斯说：理性是一种依据统一和矛盾的规律对提出的事物进行反思的力量。"反思意味着"比较事物，也即是反对对方并竭力搞清楚他们有何相似之处，或者他们之间的差异又表现在哪里。反思是唯一获得真理认知的方法"。（G. S. VII b，365f）

讲座的第二部分是形而上学。恩格尔使用的是哥廷根哲学教授约翰·格奥尔格·海因里希·费德尔（Johann Georg Heinrich Feder）的颇为流行的指导手册《哲学简史中的逻辑学和形而上学》（哥廷根 1769，第六版，1786）。问题在于除了普遍的本体论的对存在的东西的界定，还有一种假设，即"非感性的事物"也作为物质存在。当我们能通过有几何图案的几何学获得关于身体的清晰和明确的概念时，心灵的事件似乎无法通过这种方式进行认知，虽然不怀疑它们的存在："我们借助我们的内在感觉来认识我们的心灵。我们意识到，我们在思考，我们想要什么，我们的决定在我们的身体中引起千差万别的行动；我们感觉到它不是我们的身体，而是来自身体的完全不同的东西，什么在思考以及想要什么，并且告诉身体行动——身体本身已经死亡并且没有能力自己行动。"(G. S.Ⅶ b，435）但心灵如何能做这些？存在着一种特别的能产生这样或那样作用的心灵力量吗？

无论是逻辑学理性学说的哲学问题还是形而上学令人吃惊的秘密都对洪堡兄弟俩的一生提出了挑战。亚历山大将运用所有的感官来研究大自然的力量并尝试在丰富多彩的实体物质中，在空气、水、石头、植物和动物身上寻找大自然力量的痕迹。相反，威廉更多地把注意力放在内心世界、无穷无尽丰富的理念及精神力量、感情和感受上。他比弟弟更强烈地在自己身上尝试培养、发展和提升恩格尔在授课中作为第三部分即"实践哲学"中提到的那种力量，当理论上的聪明才智给思想提供动力和论证的理由时，除理性力量外"在我们的心灵中还存在着很多爱好、欲望和热情"（ G. S. Ⅶ b，464）。他们的共同点在于实际地追求幸福、追求娱乐及享受的状态。18岁的威廉很确定在哪里能找到这种幸福："一般来说渴望异性是一种爱好，这种爱好与我们目前所处状态中匮乏的感情有关；改变这种状态的愿望以及结婚是一种欲望；这种欲望最终针对个别闺房，这就是热情。"（ G. S.Ⅶ b，464）

恩格尔的想法不仅仅是教授哲学，而是还要教会学生哲学性地思考，他的教学方式是对话式的，因此在他的课程中柏拉图的对话材料扮演着重要的角色。这些材料应该使学生习惯"和古代哲学家共同思考并且还要对他们进行思考"[22]，目的是在扩展语言知识的同时学习正确使用自己的理性。这正符合威廉对古希腊语言和文学的爱好，因此对他来说，翻译和评述色洛芬的《回忆苏格拉底》和柏拉图的《法律》中的章节可能是种享受，但让他不太高兴的可能是这篇文章的命运，因为两年后在他准备和弟弟一起去奥德河畔的法兰克福读大学之前，"昆特建议策尔勒——我是不想的——把文章印出来。那时的我已经有太多的烦恼、担忧，内心也非常不安，但不得不因此在出发前的几天时间里日日夜夜坐着修改文章并写前言"。[23] 于是1787年末威廉的第一篇文章发表在策尔勒的《适合社会各阶层的阅读教程》中：《苏格拉底和柏拉图论神性、天命和不朽》。正如策尔勒在前言中强调的：这篇文章值得一提不仅因为它"出自一位20岁的年轻绅士之手并且还是他两年前完成的作品"（G. S. I，i，Anm.）。哲学上的意义首先在于洪堡对同时代启蒙主义基本原则的说明，他以独特的方式把这些原则和希腊哲学联系起来，因为他断定"在持续不断的针对怀疑和幻想而获取真理和理性的斗争中，古代希腊和启蒙运动时期有着明显的相似性"。康德的影响是显而易见的。像这位批判性的哲学家一样，威廉·冯·洪堡有勇气敢于和针对理性的启蒙而出现的"困难作斗争"（G. S. I，2）。这些困难在于：一方面是极端的怀疑，怀疑一切并从根本上动摇人类认知的确定性；另一方面又存在着欣喜的幻想，这种幻想超出人的理性界限并且不是让人反思，而只是让人相信，不是让人清晰地思考，而只是让人朦胧地感知。

　　威廉告知弟弟在哲学老师恩格尔的监管下学到的内容。还不满19岁的亚历山大在一篇文章中提到恩格尔的课程异常成功，同时他在这篇文章中尝试创造性地解决一个非常有争议的神学问题。这篇文章并不是为了发表从而获取更多的读者，确切地说，这是一封给奥德河畔法兰克福大学神学院学生威廉·加布里尔·韦格纳（Wilhelm Gabriel Wegener）的私人信件。亚历山大与韦格纳在1788年2月13日缔结了神圣的"友谊联盟"作为兄弟友爱的标志，"我将带着这种爱思念你——我忠诚和最温馨的朋友——直到黑夜来临"（Jbr. 8）。但这封信并不比哲学大师的作品差劲，在这封信里亚历山大很有学者风范，敏锐而又旁征博引地对韦格纳针对没有神圣的奇迹存在这个论点提出的论据进行了辩驳。

韦格纳选了《使徒行传》中的第二章作为例子并想以此证明："十二使徒交谈用的外语不是奇迹般地被告知的，在此之前他们也不具备天赋。"（Jbr，18，Anm，12）针对聪明朋友亚历山大哲学性的批评的证据站得住脚吗？亚历山大·冯·洪堡没让自己得到答复就在1788年6月15日从特格尔寄给韦格纳《对奇迹和奇迹信仰的详尽思考》中作了回复（Jbr. 17）。文章开头是玩笑似的简单陈述，在这份陈述中提到康德一些关键词，恩格尔又作为哲学代表出场："我的哲学就像一个还得一直被拴在裤腰带上的孩子。如果经验丰富的引导者在我每次跌倒的时候伸出臂膀，我可能跟着他学会了爬行。但自我引导并告诉其他人，他是否没走弯路，看起来还是有点困难的。去掉无聊的比喻吧，在朋友面前为自己的缺点感到羞愧和在自己面前隐瞒自己的缺点一样愚蠢和有害。"（Jbr. Ⅱ）

在亚历山大·冯·洪堡这篇论奇迹的逻辑–哲学论文中，柏拉图、泰勒斯、斯宾诺沙、赫尔德、卡姆佩、门德尔松和恩格尔等纷纷登场，不过在这里没法对这篇文章进行复述或提出批评。这对于了解亚历山大思考和论证基础的基本思想来说足够了。他虽然以苏格拉底似的姿态承认，他的思想大厦还只是建立"在纯粹的沙地上"，"但如此轻巧的房屋，比如我这样的，很容易从下面得以加固"。（Jbr，10）他终其一生都在扩建自己的房屋并使房屋的地基更坚固和更安全。因为通过对哲学基本概念的选择他很早就明白该如何完成这份工作："如果联系起来看，我们把世界称为一切有限的东西或者被创造物的全部，一切被创造出来的东西都是现实的，一切现实的东西都具有一种力量，因此换个说法，世界就是一切有限力量的全部。世界作为有限的事物处于不断的变化中，我们把每种变化都命名为'作用、效果'。"（Jbr. Ⅱ）

亚历山大·冯·洪堡在18岁的时候就设想出一个意识之内和全面整体的世界形象，这个世界的力量表现在原因和作用的相互配合中，同时也在原因和作用的相互作用中得到发挥。因此他能把是否存在奇迹这个问题以提问的方式表述出来：存在着那些在没有"有限力量"的帮助下可以完成并归因于"无限本质"的作用吗？是的，宗教性的集体意识和未经启蒙的人的回答。"不。"在自己和其他人面前不隐瞒自己缺点的理性哲学家说。因为对理性哲学家来说，在"没有原因的作用"中不是关乎超验的论证方法，而是关乎在有限世界包罗万象的多样化的特征方面缺乏相关知识。被启蒙主义哲学的领导者引导着，亚历山大开始以四种方式具体反驳说这个奇迹不是普通的奇迹，而是特殊的"说外语"的使徒的奇迹。我们无意在这里继续陈述亚历山大的论证，而更宁愿描述洪堡兄弟的大学和爱情生活。

尾　注

1. 参见赖纳·施米茨出版，《回忆、信件及文件中的亨利埃特·赫尔茨》，法兰克福（莱茵河畔）1984 年，第 28 页。

2. 弗里德里希·尼采《晨光》，197 段，见作品集第二卷，卡尔·施勒西塔出版，法兰克福（莱茵河畔）– 柏林 – 维也纳 1979 年，第 144 页。

3. 爱德华·斯普林格《威廉·冯·洪堡和人文主义理念》，柏林 1909 年，第 115 页。

4. 康德给马库斯·赫尔茨的信，1781 年 5 月 11 日之后。见伊马努埃尔·康德《通信》，奥托·舍恩德尔夫编著，汉堡 1986 年，第 3 版，第 195 页。

5. 康德给马库斯·赫尔茨的信，1777 年 8 月 20 日，同上书第 155 页。

6. 马库斯·赫尔茨给康德的信，1778 年 11 月 24 日，同上书第 182 页。

7. 1775、1777 和 1880 年恩格尔出版了三本流行哲学的文集《世界的哲学家》。题目是指恩格尔自己。参见克里斯多夫·伯尔《世界的哲学：康德时代德国启蒙运动晚期的流行哲学》，斯图加特 – 巴德·康斯达特 2003 年。亚历山大·科泽丽娜出版，《约翰·雅各布·恩格尔（1741—1802）》，汉诺威 – 拉策 2005 年。

8. 弗里德里希二世。引用自亚历山大·科泽丽娜出版，《约翰·雅各布·恩格尔（1741—1802）》，见注释 7，第 194 页。

9. 见注释 1，第 48 页。

10. 同上书，第 49 页。

11. 弗里德里希·尼克莱《关于我的学者培养》，柏林 – 什切青 1799 年（再版布鲁塞尔 1968 年），第 65 页。关于《星期三协会》参见诺贝特·欣斯科出版，《什么是启蒙》，达姆施塔特 1990 年，第 4 版，第 24—31 页。

12. 约翰·海因里希·策尔勒《婚姻的缔结不再需要宗教的许可是可行的吗？》，见上书第 115 页。

13. 参见施姆埃尔·法纳《哈斯卡拉 – 犹太的启蒙运动》，希尔德斯海姆 2007 年。

14. 莫泽斯·门德尔松《关于什么是启蒙的问题？》，见埃尔哈德·巴尔出版，《什么是启蒙》，斯图加特 1996 年，第 3 页。

15. 同上书，第 4 页。参见诺贝特·欣斯科出版，《我和理性讲价：莫泽斯·门德尔松及欧洲启蒙运动》，汉堡 1981 年。彼得·霍尼希曼《莫泽斯·门德尔松对洪堡兄弟教育的影响》，见门德尔松研究，第 7 卷，柏林 1991 年，第 36—76 页。

16. 最初是引用自阿道夫·科胡特《亚历山大·冯·洪堡和犹太教》，莱比锡 1971 年，第 65 页。

17. 伊马努埃尔·康德《对什么是启蒙的回答》，见 6 卷本作品集，威廉·魏舍尔德出版，

第 4 卷，法兰克福（莱茵河畔）1964 年，第 61 页。关于康德的启蒙主义文章参见曼弗雷德·盖尔《康德的世界》，莱茵贝克出版社 2003 年，第 179—222 页。

18. 见注释 17，第 53 页。

19. 同上书，第 55 页。

20. 克里斯蒂安·威廉·多姆《论犹太人公民权的改善》2 卷本，柏林 – 什切青 1781—1783 年，第 1 卷第 130 页。参见爱尔泽格雷特·达姆巴歇尔《克里斯蒂安·威廉·冯·多姆》，伯尔尼 – 法兰克福（莱茵河畔）1974 年。

21. 恩斯特·费尔迪南·克莱因《论思想和印刷自由：致亲王、部长和作家》，见诺贝特·欣斯科出版，《什么是启蒙》，注释 11，第 403 页。

22. 约翰·雅各布·恩格尔《因为柏拉图对话发展理性学说方法论的尝试》（1780），见约翰·雅各布·恩格尔著作，第 9 卷：哲学著作，柏林 1805 年（再版法兰克福莱茵河畔 1971 年），第 190 页。

23. 见注释 1，第 226 页。

第三章

踏入世界的第一步：

——

两位大学生如何形成思想以及缔结第一批友谊

即使洪堡兄弟私下未认识门德尔松，他对两兄弟的教育也产生了影响，因为正是门德尔松让柏林的许多犹太家庭致力于教育和教养。在这种教育和教养中实践性生活方式的培养与理论上的理性启蒙相结合，这使柏林的犹太沙龙在 25 年的时间里直到 1806 年普鲁士战败时都具有重要的社交意义。这些沙龙给文化的发展提供了私密的自由空间，这种自由空间既脱离了宫廷礼仪形式上的束缚，也尝试填补市民阶层公共生活的匮乏。门德尔松认为，"启蒙是对人作为人有兴趣——普通的没有阶级差异的人"[1]。对他认为的启蒙来说，这些沙龙也是人们可以运用自己理性的论坛。最早的沙龙之一并不是偶然由门德尔松的女儿多罗特阿（布伦德尔，嫁给了法伊特）成立的。人们每周都在布伦德尔·法伊特（Brendel Veit）家里聚会，他们朗诵作品、思考并讨论。门德尔松自己是勤奋和专注的倾听者。"为了听到他的评价，我们悄悄地聚在他周围！如果他说的正好是赞美之词，我们幸福极了。"[2]亨利埃特·赫尔茨回忆道。亨利埃特在 18 世纪 80 年代初也成立了自己的沙龙，1785 年开始她也使洪堡兄弟成了自己的座上客。

当洪堡兄弟通过昆特认识亨利埃特和丈夫马库斯·赫尔茨并常去他们位于新弗里德里希大街 22 号的家时，亨利埃特虽然只有 21 岁，却已结婚 6 年。他们家对面是舞场，到了晚上对面舞场传来舞者的脚踏声和愉快的欢呼声，据说亨利埃特对丈夫说："高尚的教育有什么用，我们从来没有那么快乐。"马库斯反驳道："可那些人也缺乏由一本好书带来的宁静的享受，也不了解为了人类的舒适宣布在自然力量这个领域里获得新发现的乐趣。"[3]马库斯在会客室谈到过这些自然力量，他在求知若渴的来访者面前做物理实验，同时，作为康德的信徒他尝试哲学性地回答这个问题：我们肯定能从自然科学中了解什么？

　　夫人亨利埃特的沙龙讨论的重点在别的领域。她很自信："原本只有妇女才对高尚的社交生活有教育意义。"[4]亨利埃特比博学的马库斯年轻17岁，据说马库斯又矮又丑，不过有一张睿智的脸。亨利埃特使年轻一代聚集在自己身边，他们不仅讨论些有趣的专业话题，也用些戏剧、诗歌等文艺作品以及轻松愉快的游戏和舞蹈来自娱自乐。她作为漂亮的女士被人欣赏和倾慕。她魅力十足、情感丰富，常和进行哲学性反思的丈夫的学术性形成反差，有时马库斯也打趣夫人诗意般的情感，这时亨利埃特就挂在他的脖子上跳舞，他便会温柔地责备并让她恢复理性。

　　但夫妻俩的沙龙并非毫无交集的两个世界，也并非人们常误传的认为他们俩是有限的理性启蒙和敏感的热情洋溢之间的对立，相反赫尔茨夫妇代表了门德尔松认为的教育的两个互为补充的方面，这种教育在启蒙和文化上有所区别。这两方面的紧密联系表现在1786年初成立的阅读圈里。这个阅读圈每周二在枢密官皇家宫殿管理人鲍尔家举行。年长的一批启蒙主义者如策尔勒、恩格尔、多姆、克莱因和赫尔茨也定期参加阅读，还有他们的夫人以及亨利埃特的犹太朋友及洪堡兄弟。书是每次都读的。"但冬天我们年轻人会在简单晚餐后跳舞，我还记得，亚历山大那时教我一种新舞蹈，夏天我们在室外玩游戏，年龄稍大的人也时常参加一些活动，比如打球等，我们就这样非常开心地过了一年，对所有人来说思想上都有所获益。"[5]

　　生活的乐趣和求知若渴的状况。从1786年春到1787年秋洪堡兄弟参与了这些社交聚会。如亨利埃特调侃的那样，通过这些聚会兄弟俩不仅对一切美和风趣优雅事物的爱好得到细化，"也给我们美好的团体带来一些东西"⁶——我们已经记录下来——尤其是 20 岁的威廉被年轻自信的女士魅力所折服。他现在正实践着在恩格尔私人讲座中学到的关于实践哲学的这部分课程内容。威廉追求内心的幸福：充满情欲地倾向异性，追求他现在缺乏的东西。他很快爱上了两位女性，他告诉亨利埃特是谁，目的是刺激他原本渴望的目标——亨利埃特。因为如他在 1786 年秋的一个星期天从特格尔写信给亨利埃特所说的那样：为了在她身边获得幸福，他很快和前两位女友分手了。他一周只能见亨利埃特一到两次，这让他有时非常痛苦，于是他策马扬鞭到庄园附近林木茂密的河谷并将她的名字刻到一棵美丽的桦树上，只有这样才能帮助他平复心情，以至于他的马都能毫不犹豫找到他度过"这个夏天最甜蜜时光"的地方。他发誓说亨利埃特是"我拥有的唯一的女友"。戏剧性的是她被吸引到诱惑的游戏中，年轻的绅士很能遵守这个游戏规则，但他肯定对自己的口头爱情宣言很满意。

威廉没获得期望的性的享受，他爱的亨利埃特·赫尔茨在 1787 年底给他提供加入"道德联盟"的机会，这个"道德联盟"是她和女友布伦德尔·法伊特即门德尔松的大女儿以及昆特介绍的年轻英俊的卡尔·拉罗赫（Karl Laroche）共同成立的。拉罗赫是歌德的一位女友索菲·拉罗赫①的儿子，索菲也是克里斯托夫·马丁·维兰德②青年时代的情人。拉罗赫是这个联盟的灵魂，他不仅是联盟规则和联盟仪式的创建者，更是联盟道德目标的狂热支持者。联盟的目标是："道德和思想上的共同成长以及热情的爱的训练，是正式的联盟，因为我们有章程，甚至有自己的代号密码。"⁷

最初威廉有点畏惧加入这个使人高贵的联盟，"觉得不适合加入我们的圈

---

① Sophie Laroche, 1730年12月6日—1807年2月18日，德国第一位经济独立的女性职业作家，德国第一本妇女杂志《波莫纳》的出版人和作者。
② Christoph Martin Wieland, 1733年9月5日—1813年1月20日，德国启蒙时期的诗人，翻译家和主编，曾将大量莎士比亚著作翻译成德语。

子。"[8]他对亨利埃特·赫尔茨承认道。可能他感觉到，在这个秘密的联盟里涉及高级的非自然的道德实验，在这个试验中他无法找到自己想追求的情色或性方面的快乐，但最后他还是接受并加入了联盟，他把自己的渴望上升为假爱的一种特殊形式，"哦，亨利埃特，你现在完全是我的了，你无法给予我更有利的证据证明你的爱情和你的信任，你可以用这种方式来赏识我——像姐妹之间一样——我用你①来和你说话"[9]②。

那么亚历山大呢？他一直参与其中。他参加了鲍尔家的阅读圈，教亨利埃特·赫尔茨跳最新式的法国舞蹈，他也好奇地参观了赫尔茨的家，兴奋地观看实验物理学的表演以及聆听马库斯·赫尔茨的哲学讲座，他把赫尔茨看作是老师和父辈一样的朋友。他也感到自己被布伦德尔·法伊特，拉尔·莱文（Rahel Levin）及亨利埃特·赫尔茨所吸引并常去她们的沙龙。在给柏林朋友的信中他让人问候"可爱的枢密官和他那优秀的夫人"（Jbr. 3）。亨利埃特·赫尔茨！"最美丽和最聪明的，不，我得说，是妇女中最睿智的。"（Jbr. 7）当他表现不好时，他希望"她一点不生我的气，而是有点好"（Jbr. 5）。无论如何他同这些聪明的犹太妇女共同经历的事情比他在特格尔家里遇到的人和事令人激动和兴奋许多，在给亨利埃特的信中他常把特格尔的家称为"无聊宫殿"。

当威廉与亨利埃特、布伦德尔和卡尔加入道德联盟时，亚历山大观察到哥哥身上发生的事情，他观察得很仔细。他自己并未加入道德联盟，但了解发生的事情。因此他建议，道德联盟要吸收其他新成员。他还为联盟成员发明了一种特殊的秘密文字，这样就没人能看懂他们之间信件往来的秘密内容，尤其是想掌控一切的昆特以及亨利埃特的丈夫马库斯。最后他们被嘲笑为过分夸张的幻想家，其

---

① 德语的非尊称。

② 幸运的是在卡尔·拉罗赫的倡议下，一年后卡萝莉内·冯·达谢尔奥顿加入了四人联盟，对威廉·冯·洪堡来说她不再是姐妹，而是未来真正现实的情人和妻子。

他人可能想在他们相互倾诉衷肠中发现"可能隐蔽的目的"[10]。威廉也有顾虑，就连他亲近的人也将无法明白他们在干什么，"昆特不能知晓。不用考虑我弟弟，即使他很好"[11]。

亚历山大不了解什么？他是知道这个联盟的秘密的，他属于这些年轻人的圈子，这些年轻人的快乐思想把他从无聊的家庭中解放出来，他和哥哥一样深受无聊的家庭之苦。他缺什么呢，以至于他没加入这个四重奏并且没参与联盟成员的情色游戏及秘密的恋爱事件？首先他缺乏其他人举行仪式表达爱情的郑重其事。他保持距离观察他们，如果他觉得这事变得有点狂热，他就能嘲笑一下，然后说说坏话，议论一下，再取笑一下这些男女朋友，像1788年9月他为亨利埃特·赫尔茨写的小戏剧一样：枢密官夫人赫尔茨和法伊特女士在聊天，她们在等亚历山大，他说好了要来拜访她们却没来。

亨利埃特：洪堡，他了解笑的艺术，如果人们很有趣，他就和他们一起笑，若他们很无聊，他就取笑他们。道德品行不那么坏。

布伦德尔：如果笑的艺术无伤大雅，至少总是愉快的。

亨利埃特：洪堡的嘲笑还能忍受，他没有其他材料嘲笑时，我想他就自嘲。

布伦德尔：哦，他太自恋了，男人们……

亨利埃特：自恋？你一直没习惯我讲的区别：爱、有爱、爱上，这是极其不同的事。

布伦德尔：那么洪堡爱上自己。塞浦路斯语法这样说的？

亨利埃特：喔，爱，听上去又太难了，这个地球上有太多蠢事，我相信，关键情况不会出现。（Jbr. 25）

亚历山大·冯·洪堡会自嘲。在他看来，爱神阿弗罗蒂德所指的塞浦路斯语似乎是表达他能逃避的愚蠢事件的特别形式。他自己送上门去让亨利埃特和布伦德尔谈论他的性格特点，他同意她们的说法吗？无论如何 19 岁的洪堡在这个简短的爱情对话中揶揄一番的"自恋"只是表面现象。

原本的愚蠢爱情的关键情况也许永远不会出现，却诙谐地指出更深刻的重要性，这由几年后亚历山大·冯·洪堡做的"美梦"证明了，他立刻把梦告诉了亨利埃特·赫尔茨。1796 年 4 月 4 日亚历山大·冯·洪堡给亨利埃特写了封长信（Jbr. 50 I f）："请您听听这个梦并请作出判断，我的朋友。遗憾的是，我们的梦境很少跟着我们思想发现的规律走，对此我们意见一致。"然后他描述梦境，在梦里他先由一位可敬的老者带着穿过人群："所有人都穿着大衣，遮住脸部，因此无法区分他们的性别。"他碰到三个人，这三个人"在我身上引起一种特别的渴望的感情"，他悄悄地跟在这三个谜一般的人身后并偷听他们谈话。"他们的谈话很理智，很男子气"，因此他以为这三人是高贵的年轻男性，但很快他发现自己错了，他不得不嘲笑自己的错误：这是三位女士，而且就是亨利埃特·赫尔茨、布伦德尔·法伊特和拉尔·莱文，最后她们来到一位不幸的女孩身边，"这个女孩被坏人伤害，半裸着并有伤在身"。三位女士脱下大衣给女孩披上。现在个子最高挑的那位完全暴露在他面前，他不敢看她。带领他的长者帮他摆脱尴尬并对他进行启蒙："'我也曾是她们信任的人，但厄运把我和她们分开，你想认识那位脱下大衣的女士吗？那就观察这个形象吧。自然想创造一个男人，但它弄错了，创造了一位女性。'我观察这个形象，认出谁了？不，您不知道，我最好的朋友，我又抬头并注视，那位令人尊敬的长者变成了一位英俊的年轻男子。"

亚历山大确定亨利埃特能解开这个谜一般的梦境的含义。在 1796 年 5 月的后记中他又补充道："不成熟的果实，也许不那么酸——请带着这一页，多年以后也许又让我们回忆起有趣的时光。我不会弄丢钥匙，钥匙在那个人们想扔却扔不掉东西的地方。"

亚历山大像心理分析师一样找到了自我分析的钥匙，他自己打开了通向自己无意识联想的秘密地点的通道并在一次共同的聚会中又给亨利埃特·赫尔茨及其女友们读过一次这个梦境，同时他暗示道：他自己是如何看待这个性格混乱游戏的秘密的。她们想必是不会惊讶的，因为很久以来她们就了解这个"关键情况"：她们的朋友不熟悉性方面对异性的热情，而与漂亮、思想丰富的年轻男性的友谊却让他感到幸福。

亚历山大·冯·洪堡是同性恋，他喜欢同性，因此不难理解，为什么在梦里他让女人男性化，这也解释了为什么威廉说"不用考虑（我弟弟）"：弟弟能明白哥哥在柏林青年时代在对亨利埃特和其他美女的爱中想享受的东西。亚历山大虽然是"真正的、正直的青年，他将会有所成就"，威廉写信给亨利埃特·赫尔茨说道，但他不避讳对亚历山大喜爱同性的评价："我无法忍受你称之为非常好的男人间的友谊，我没这种类型的友谊。"[12]因此威廉可能认为下面这件事也是不合礼仪的：亚历山大1788年2月13日和初恋男友神学学生威廉·加布里尔·韦格纳在奥德河的法兰克福缔结神圣的"友谊联盟"，他和韦格纳模仿哥哥威廉几个月前在柏林加入"道德联盟"时做的事情。"自从三倍幸福的日子以来，因为我认识了你，自从2月13日以来（我记录这样的时刻），我们许诺兄弟般的爱永存，这些日子以来我觉得，我的熟人里没人能像你一样对我意味着什么。"（Jbr. 31）

亚历山大是同性恋吗？甚至那些详细描写亚历山大的学术研究成果和生活史的传记作家也常常回避这个问题并对他的性问题保持沉默，他们虽然不得不提这个事实：在亚历山大的生活中显然缺乏女性的爱恋，他终身未婚，也未听从哥哥奇怪的建议（1790年2月12日）。哥哥威廉建议：他应该娶一位米夏埃利斯女士（Michaelis），这位女士是宝石行家，年龄在"50~60岁"（Br.Ⅰ.85）。但事情无果而终，对她来说亚历山大好像在性方面是中性，他没什么性冲动。

另外一些传记作家在回答这个问题的时候对同性恋保持防御态度，他们更多地提及他们自己的性取向而不是他们传记主人公的爱好。汉诺·贝克（Hanno Beck）认为，虽然不能对这个"危险"视而不见，"亚历山大因为自己的爱好使男性友谊天性设置的感情界限变得危险"[13]。但他很快用暗示安慰自己说"洪堡的同性恋"难以证实，亚历山大热情洋溢的感情表达只是当时流行的友谊崇拜在语言方面的证据而已。民主德国科学院亚历山大·冯·洪堡研究所的库尔特－莱因哈德·比尔曼（Kurt-Reinhard Biermann）一开始就清楚："传记作家尝试证明亚历山大和一些特定女性的性关系，这和其他作家错误地努力证明他的同性恋倾向一样没有多少说服力。"[14] 沃尔夫冈－哈根·海因（Wolfgang-Hagen Hein）较隐晦地表达：作家们的论述，即亚历山大跟男性的亲密关系和他的同性恋爱好有关，是"纯粹的臆想，因为没有明确的一手材料给予这个问题清晰的回答。当代的性科学家可能会因此觉得遗憾"[15]。但归根结底一位学者是同性恋还是异性恋这个问题是毫无意义的。

这个谨慎的结论也没解决这个问题，但亚历山大自己却找到了问题的解决办法，因为对他来说自己的性取向显然意义重大，无论如何在青年时代他就试图了解自己和自己的爱好。他追求什么？韦格纳是他对自己提出的这个问题作出回答的第一位朋友："真的，我最好的朋友，人被创造出来不仅仅是为了研究深刻的冥想的。去感受而不只是反思是一种享受。"（Jbr. 36）感受、享受、快乐，这是生活原本的目标，是年轻的亚历山大在和有相似感受的男人们交往中首先试图实现的目标。在他看来，和男友们相互信任的亲密感就像上帝的礼物。

韦格纳并非亚历山大·冯·洪堡一生中唯一私密的朋友，炽热的友谊和爱的表白出现在大量的信件中，这些信件是亚历山大写给与之共同生活和工作的男人们的。植物学家卡尔·路德维希·维尔德诺夫（Carl Ludwig Willdenow），他和亚历山大本质上"无限和谐"，1788 年在柏林时亚历山大"非常喜欢"他；学采矿业的学生约翰·卡尔·弗赖斯勒本（Johann Carl Freiesleben），1791 年他们在萨克森的弗莱贝格矿业学院建立友谊，亚历山大想与之共度余生；军官莱因哈德·冯·黑夫腾（Reinhard von Haeften）[16]，1794 年亚历山大在拜罗伊特爱上的这位朋友扮演着最重要的角色。亚历山大认为在这个世界上没有比和他们生活在一起更大的幸福了。特别是在寂寞的夜晚，他让自己的感情恣意流露："我对你的爱不是友谊，也不只是兄弟之爱，是敬重、纯粹的感谢，屈服于你的意志是我的最高原则。"他在 1796 年 1 月初的一个晚上写信给莱因哈德·冯·黑夫腾："在这样的感受中我们共同经营着我们的幸福。过去这两年，我能在你身边，是我生命中最开心的日子。直到今天我还感觉自己的幸福与日俱增。如果在这庄严的夜晚我写的是假话，我会死的。"（Jbr. 478）

在亚历山大对朋友的感情表达中常常毫无征兆地出现"幸福"和"享受"这些词。显然他对感官享受并不陌生，只是当他提到这种享受的时候他许诺不会被它控制，要有节制。在他离开奥德河畔的法兰克福准备去哥廷根学习的时候，他安慰韦格纳说"没有什么强烈的热情可以撕裂我"。"严肃的活动，特别是对自然的研究学习会使我对情欲保持一定的距离，你是了解我的，亲爱的韦格纳，在所有的朋友中你是最了解我的。你也可以自己判断，你是否足够强大，可以拦住我独自在生活的小歧路里游荡。"（Jbr. 47）他显然了解情欲的吸引力，他不仅在自己身上感受到这种情欲的吸引力，还通过哥哥威廉身上发生的事情感同身受。在这个插曲之后，我们追溯亚历山大和威廉与韦格纳第一次相遇的时光。

　　洪堡兄弟在 1787 年 9 月 29 日和一直陪伴着他们的老师昆特来到奥德河畔的法兰克福。为了在专业上有所建树且未来在普鲁士政府建功立业，10 月 1 日他们就如母亲和昆特所计划的那样开始在大学学习。他们为威廉选了法学，亚历山大不那么喜欢学术，他偏爱实践，因此学习财政学，也就是专制主义政府的金融、经济和管理学。对此亚历山大后来写道："人们以为，我对人们在德国称之为财政学的东西有兴趣，这是一种管理世界的艺术，当人们了解一切的时候才明白这种管理世界的艺术。"[17]也就是说学习这门专业并不是他自己的愿望。因此他学习并不刻苦是完全可以理解的。他虽然不懒，但常常用一种"轻浮的思考方式到处寻找享受但却很少找到"。无论如何，这在定期给亨利埃特·赫尔茨写信汇报法兰克福学生生活的哥哥威廉看来："顺便说一下，我们俩还像以前那样生活在一起，我们处得很好，但很少意见一致，因此我们也很少能说到一块，我们的性格太不一样了。"[18]

看来亚历山大过得不错，虽然有时有点无聊，因为大学课程无法满足需要。但他不抱怨，而是宁愿自嘲，一点实践哲学①让他认识到："人是为了地表的一部分，当然也是为奥德河寒冷的河岸而生的。学术女王（这里不是她的殿堂）能达成比让人满意更高贵的目标吗？"（Jbr. 4）可能是韦格纳，即1788年2月13日与亚历山大结成"友谊联盟"的朋友对此作出了重大贡献，两年后亚历山大写信给他说自己很愿意回忆起法兰克福的岁月："我从未比那时更幸福过。"（Jbr. 81）

相反，威廉一门心思扑在学习上，韦格纳觉得他"太冷淡、太勤奋，以至于难以缔结友谊"[19]。威廉早上5点就起床，读几个钟头的书，听基督教会史和法学史讲座，中午散会儿步，晚上参加经济学课程讨论以及上三个法学研讨课，但一天的课程还没结束，他晚上常常工作到11点，有时更晚。他明白自己坐的时间太长，过于内向并在书中寻找他在人身上找不到的东西。但他倾诉烦恼的对象亨利埃特并未因此责备他。亨利埃特知道，他对工作和学习的热爱从12岁就开始了，因此在无聊的法兰克福他完全是独行侠并专注于学习，这是可以原谅的，他不会想在这个还没经历真正开心时光的地方待太久。

这种状况很快就结束了。兄弟俩在法兰克福大学只待了一个学期，1788年3月20日亚历山大回到柏林，母亲和昆特担心他，因为在他们看来亚历山大在法兰克福的学习落后哥哥许多，他也没表现出他们所期待的勤奋。另外他也经常生病，他们因此让亚历山大在柏林发展一段时间，以便他最终能清楚了解自己的学习兴趣和职业倾向。威廉和昆特去哥廷根继续求学。在他们的生活中兄弟俩第一次分离，一年后才又相见。

---

① 这里指与韦格纳的关系。

回到柏林，亚历山大觉得非常寂寞，他思念韦格纳，不过他很快就找到了新朋友：与比他大 4 岁的药剂师、医生和植物学家卡尔·路德维希·维尔德诺夫的相遇对他未来的发展起着重要的作用[20]。维尔德诺夫激发了亚历山大·冯·洪堡对植物学的兴趣，这种兴趣使他一生都在做研究。虽然亚历山大几年前就开始研究植物学。早在 1781 年 7 月 30 日家庭医生和植物学家恩斯特·路德维希·海姆（Ernst Ludwig Heim）骑马到特格尔并给两个孩子解释卡尔·冯·林奈（Carl von Linne）植物体系的 24 个分类。已学会希腊语的威廉毫不费劲地明白了讲解的内容，亚历山大却把一些蕨类和苔藓植物贴到纸上，但他对植物学的兴趣很快就消失了[21]。现在在柏林他的好奇心又被唤醒了。他自己阅读了维尔德诺夫关于柏林的植物的书，尝试着在维尔德诺夫的帮助下给植物分类并做植物标本。"现在人们才允许我独自外出，我决定在没人推荐的情况下自己去拜访维尔德诺夫，这次拜访对我的余生具有怎样的影响呀！"[22]

1788—1789 年冬天，当亚历山大在没有卡尔·路德维希·维尔德诺夫的陪伴下一个人探访卡尔父亲位于柏林最繁华的菩提树大街的药房"红雕"时，他才 19 岁。他们之间很快就建立起一种男人间的友谊。亚历山大感觉，这位 23 岁的人"和我的本质无限和谐，我很喜欢他"[23]。他频繁拜访维尔德诺夫，在那里亚历山大不只学会了界定本地植物，他尤其对新的外国的植物着迷，这些植物的异国魅力满足了他的想象力，让他觉得享受。"这种享受肯定是热带国家的植物带来的。"[24]迄今为止他的愿望都局限在沙质的勃兰登堡的家乡，家乡与那种由遥远的热带国家引起的画卷相比黯然失色。日本的草帽、柏林植物园里的椰子树、印度和加勒比海的植物和树皮等："我看到它们，就不由自主地想去这些地方看看。从这时起我决定要离开欧洲。"[25]

亚历山大还不清楚如何能实现这次旅行。直到 10 年后他才知道。现在他只知道自己 1789 年 2 月 25 日给最好的朋友韦格纳写信的内容，那时他刚好一个人穿过柏林动物园散步回家，他的内心充满着甜蜜的因为植物的美和丰富多样的大自然而引起的忧伤。"我的朋友维尔德诺夫是唯一一个可以和我分享这种感受的人，但他和我的工作都阻碍着我们常常手拉手地进入大自然伟大的殿堂。你该相信，在柏林14.5万人中不到4个人，把博物学中的一部分（植物学）作为副科学习，也只为了休闲而培养性情。又有多少人不是把医生尤其是痛苦的财政学家当作职业呢。随着人口增长并且生活用品价格上涨，人们越感觉到受到破坏的财政负担，人们就更应该设法开发新的食物来源以应对方方面面蔓延开来的匮乏。有多少无法忽视的力量存在于自然界中，它们没有得到开发利用，而开发大自然是可以给成千上万的人提供食物和工作的。"（Jbr. 41）正如在这封信中第一次提到的那样，亚历山大·冯·洪堡想写一本关于自然的力量的书，虽然他自己可能意识到，因为缺乏必要的研究工作以及植物学知识，这"大大超出了我的能力"（Jbr. 41），但他想象10年后能成为作家，还没到10年他就提前成功了。

威廉1788年4月到1789年4月间独自一人在哥廷根。虽然普鲁士国王禁止学生到外国上大学，但1749年颁布的皇家普鲁士法令没能让威廉退缩，他于1788年4月23日在哥廷根大学注册，哥廷根隶属汉诺威，汉诺威在德国众多小诸侯国中成为选帝侯并和英国关系密切，哥廷根大学被认为是"德国的雅典"（Jbr. 8），享有盛誉让人不得不到此学习。威廉·冯·洪堡注册为法律系的学生，他非常开心并高兴有机会在这里读大学，同学大都来自欧洲各国，以勤奋而出名。图书馆藏书丰富，教授们也是令人兴奋的谈话对象，这些老师都是本专业的佼佼者。"我哥哥非常开心，因为他为自己的思想找到了精神食粮以及更友好的氛围，这正是他这种特别的人所需要的。"亚历山大1788年5月10日写信给韦格纳说："恩格尔、赫尔茨、赖特迈斯特（Reitemeister）、多姆、策尔勒，上帝知道还有谁，热情地把他推荐给海涅和费德尔（Feder），他们也欣然接受他。"（Jbr. 8）这些名字表明威廉·冯·洪堡并没只专注于法学，柏林的启蒙学家介绍威廉认识了哲学家费德尔，威廉在柏林跟着恩格尔学习的时候就读过费德尔的《逻辑学和形而上学》；他认识了克里斯蒂安·戈特洛普·海涅（Christian Gottlob Heyne），海涅是权威的分析学家和古典语言及文学阐释学者，把专业的语文学发展成了广泛的古代文化研究；威廉也听实验物理学家格奥尔格·克里斯多夫·利希滕贝格（Georg Christoph Lichtenberg）的讲座；在法学家约翰·施特芬·皮特（Johann Stephan Pütter）处学习普通国家法；在历史学家奥古斯特·路德维希·冯·施勒策尔（August Ludwig von Schlözer）处学习政治哲学。

"在这里，我学习非常勤奋，但我知道分配我的时间并使学习不损害我的健康"，他安慰一位在柏林赫尔茨家认识的朋友并提到他对康德的批判哲学有着浓厚的兴趣，他是在马库斯·赫尔茨那里第一次听说康德的批判哲学的——是康德的小文章"对什么是启蒙的回答"吗？他第一次特别想仔细专注地阅读研究康德的《纯粹理性批判》。"我每次都写下我看过的东西，半年后我可能才读完《纯粹理性批评》。我得承认，它太难了。但就我所读的内容来说，值得付出精力去读。"[26] 这是 1788 年 6 月 15 日的计划。8 个月之后，即 1789 年的 2 月 27 日，亚历山大写信给韦格纳："我哥哥学习刻苦死了，他读完了康德的所有著作，现在他在康德的系统中生活和活动。我想从他那里学习很多东西，因为现在我没时间去思考这些。我太专注于自己的事情，只有放弃思辨。"（Jbr. 44）

亚历山大没有明说为什么他觉得哥哥是"特别的人"，但他的文字游戏（刻苦）"死了"和（在康德的系统中）"生活"暗示他对哥哥的性格刻画指的是什么。因为在他看来，似乎哥哥全部的生命力都用于思想精神的思辨，哥哥却不熟悉和其他人共同友好的生活。因此可能对亚历山大来说在一种由康德异常严格和精确建立起来的哲学系统中专注地生活及活动是有生命危险的，这首先涉及康德哲学中的理论部分。《纯粹理性批评》第一版于 1781 年出版，第二版 1787 年出版，仔细研究这部著作给威廉带来巨大的精神享受，他又开始专心研究这位柯尼斯堡智者的实践哲学。1785 年康德出版《道德形而上学原理》，1788 年接着出版《实践理性批判》，在这两部著作中不再涉及"纯粹理性"，而是"纯粹好的意志"，康德试图证明纯粹意志的绝对作用和绝对权威。这种意志可以是"纯粹"的，但只有在人们把它从一切前批判伦理哲学家看作是情欲、热情、愉悦和享受的东西中剥离开来时才是。

看起来威廉·冯·洪堡对这种康德似的纯洁一点都不开心，毕竟他在恩格尔那里实践性地学习思考了爱好、欲望和热情。享受，尤其是和异性在一起的享受在他看来是值得追求的财富。如果他的思想是冷淡的，作为感性和情欲的人他又想享受，在享受的过程中他常常很热情冲动，以至于又失去思维。对此他是不想放弃的，正如他在 1789 年 3 月 15 日从哥廷根写信给弗里德里希·海因里希·雅各比（Friedrich Heinrich Jacobi）："这个冬天的大部分时间我在研究形而上学。我又研究了康德。我越来越喜欢他的理论部分。只是对于实践部分我还不能苟同。不过我想，人们可以接受第一部分而拒绝另外的部分，不用那么彻底地全部都接受，尽管康德是用某种方式把这两部分结合起来。今天我就不给你说明原因了……"[27]

日后威廉·冯·洪堡也没给雅各比说明他为什么抛弃康德的道德哲学。一个主要的原因可能是康德压抑那种感性的情欲，而那种情欲是可以带给威廉·冯·洪堡享受的。康德不是纯粹地对身体上的欢乐一无所知的思想家，他喜欢喝葡萄酒并且爱开玩笑，他可以让我们笑并且做"有益的横膈膜运动"[28][①]。这种运动可以产生身体的愉悦。康德原本的主题即对人的认识也需要能触动我们感官的对象。康德的《纯粹理性批判》就是从这个论断开始的：没有"感性印象的原始材料"就没法开始认知。但这种感性和情色的刺激及性的享受无关，在《实践理性批判》里更是未提及这点。这一定让年轻的康德派信徒威廉·冯·洪堡很失望，如果说思想上他喜欢进行寂寞的自我思考，那么他也追求身体上的乐趣，对此他 1816 年在自传中承认："我让我的欲望自由驰骋并且在这种甚至很多人可能称之为放纵无节制的享受中认识到伟大和令人舒服的有益的力量。"（G. S. XIV，456）

---

① 指哈哈大笑。

享利埃特·赫尔茨很早就意识到，她的年轻的崇拜者虽然常常用斯多亚似的淡泊来歌颂愉快的安宁，这种安宁是每种享受的基础，但他也喜欢在"情欲的小径中"游离并且追求"享受恋爱"[29]。在柏林和特格尔的生活几乎没给他提供任何机会，那时他还依赖着母亲和老师。现在他独自一人在哥廷根，他很开心地利用每个能满足爱好、欲望和热情的机会。首先是在哲学家和古典学家海涅的家中他被引入荷马文艺作品的殿堂，他还和海涅的女儿特蕾泽建立了友谊。

迄今为止他还未遇到过如此"美妙的女性"（G. S. XIV, 43）。特蕾泽思维敏捷、想象力丰富以及爱卖弄风情，这些都吸引着威廉。特蕾泽结婚的事实一点没影响到威廉：特蕾泽三年前就嫁给了自然研究者格奥尔格·福斯特（Georg Forster，1754—1794）。福斯特因为在 1772 年到 1775 年间和詹姆斯·库克（James Cook）一起环游世界而获得了很高的声誉，也几乎成为传奇。福斯特关于自然、艺术、宗教和政治的论文吸引着人们也引起人们的挑衅，因为这些论文坚持以经验事实为准绳，福斯特描写这些经验事实时运用了高雅的修辞学以及诙谐的玩笑，目的是反对所有可能的超自然现象和抽象化的事物。他不想先验地对大自然的本质或者上帝的理念进行思辨，而是仔细观察研究这整个世界以热情洋溢的标准和持续的运动呈现了什么。他也试图把人及其所有的感受、认知、理念以及信仰形式纳入到"自然整体"中：从最微小的沙粒到无法捉摸的伟大的宇宙。

福斯特把"整体的美和完善"[30]作为大自然普遍的终极目标，但他自己在其中过得并不好，威廉对此并非视而不见：福斯特不仅身体多病，还有忧郁症，事业状况不理想，婚姻也处于危机之中，因为特蕾泽很难保持忠诚，她虽然选福斯特做丈夫，但又爱上了放荡不羁的图书管理员和教授弗里德里希·路德维希·威廉·迈尔（Friedrich Ludwig Wilhelm Meyer），福斯特为了留住特蕾泽已准备接纳迈尔为家庭的朋友，自愿结成的"三角关系"联盟抑制了嫉妒。福斯特家这种复杂的爱情婚姻关系似乎没有使年轻的威廉觉得惊讶和迷茫，而是觉得有魅力，夫妻间有第三者介入使事情变得有趣，威廉试图待在大自己三岁的特蕾泽身边，特蕾泽绝对的爱情需求让她觉得和丈夫在一起很难幸福，很快她就使这种表面的爱动荡不安，对此威廉早习以为常，因为他在亨利埃特·赫尔茨和布伦德尔·法依特那里经历过了。当他在哥廷根读到亨利埃特写给自己的信时，他突然觉得这种"佯装"的感觉很可笑，亨利埃特写道："这种感觉就像缺乏作料的甜面包。"（G. S. XIV. 69）

据说特蕾泽·福斯特（Therese Forster）虽然不怎么漂亮，但她热情有魅力，这让威廉臣服并感到热情洋溢，当威廉听到她说"爱就在于全身心的服从和全身心的奉献"（G. S. XIV. 45）时，他自己就想享受这种爱情。1788年秋天特蕾泽和丈夫搬到美因茨，威廉觉得万分遗憾。但不久他就有机会拜访他们并和特蕾泽长时间地探讨友谊、爱情、婚姻中的幸福和不幸这些话题。

不清楚威廉和这对夫妇多久见一次面。威廉1788年夏天常常离开哥廷根进行短途旅行，其中一次旅行特别值得一提：他在威悉河山谷中漂亮的浴场皮尔蒙特待了三天，皮尔蒙特是著名的国际浴场，离哥廷根不远，夏天有很多人来度假，这就给人提供了经历新鲜事情的机会。"我现在喜欢新环境。"威廉在日记中写道："人们必须经历各种各样的状况。这个原则在我看来是如此确定，以至于每种我还没经历的状况都那么令人愉悦。"（G. S. XIV. 69）

让他特别开心的是他在第一天即1788年7月18日就碰到了年轻的莎洛特·希尔德布伦特（Charlotte Hildebrand）。莎洛特及其父亲——一位来自吕登豪森的牧师——住在同一家酒店。接下来的两天两个年轻人经常待在一起，共同讨论生命的意义、爱情的价值、诗歌和哲学。"从早到晚，那些令人愉快的散步，在皮尔蒙特的林荫大道和漂亮的山谷中。我们有那么多的话要说！有那么多的观点和想法要分享！有那么多的思想要交流！我们不想结束！"[31]莎洛特·希尔德布伦特也这么认为，后来她还和威廉一起回忆这愉快的三天假期，威廉给她留下了深刻的、前所未有的印象，这种印象伴随着她度过余生。威廉也对7月20日的离别表示遗憾："我不得不和您道别，还不知道以后是否可以相见。"[32]这是离别时他给刚认识的女友留言时写的话。

26 年后他正在维也纳和平会议期间进行艰难的谈判，意外地收到莎洛特·迪德（从夫姓）从霍尔茨明登寄来的信。在信中莎洛特告诉他，在皮尔蒙特度过的三天愉快假期使她感受到初恋，这是命运赐予她的最美好的经历。她只担心，她的形象在"尊敬的阁下"的记忆中已褪色。对青年时代女友的回忆触动了威廉，也让他很开心。他立即回信道："我一直认为我们在皮尔蒙特的美好日子是命运的安排。如果您认为您只是短暂地在我身边一晃而过的话，您就错了。"[33]

以这封 1814 年 11 月 3 日写自维也纳的信开头，威廉开始创作《威廉·冯·洪堡给女友的信》，这些信让我们生动形象地了解了他未来的生活哲学（因为最后一封信写于特格尔，1835 年 3 月他去世前的几个星期）。第二天即 1814 年 11 月 4 日他就给夫人卡萝莉内写信谈到莎洛特的信，他把莎洛特的信转寄给卡萝莉内并推荐她阅读，同时指出：这封信出自"一位女士之手，我在 1788 年爱上了她，但自那以后我再也没听到过她的一点消息。尽管我不否认，我经常想起她。我肯定给你说过，当我在皮尔蒙特的时候，虽然只有三天，但我认识了一位牧师的女儿，那时我非常喜欢她"（Br. IV. 406）。

这是否是婚姻开放的标志？或者威廉特别提到爱上莎洛特的那一年，目的是想刺激一下妻子？因为这也是他俩认识并相爱的那一年！无论如何卡萝莉内·冯·达谢尔奥顿是这样认为的。当时卡尔·拉罗赫爱着她，她因为拉罗赫而了解了柏林的道德联盟并对联盟的理念有着浓厚的兴趣，拉罗赫也谈到威廉·冯·洪堡。和亨利埃特·赫尔茨及布伦德尔·法伊特相比，卡萝莉内似乎立刻就感到自己的思想和心灵与这位小一岁的男人更接近。威廉很早就失去了父亲，她则失去了母亲。她父亲卡尔·弗里德里希·冯·达谢尔奥顿（Karl Friedrich von Dacheröden）是普鲁士议会主席，对女儿的感情世界知之甚少。他们冬天住在埃尔富特，夏天要么住在布尔格奥尔纳的古堡里（布尔格奥尔纳位于曼斯费尔德的伯爵领地），要么住在奥勒本庄园（位于布尔格奥尔纳和埃尔富特之间的金奥伊地区）。她在一位自私自利、愤世嫉俗的法国女教师监督下度过了并不幸福的童年，童年时她学会了伪装。她觉得异常孤独，她尝试用丰富的想象、感性的读物以及思想上的教育培养来驱赶孤独。卡尔·拉罗赫很容易就激发了她对道德联盟成员的热情：他们像她想象的那样在生活。

她1788年7月28日感同身受地给"忠诚的威廉"写了一封信，这封信由卡尔转交给威廉，当时威廉刚从皮尔蒙特度过短暂的甜蜜的恋爱假期。他该去看看她："我的兄弟，不要让我无谓地请求你，想想，我生活在沙漠里，我的心被回忆填满，也被希望滋养着，让卡尔告诉你，我很好并有一颗温暖的爱心，这颗心要求我以神圣的联盟和你的心结合。回馈你的是纯粹的姐妹情谊。"（Br. I，3）她为盼望已久的初次会面想出了个小计谋：威廉的父亲和卡萝莉内的父亲之前是朋友，威廉可以给她父亲写信并说有兴趣看看"火机"（最早的蒸汽机之一，用于布尔格奥尔纳附近采矿），刻意安排会面时他俩晚上就可以悄悄地在一个小亭子里见面，她在那里等他。"因为我要先单独见你。在最初激动人心的时刻其他人在场我无法做到不出卖自己。"（Br. I，4）

他们之间的爱情故事就这样从给一个陌生人的信开始，威廉敏感地感觉到卡萝莉内诗意的天赋，他先用一首诗回复她。他不会白白放过开始新恋情的机会。"快速飞奔到那里去，快呀，时光飞逝，我爱意充盈的眼睛马上要见到我的丽娜，她与我的心灵如此接近，看不到我充满悲伤的眼睛，依偎在她跳动的心房，甜蜜地忘记各样痛苦，忧伤在迷糊中晃悠，沉入温柔之乡，在丽娜处生活，游荡！"

威廉不仅仅在康德的体系中"生活和活动"，也不仅仅像弟弟亚历山大担心的那样拼命学习，他渴望得到这位丽娜，希望享受甜蜜的爱情之火并结成牢不可破的想象的"爱情联盟"，这种联盟将他们带入无限的"星辰之国"。

8 月威廉就到布尔克奥尔纳，他在老父亲面前假装对蒸汽机很有兴趣，却秘密地和心上人丽娜会面，卡萝莉内对这次会面的所有期待看起来都得到了满足，因为她的比尔刚一离开，她就写信谈及她在离别时流泪，谈及他不在身边时她承受的空虚、恐惧和寂寞以及谈及她希望得到唯一独特而不被打扰的爱情："我最亲爱的，人们可以像我们这样相爱，这是上天最好的礼物，这种礼物值得付出眼泪，值得承受一切痛苦，只有在这样的爱情中人们才感觉到心灵的力量生机勃勃，感觉可以承受命运的打击并能接近永恒爱情的源泉。"（Br. Ⅰ，7）

布尔格奥尔纳的约会并不是威廉在值得纪念的 1788 年中唯一的桃色事件，因为还有莎洛特，他在皮尔蒙特许诺过要去她的家乡看她。他也陷入与特蕾泽的情感关系中。在特蕾泽离开后，威廉还试图勾引其未婚的妹妹玛丽安妮。特蕾泽写了封推荐信把威廉介绍给妹妹玛丽安妮，这让威廉很容易就结识了玛丽安妮。"信未密封，所以可以看到信的内容。我读了信并且了解特蕾泽是这样推荐我的：宽容地接纳他，我希望和他相识能给你带来快乐。"（G. S. ⅩⅣ，66）威廉是不想放弃这种快乐的，在日记《1788 年的哥廷根》中他虽然断定，和姐姐特蕾泽比起来玛丽安妮不那么引人注目也比较肤浅，但他还是尽力使她对自己产生兴趣，他和她聊文学和感受，虽然成效不大。他们约定一同去听音乐会，但未成功。

他徒劳地在音乐厅的入口处等待，他该怎么办？"我觉得无聊就去了埃米莉那儿，我已经去过几次，也在那里碰到过其他人。"（G. S. ⅩⅣ，70f）埃米莉·冯·贝尔勒普施（Emilie von Berlepsch）嫁给了汉诺威的宫廷法官弗里德里希·路德维希·冯·贝尔勒普施男爵（Friedrich Ludwig Freiherr von Berlepsch），本来威廉认为埃米莉自负、虚荣、爱说人闲话，但从性方面来说，31 岁的男爵夫人对 21 岁的大学生还是有吸引力的，因此他拜访她，试图"做我在晚上想做的，我控制住我自己，我谈论各种各样的事情，这些事情使她那样的女性从内心深处觉得刺激，这个方法奏效了，像一股电流袭击了我……越来越亲密"（G. S. ⅩⅣ，71）。她丈夫不理解她，却更喜欢放荡的女仆，但又爱嫉妒。威廉装得有兴趣，尽管"伪装"

也令自己不安，但达到了目的：比如拉拉手，吻吻手等。在下一次社交聚会中，埃米莉在游戏桌旁和英格兰王子恩斯特·奥古斯特（Ernst August）取乐的时候，她对威廉耳语道："您早上5点来吧。"威廉觉得意外。"在游戏桌旁说这个太冒险了，但我显得落落大方，其他人很难觉察到什么。"（G. S. XⅣ，74）

第二天威廉到了埃米莉那儿，另一名拜访者打扰了他们，2小时后终于走了，但又来了新朋友：来自策勒（Celle）的弗里德里希·巴西利乌斯·冯·拉姆多尔（Friedrich Basilius von Ramdohr）。两位竞争者都只想和埃米莉独处，拉姆多尔生气地注意到威廉的兴趣，威廉打算"坐等人离开"，但又不想引起怀疑，让人觉得自己是埃米莉的情人。年轻的引诱者诙谐地描写了这个场景："拉姆多尔起身，我也一样，他等着，我也等着，他拿帽子，我也拿……他走了，我也走了，他站在门口想让我先走，自己留一会，我没动，于是他先走，但他还没走出去，就又转身回屋并让我站在门外。我从未如此迷惑过，埃米莉的女仆，一个随便的小姑娘跟着我走下台阶，对我说晚安，她的神情显示她需要一点爱抚，但我走了没回应她。我看上去一定非常幼稚可笑，大约10点埃米莉让人送了一封信来。"（G. S. XⅣ，75）在拉姆多尔走后，她召唤他回去了吗？这位绅士未继续描写下文并打了几个省略号。

1788年12月又该看望卡萝莉内了，约会成功了。1789年1月初他们第二次见面前两小时他还给她写了信："我有5个多月没见你了，在这期间我没见你们中的任何人，有时处于痛苦压抑的状态，只享受到很少的真正的乐趣。"（Br. I，12）在这次会面中他们似乎没怎么谈论爱情，卡萝莉内却委托给他一个任务：骑马到附近的鲁道尔施塔特去争取让自己的女友卡萝莉内·冯·博伊尔维茨（Caroline von Beulwitz）成为道德联盟的新成员，卡萝莉内·冯·博伊尔维茨，娘家姓冯·伦厄费尔德（von Lengefeld），正和自己的妹妹莎洛特竞争，两人都想争取获得弗里德里希·席勒（Friedrich Schiller）的爱情[34]。她应该"为我们联盟增添光彩，成为我们的骄傲和我们的宝贝"（Br. I，11）。威廉也想认识这位卡萝莉内，他对爱人承认道，因为爱人已经给他详细描述过了："她是位美妙的女性，你的丽娜。"（Br. Ⅰ，13）关系越来越复杂。他爱这位高度敏感的卡萝莉内·冯·达谢尔奥顿吗？她本来应该嫁给自己的朋友卡尔·拉罗赫，而且卡尔始终发自内心地尊重她。她又真的想要威廉吗？尽管她知道他爱着特蕾泽·福斯特并且还毫不隐瞒地告诉她自己与亨利埃特·赫尔茨之间遥不可及的苦闷爱情。此外卡萝莉内也听过其他道德联盟成员对他们热爱的这位兄弟的责备："你只追求女性，滥情，和太多人有纠葛。"（Br. Ⅰ，17f）正如威廉自己开玩笑地告诉她：他们对他的情欲非常不满。

幸运的是，当弟弟亚历山大到哥廷根的时候，威廉纠缠不休和沉重的爱情史中断了。在这些爱情中，无法预料的一系列感受让威廉头晕目眩。现在他可以在共同的学习中呼吸点新鲜空气，亚历山大也可以和他一起继续在法兰克福大学开始的学业。在柏林上私人讲座的时代成了过去时，这些讲座是母亲和昆特为了促进兄弟俩的发展而计划的。带着运用自己的理性而独自生活的勇气，亚历山大从柏林到了哥廷根。当他1789年3月27日给在法兰克福大学求学时认识的朋友韦格纳写信的时候，他几乎逐字逐句地引用康德1784年的启蒙纲领："现在我回到了之前的生活轨迹，我重新开始学术生活，但我的整个状况都变了，我准备踏入世界，没有人陪伴而且作为自由人，我对这种看起来有点糟糕的状况感到高兴。我早习惯了像个孩子一样被绑在裤腰带上。人期待着，根据自己的意志使被束缚的力量行动起来，自己决定成为幸运或不幸的创造者。"（Jbr. 47）

不仅仅是从未成年的状态走出来使他开心，他也很开心分别一年后和哥哥重逢，两人全身心地专注于根据自己的愿望而选择的学习研究。

他们一起去听特蕾泽·福斯特的父亲克里斯蒂安·戈特洛普·海涅的讲座，海涅也成功地激发了亚历山大对古典语言学的兴趣，他不是教他们学习经过翻译的希腊文和拉丁文文章，而是让他们关注古代社会历史的特征、神话传统的轨迹、历史人物和古希腊罗马生活世界的文化氛围。一个时代是生机勃勃的整体，他要把握这个整体的时代精神[35]，他同时关注一切人类活动及其作品的历史并通过考古知识加强这方面的研究。"我在图书馆的大厅里听海涅的考古学，周围都是古典艺术品的复制品和铜像。"（Jbr. 55）亚历山大给最爱的韦格纳描述自己所尊重的老师的形象："无疑，海涅是最聪明的人，在哥廷根某些学科上他是最博学的，他的讲座结结巴巴，但极有创造性和关联性。"（Jbr. 55）这种启蒙性的教学对亚历山大产生了非常大的影响，以至于他独自进行了《希腊人和罗马人的织布机》研究。他对自己的发现感到骄傲：这是一种直立型经纱织布机，"由阿拉伯人带到法国……这是由出自赫库兰尼姆①的铜，普鲁科斯②、伊索多③、维吉尔④在梵蒂冈博物馆的书以及荷马的书都证明了的，证据非常多。海涅对此非常高兴。"（Jbr. 70）

喜欢博物学的亚历山大因为海涅而开始对古典文学和艺术产生了兴趣，"我在这儿完全生活在语文学中"，他吃惊地发现并得出结论。相反受过文学和哲学训练的威廉又对自然科学产生了强烈的兴趣，他和弟弟一起听实验物理学家格奥尔格·克里斯多夫·利希滕贝格（Georg Christoph Lichtenberg）关于《光、火和电》的私人课程。利希滕贝格评价威廉："（他）是我见过的最优秀的人之一。你无法相信，在他略显苍白的脸后面隐藏着怎样的头脑。"[36]

讲座笔记说明：不仅是利希滕贝格关于火、能量、水和冰的学说促使兄弟俩共同思考，令他们印象非常深刻的是利希滕贝格的逻辑学研究，利希滕贝格借助

---

① Herkulanum，一个古老的城镇，位于现代意大利坎帕尼亚的埃尔科拉诺市镇。公元79年维苏威火山爆发时，赫库兰尼姆被埋在火山灰和浮石之下。

② Pollux，公元2世纪的希腊学者。

③ Isidor，估计445（450）—517（526），新柏拉图学派哲学园园长，主要研究形而上学。

④ Vergil，公元前70年10月15日—前19年9月21日，奥古斯都时代的古罗马诗人。其作品有《牧歌集》《农事诗》和史诗《埃涅阿斯纪》三部杰作。《维吉尔附录》可能也是他的作品。维吉尔被奉为罗马的国民诗人，被当代及后世广泛认为是古罗马最伟大的诗人之一，也因在《牧歌集》中预言耶稣诞生被基督教奉为圣人。其《埃涅阿斯纪》影响了包括贺拉斯、但丁和莎士比亚等许多当代与后世的诗人与作家。《埃涅阿斯纪》在中世纪被当作占卜的圣书，由此衍生出"维吉尔卦"。在但丁的《神曲》中，维吉尔也曾作为但丁的保护者和老师出现。

无法解决的关于光的原因和本质的有争议的问题直观地演示给他们看。这种现象可以通过一种"振动系统"来解释，这种系统是从发出光线的物体的振动中产生出来的，或者更好地是通过一种"放射系统"来解释，这种系统接收物质的辐射？为了能给富有争议的问题找到答案，不是取决于积极证实两个系统中的一个，更应该是，正如威廉记下的利希滕贝格的指示一样，尽可能地反对这些假设的理论（G. S. Ⅶ，b，553）。利希滕贝格的《来自实验物理学精神的启蒙》[37]并不看重直陈式的确定的知识"就是这样的"，而是更喜欢"可能是这样的"；更喜欢用第二虚拟式来表述。推测和反驳表示认知进步，我们能从错误中学到最多。"即使我们经常犯的错误也有利于我们最后习惯相信：一切都可能有别于我们的想象。"[38]

尤其是亚历山大一生都非常感谢这位哥廷根教授教给自己的学术理论观。当他1790年9月3日把自己的第一部伟大出版物《对莱茵河畔部分玄武石的矿物研究》寄给老师时，他在信中同时写道，"如果人们可以因为友谊和幸福而感谢的话，那么我非常感谢您，我不仅从您的讲座中学到丰富的实证知识，我更看重在您的引导下我思想发展的方向。真理本身是珍贵的，但更可贵的是发现真理的能力"（Jbr. 109），尤其是涉及有争议的学术问题时[39]。在这种学术状况中互相矛盾的解释发生冲突，利希滕贝格的观点指引着他：思想的发展不是如康德在《纯粹理性批判》中出色阐述的那样跟随逻辑。只有"对普遍的自然科学的批判"（Jbr. 184），才能让我们在认知进步的道路上前行并承认"犯错是很容易的"（Jbr. 114）。这种认知观和学术观表明：为什么亚历山大在自己所有的博物学著作中对待理论形成都异常小心谨慎，因为他知道，它们有可能是错误的，和他相信能够通过准确观察以及实验产生的事实相比他对待理论更谨慎，同时他也遵循通过利希滕贝格的讲座学到的一般的流行观点。"那么观察和实验是人们认识自然的手段，一旦我们靠推测走得太远，虽然能够说思想越来越丰富，但也是在冒险写纯粹的小说而不是写现实的历史，而小说的瞬时性只需要一次实验就可以被发现。"[40]亚历山大自认完全是利希滕贝格意义上的经验科学家，他高度重视仔细的观察和控制性的实验。虽然仔细研究的学术理论能激励并促使他得出自己的思考和研究结论，但与设计抽象理论相比，他对具体操作和积累实际经验更感兴趣，他也更愿意通过事实来反驳而不是证实抽象的理论。只有这样我们才能接近真理，而真理是我们永远无法达到或找到的。

　　亚历山大坚定不移地在 1797 年出版的《敏感的肌肉和神经组织实验》中贯彻这条纲领性原则，他写这本书是受伽伐尼[①]的动物电流学说的启发："做有关伽伐尼主义的实验时我努力摒弃一切理论，或者相反是对这些实验加以修改，似乎必须证明迄今为止提出的金属刺激原则的对立观点。在我做实验期间，这个方法在我看来是发现规则最有成效的方法……当然对人的思想来说在做实验期间放弃所有理论的推测是不可能的：思维本身就是理论化的过程。人们总是把观察到一半的东西归纳到相似的现象中去，并常常认为可以在不那么重要的条件中找到原因，但各种实验把实验者从一种理论带入另一种理论，实验者的推测不是那么早地就得到确认的，而推测是承受不住更多的观察的。"[41]

　　从这方面看就不能不提约翰·弗里德里希·布卢门巴赫[②]。布卢门巴赫影响了兄弟俩的研究兴趣、影响了他们对科学的理解以及对人的形象的看法。布卢门巴赫是特蕾泽·福斯特的舅舅，也是利希滕贝格的好友，他被哥廷根大学聘为医学教授，但他教授各种各样的自然研究课程：从矿石分析到比较解剖学到人类学，他在学术史上的影响是因为他假设了"形成本能"。1781 年他引入这个概念来指明生机勃勃的身体特别的本能欲望或者追求，这种本能欲望和追求与身体的机械的力量有着本质的区别："在所有有生命力的生物中，从人到蛆到霉菌，都有一

---

① 　Luigi Galvani，1737年9月9日—1798年12月4日，意大利医生、物理学家与哲学家，现代产科学的先驱者。1780年，他发现死青蛙的腿部肌肉接触电火花时会颤动，从而发现神经元和肌肉会产生电力。他是第一批涉足生物电领域研究的人物之一，这一领域在今天仍然在研究神经系统的电信号和电模式。
② 　Johann Friedrich Blumenbach，在耶拿和哥廷根学习医学、人类学，1775年发表《人种的自然起源》，把人类划分为5个人种，他的理论反映出18世纪德国的思潮，他的博物学著作涉及可变性、绝灭、自然发生、退化、终极原因等。

种特别的、天生的、伴随一生产生作用的本能欲望，这种本能欲望从一开始就接受特定的形象，然后保持，当它们被破坏掉时，就又尽可能重新建立起来。"[42]

亚历山大多次提到自己非常感谢布卢门巴赫，布卢门巴赫不仅激发了他"对自然历史研究的热爱"[43]，还激发了他对动物身体进程的兴趣。没有布卢门巴赫亚历山大可能永远不会产生从生理学角度对生命力进行研究的兴趣。他在一切生物身上——从简单的植物到复杂的人体组织——都看到这种生命力在发挥作用。为了形成自己关于矿物和地理环境之间的关系的独特观点，他尤其喜欢旅行，这也受到布卢门巴赫坚决的鼓励。布卢门巴赫鼓励他进行第一次伟大的自然历史之旅，这次旅行是亚历山大和医生施特文·扬·法·格乌恩斯（Steven Jan van Geuns）一起完成的。

哥哥威廉的爱好和亚历山大有所不同。一开始威廉就对人比对石头更感兴趣，特别是布卢门巴赫尝试着把人这种种类的统一的本质界定为"自然天性的"，但他同时也不忽略那些实证性的可确定的"性别的自然天性的差异"，对此布卢门巴赫在 1775 年出版的《论人的普遍的不同的天性》中详细阐述过[44]。布卢门巴赫的观点深刻地影响了他。布卢门巴赫关于天性的"形成本能"理论也持续地影响着威廉自己的研究。他支持布卢门巴赫对流行的预先形成理论的批评，这种预先形成理论认为：新的生命在繁殖时要脱离预先形成的模式。而在威廉看来布卢门巴赫的后成论模式更有说服力：新的组织在一种特殊的本能力量的引导下从还未成形的男女胚胎中不断发展成自身独特的形态模式。[45]

比后天论更吸引威廉的是布卢门巴赫 1781 年在《论形成本能和生育之事》里提到的来源问题："如果置身于最让人感到甜蜜的有激情的活动以及从两个人的生命中孕育出第三者的生命，创造物的内部先产生什么？"[46]对此威廉不仅想进行哲学性的思考研究，他还试图在生活实践中去回答这个问题并且从感官上参与及感知甜蜜的刺激活动。

尾　注

1. 莫泽斯·门德尔松《关于什么是启蒙的问题》，见埃尔哈德·巴尔出版，《什么是启蒙》，斯图加特2000年，第6页。

2. 赖纳·施米茨出版，《回忆、信件及文件中的亨利埃特·赫尔茨》，法兰克福（莱茵河畔）1984年，第48页。

3. 约翰·戈特弗里德·沙多。引用自赫尔伯特·斯库拉《与拉尔的会面：拉尔·莱文的沙龙》，柏林1966年，第4版，第96页。

4. 见注释2，第153页。

5—11. 分别见上书，第49，49，82，83，227，228页，225页。

12. 引用自鲁道夫·弗雷泽《威廉·冯·洪堡：他的生活和作用；同时代的信件、日记和记录》，柏林1955年，第69页。

13. 汉诺·贝克《亚历山大·冯·洪堡》，第1卷，威斯巴登1959年，第68页，也参见注释12，第258页。

14. 库尔特-莱因哈德·比尔曼《亚历山大·冯·洪堡》，莱比锡1983年，第3版，第88页。

15. 沃尔夫冈-哈根·海因出版，《亚历山大·冯·洪堡：生活和作品》，法兰克福（莱茵河畔）1985年，第41页。

16. 参见阿尔伯特·莱茨曼《亚历山大·冯·洪堡青年时代的一段友谊》，见《德国瞭望》162期（1915），第106—126页。亚历山大·冯·洪堡"获得了"维尔德诺夫的喜爱，参见亚历山大·冯·洪堡《我的生活》，慕尼黑1989年，第2版，第34页。

17. 同上书，第33页。

18. 见注释12，第40页。

19. 出自威廉·加布里尔·韦格纳的自传。同上书，第43页。

20. 参见沃尔夫冈-哈根·海因《年轻的亚历山大·冯·洪堡和药剂学》，见注释15，第154页。

21. 见注释16，第32页。

22. 同上书，第34页。

23. 同上书，也见注释19。

24，25. 同上书，第51页。

26. 威廉·冯·洪堡给埃弗赖姆·贝尔的信，哥廷根，1788年6月15日。见注释12，第47页。

27. 阿尔伯特·莱茨曼出版，《威廉·冯·洪堡给弗里德里希·海因里希·雅各比的信》，哈勒1892年，第14页。

28. 伊马努埃尔·康德《实用人类学》6卷本，威廉·魏舍德尔出版，第4卷，法兰克福（莱茵河畔）1964年，第594页。关于康德的笑话参见曼弗里德·盖尔《聪明人笑什么？》，莱茵贝克2006年，第110—148页。

29. 见注释2，第75页。

30. 格奥尔格·福斯特《自然整体一瞥：动物史成因导论》（1779），见格奥尔格·福斯特著作，第8卷，柏林1974年，第77—97、87页。

31. 莎洛特·迪德的准备性报告。见《威廉·冯·洪堡给女朋友的信》，阿尔伯特·莱茨曼出版，第1卷，莱比锡1910年，第6页。

32，33. 同上书，第9页，第23页。

34. 关于席勒和伦厄费尔德姐妹卡萝莉内（冯·博伊尔维茨）及他想娶的莎洛特的爱情故事。参见吕迪格尔·萨弗朗斯基《席勒或者德国理想主义的发明》，慕尼黑–维也纳2004年，第293—300页。

35. 参见克里斯蒂娜·M.绍特尔《威廉·冯·洪堡与德国启蒙运动》，柏林1989年第138—173页。克莱门斯·门策《威廉·冯·洪堡与克里斯蒂安·戈特洛普·海涅》，拉廷根1966年。

36. 格奥尔格·克里斯多夫·利希滕贝格《备忘录和信件》第4卷，沃尔夫冈·普洛米斯出版，慕尼黑1967年，第740页。

37. 参见阿尔布雷希特·舍恩纳《源自实验物理精神的启蒙运动：利希滕贝格的虚拟式》，慕尼黑1982年，第65—73页。

38. 《格奥尔格·克里斯多夫·利希滕贝格的物理、数学备忘录》。路德维希·克里斯蒂安·利希滕贝格和弗里德里希·克里斯出版，第4卷，哥廷根1806年，第131页。阿尔布雷希特·舍恩纳就已经在利希滕贝格的学术方案和卡尔·波普尔批判理性主义之间发现了方法上的相近之处，正如他在《逻辑学研究》和《推测和反驳》中提出的那样。参见曼弗雷德·盖尔《卡尔·波普尔》，莱茵贝克1994年。

39. 洪堡也参与其中的属于这场争论的主题有：水成论者和火成论者之间的《玄武石之争》；孢子植物（无明显可见的性）的性别；动物的电；非物质的生命力；燃素

作为燃烧要素；性别形成的过程（后天论
对先天论）。

40. 格奥尔格·克里斯多夫·利希滕贝格《自然
学说讲座：实验物理的笔记和材料》，第
一部分，哥廷根科学院出版（总集 3 卷
本），哥廷根 2007 年。

41. 亚历山大·冯·洪堡《敏感的肌肉和神经组
织实验》，第 1 卷，柏林 – 波兹南 1797 年，
第 5 页。

42. 约翰·弗里德里希·布卢门巴赫《论形成冲
动》(1781)，哥廷根 1791 年，第 3 版，

第 12 页。

43. 见注释 16，第 68 页。

44. 参加曼弗雷德·科赫《从比较解剖学到文化
人类学》，引用自《日耳曼文学》杂志
1993 年，第 80—98 页。

45. 参见赫尔穆特·米勒·西威尔斯《后天论：
威廉·冯·洪堡语言思想中的自然哲学》，
帕德伯恩–慕尼黑–维也纳–苏黎世 1993 年。

46. 见注释 42，第 9 页。

第四章

专注对象本身：

———

大在之察到

山廉河观会什么

历威茵中体

亚和莱旅及

了

原本普鲁士臣民是不被允许上哥廷根大学的，但在哥廷根大学的学习不仅开阔了洪堡兄弟俩的思想境界，和福斯特、海涅、利希滕贝格以及布卢门巴赫的友谊也激发了他们对旅行的兴趣，旅行使他们认识了解陌生的风景、陌生的生活方式和独特的人物。这种旅行和绅士旅行关系不大，通常年轻贵族以绅士旅行结束自己的教育历程。洪堡兄弟想了解这个迄今为止只是通过讲座和书籍获得启蒙的世界。他们从哥廷根出发进行的比较大的旅行既是启蒙的结果也是启蒙的原因。[1]

　　所以兄弟俩利用获得的一切机会进行学习之旅并以此对他们在大学里学到的广泛的知识进行补充。他们不仅因此见识了其他大学城以及大学的图书馆，阅读了在哥廷根看不到的书籍。他们也和其他学者建立了联系，从他们那里学习新的知识。推荐信使他们自由出入那些有趣的人的家里以及结识令人激动的研究者，和他们建立超越地域并持续终生的通信关系。他们的教育和研究之旅的意义还在于：他们更多地学习在现实中活动及自我定位。当他们进入知识领域并直观地感受他们对之感兴趣的研究对象时，他们才大约20岁。

兄弟俩试图在旅行报告、日记和信件中文学性地描述和细化自己的观察和研究。这些报告、日记和信件说明旅行培养了他们的直观感受力。尤其是威廉特别重视这些描述并想作为作家专门从事写作。首批文字当然是他们对旅行经验的加工。亚历山大在《对莱茵河畔部分玄武石的矿物研究》中描述了在第一次自然历史研究之旅中看到和研究的内容。相反威廉在早期国家理论和宗教哲学的手稿中继续深入并进行哲学性的思考，这些内容都是在与友好的学者们谈话过程中讨论的结果。

虽然兄弟俩赋予在莱茵河畔进行的第一次比较大的旅行同样的意义,但他们并未同行,原因可能在于他们的兴趣有所不同。威廉更喜欢和优秀的政治及哲学思想家进行内容丰富的谈话,亚历山大更偏向于专注地进行自然观察和博物学研究。也许为了能更好地形成自己独特的个性,他们俩也想作为独立的个体而有所区别。值得一提的是他们俩总是互通有无,随时告知对方自己在哪儿经历了什么事情。亚历山大跟随年长2岁的哥哥的足迹旅行。

威廉·冯·洪堡的政治哲学著作《1788年帝国之旅》:大学的秋季假期威廉带着厚厚一叠推荐信开始旅行。他要结交各种人、研究他们的性格特征、和他们讨论有争议的问题并近距离观察他们的生活方式。旅行首先引导他来到莱茵河畔,不过这和这条伟大的河流没有太多关系。他虽然在日记中提到:莱茵河"雄伟"地流经美因茨,左右两岸的风景优美,映入眼帘的一切都"呈现出一派无限的、令人遐想、令人心醉的风光"(G. S. XIV,38)。但并非莱茵河的风光而是福斯特夫妇吸引他去莱茵河。他们正好在美因茨落脚,福斯特在美因茨谋到了份差事,他被聘为美因茨选帝侯和大主教弗里德里希·卡尔·约瑟夫·冯·艾尔特哈尔(Friedrich Karl Josef von Erthal)的图书馆馆长。

在去莱茵河畔的旅行中,威廉·冯·洪堡就以最多种多样的方式获得了丰富的印象。9月19日他和在柏林认识的来自伦敦的医生亚历山大·格里斯通(Alexander Crichton)从哥廷根出发。"我们非常有趣。"(G. S. XIV,1)最有趣的谈话是关于亨利埃特·赫尔茨的。赫尔茨不仅赢得了威廉的心，也赢得了其旅伴的心。谈话一直围绕着她进行，也夹杂着对妇女性格和行为的普遍的看法。两位年轻人几乎用他们的恋爱爱好进行竞争。在阿罗尔森他们拜访了当地的宫廷医生，他们从医生那儿获悉，他有三个女儿。可能可以做点什么呢！但大女儿已经干瘪，犹如"迟暮的美人"，虽然看上去她习惯了征服别人，但没能唤起两位拜访者情欲方面的兴趣；二女儿"太丑了"；遗憾的是三女儿又生病了。"拜访非常糟糕。"（G. S. XIV，Ⅱ）和年老的史蒂格里茨的会面成功得多，他是大学生约翰·史蒂格里茨（Johann Stieglitz）的父亲，威廉与约翰在柏林和哥廷根时都有交往。因为在老史蒂格里茨那里他们碰到了一位年轻的姑娘，这位姑娘非常漂亮，头脑清晰，"常开玩笑"。威廉想进一步接触，但这时他犯了个错误："她在窗边，我坐到她身边去，但不幸的是我刚离开一会，啊，格里斯通就占据了那个位置，我就这么丢失了阵地。"（G. S. XIV，Ⅱ）

威廉·冯·洪堡愉快并且不无幽默地把这些恋爱事件写到日记里，但对他来说更重要的是在旅行中进行的讨论。所有的讨论几乎都围绕着一个中心话题，威廉也一再回到这个话题上：他拜访的这些人对 1788 年 7 月 9 日颁布的普鲁士宗教宣言有什么看法？他自己对此的回答是清晰而明确的：他毫不妥协地拒绝这份《有关普鲁士国家宗教宪法的宣言》。这份宣言由约翰·克里斯多夫·冯·沃尔勒（Johann Christoph von Wöllner）设计并贯彻执行。沃尔勒是一名宗教狂热分子，在弗里德里希二世去世以及开明、自由的部长策德里茨男爵被罢免之后由虔诚的新国王弗里德里希·威廉二世任命为内阁部长、司法部长以及教会部门负责人。他刚获得权力并开始产生影响就把真正的基督教学说置于普鲁士国家权力的控制之下并使之免受一切开明启蒙的错误学说的影响。在严厉处罚之下没有哪个教会人员、牧师或老师敢把自己的神学思想或宗教信念以理性而不以国家的专制的教会理论为导向[2]。威廉·冯·洪堡和柏林启蒙运动的朋友们非常清楚：对普鲁士来说，沃尔勒宣言意味着思想和文化上的倒退，他们是绝对不愿意接受这种倒退的。

对宣言的抗议已使启蒙的知识分子结成了统一联盟。

对威廉来说，评价宗教宣言也是很重要的能确定对话伙伴的启蒙的思想自由标准的范畴。他总是把谈话导向宣言，他对瓦尔德克选帝侯（von Waldeck）对宣言的积极评价感到惊讶，他认为选帝侯是一位理性且有勇气运用自己的理性的人。"可以看出，他没有好好地、而是从王侯的角度阅读宣言的。"（G. S. XIV，10）他几乎不能理解莱恩河畔马尔堡①的医学教授和黑森州卡塞尔②君主的私人医生恩斯特·戈特弗里德·巴尔丁尔（Ernst Gottfried Baldinger）："他整天抽雪茄，喝葡萄酒，是我见过的最独特的人……他的谈话几乎都是笑话，他的笑话几乎都是嘲讽，这让好心的格里斯通觉得非常无聊。他可以好好说话 15 分钟，再长些时间他就很恶心了，因为恩斯特讲的笑话平淡无奇，每次都一样，他根本没读过宣言。"（G. S. XIV，23）

然后他们途经吉森。在吉森他们参观了监狱，威廉对监狱侮辱性地对待未婚年轻妈妈的方式很生气，这些妈妈被人当作"妓女"惩罚和谩骂（G. S. XIV，26）。在美因河畔的法兰克福，他对不宽容地对待犹太人也感到生气，犹太人不可以去"公开的散步区域"（G. S. XIV，28）。他到了最南边的旅游目的地达姆施塔特，在达市他拜访了哥廷根教授利希滕贝格的一位亲戚，利希滕贝格教授用幽默的推荐信告知威廉和格里斯通的到来："我亲爱的侄儿，这里又来了一对不错的信使，你要用好心情、好酒好菜接待他们，正如接待枢密官利希滕贝格本人一样（因为我昨天早上开始就是了）。"[3]

然后又是从达市到美因茨的短途旅行。沙质的道路令人不爽，最后他们通过 600 米长由 42 艘船组成的桥，这座 1661 年举行庆典的船桥让人见识了莱茵河岸优美的风光以及有着许多塔楼的浪漫的城市。威廉·冯·洪堡到达了目的地，时间是

---

① Marburg，地名。
② Kassel，地名。

1788年10月7日。"我马上去了福斯特那儿，他和她以特别的友谊接待了我。"（G.
S. XIV，39）他在福斯特家待了4天，多次被他们邀请共同进餐，他也认识了其
他德高望重的人。他被介绍给了解剖学家萨姆埃尔·托马斯·瑞默恩（Samuel
Thomas Sömmering），瑞默恩虽然是一个阴郁的、对什么都不满以及单调的人，
但洪堡很喜欢他，因为他一点都不恭维人并且当他说话的时候，他就自由公开地
表达自己的想法。"他非常理智地谈及宣言，但只有两个词。对于在美因茨缺乏启
蒙的抱怨看来是不公正的。"（G. S. XIV，40）他们经常去一个风景优美的地方散步，
这个风景区非常吸引威廉。他们谈到共同的熟人，谈到职业前景和政治形势，谈
到共济会主义以及"人种"之间的差异，对此福斯特作为环游世界的人是有切身
的直观感受的，他了解得最多，他也在1786年写了一篇人类学方面的文章。[4]

　　对年轻的客人来说，还有好多单独和特蕾泽在一起的机会，爱情又成为他们
之间永恒的话题，这类谈话虽然带给他"无限的欢乐"（G. S. XIV，40），但和格
奥尔格·福斯特的讨论才是真正的丰富、有趣且思想上具有挑战性。他和福斯特
在这四天里缔结了深厚的友谊。福斯特是34岁的世界公民及游历远方的研究者，
他的经验和观点增强了威廉的自我判断力。普鲁士宗教宣言是直接的导火索，
福斯特有针对性地阐述过宣言反启蒙的目的和作用，他也在1789年初写成的《给
一位德国作家的信件片断——关于席勒的希腊诸神》中对此犀利并睿智地进行过
攻击。

　　引起争议的是弗里德里希·席勒第一首哲学诗中有关非基督教的内容，这首
诗1788年3月发表在《德国水星》①杂志上。席勒文明地用《希腊诸神》来反对现
代世界的去魔化和非神化[5]。他梦想回到古希腊的神话世界，在古希腊的神话世界
中诸神具有人性，人也有神的幸福关照。席勒虽然知道这只是有关文化的形象：
"因为你们掌管着这美丽的世界，引导着来自幻想世界的美丽生物——幸福的

---

① Der Teutsche Merkur，是克里斯多夫·马丁·维兰德1773—1789年间在魏玛出版的文学杂志。

人。"但在席勒看来，正是作为幻想形象的诸神使得肉体上可以经历的和美学上愉悦的感性成为可能，而这种感性在现代社会里了无痕迹。这种想法中的哪部分内容具有挑衅性，以至于这首诗能成为文化政治的丑闻？《希腊诸神》以强烈的政治爆炸力成为一个事件，因为席勒把仿古的多神论与当代的一神论对立起来。从基督教来看是个体的创造者或者从自然神论来看是包罗万象的原则。在席勒看来，转向一神论就让他同时代的神不可见并难以把握。

"我的神称自己为理智？云给他带来了帐篷？我艰难地在理念世界里感受，在感性世界中一无所获。"

对席勒的指责——最糟糕的是亵渎神灵的无神论者，最好的是一位异教徒或者多神论者，这位异教徒希望很快赋予众神居住的奥林匹斯古老的权利——没有让人等太久。弗里德里希·莱奥波德·施托尔贝格男爵（Friedrich Leopold Graf von Stolberg）首先发难[6]，格奥尔格·福斯特写信反驳他，威廉·冯·洪堡站在福斯特这边。

这首先涉及福斯特对席勒的辩护，他认为席勒是诗人。文化史尤其是古典希腊可以也应该成为席勒自由的想象力永不枯竭的源泉，这使洪堡想起了自己的第一批阅读材料。福斯特的启蒙的醒悟，"在所有可能的体系中，那些人们从中设想出来的神的概念摆脱了人的形象"[7]，只表达了人神同形的观点，这些观点在文化地理上有所不同并且从文化史的角度来看一直发生着变化。洪堡对此表示同意，但最打动他的是福斯特普遍的思想观点和政治道德的基本观点，福斯特不仅用这种观点来为席勒的文艺创作自由进行辩护，还特别尖锐地谴责"针对思考和凭良心行动的自由的新一轮谋杀"[8]。他的"给一位德国作家的信"是写给施托尔贝格的，目的是反对普鲁士国家权力的非分要求。这种国家权力通过宣言规定特定的神学思辨为公民的义务，阻碍成年公民使用自己的理性并取消人的道德自治。尤其是国家不该关心公民的幸福，而该保护他们的自由："（国家权力）好的目的就是想关心其他人的幸福，阴险的野心就是服务伪君子。常常表现为用强迫的方法让那种有利的形式变为唯一的形式，消灭其他所有和它并存的形式并让这唯一的形式保持不变。这些非分要求建立在完全错误的前提上：就是国家的立法可能对幸福和道德产生影响。但除了自主可以用胜利的理由证明，或者换句话说，道德自由是人的美德的唯一可能的源泉。法律的所有功能，正如来自这种自由一样，必须是唯一而且只能限制在对他们（公民）的保护上。"⁹

威廉·冯·洪堡在下一次会面中坚定了早期的政治哲学观点：即国家不能关心公民的幸福，而是要保障不打扰公民的行动和思想自由。他从美因茨顺流而下，先到亚琛待了10天，在福斯特的朋友克里斯蒂安·威廉·冯·多姆处做客，亚历山大和威廉三年前在多姆那儿学过政治经济学和国家法。从1786年7月开始多姆成了科隆的普鲁士特使。当威廉看望昔日柏林启蒙运动的老师时，多姆几乎就不想放他走并和他长时间地讨论国家的目的及国家权力的界限。洪堡对此特别有兴趣，他又有机会和权威的法学家详细讨论沃尔勒宣言及宣言的后果，而多姆也正在写《皇家自由直辖市亚琛改良的结构草案》。威廉·冯·洪堡接受多姆的主要思想：国家不是关照者，而是纯粹的法律机构，这个法律机构不可以要求公民的道德观点或宗教信仰。国家不应该关注人民的幸福或富足，而是从法律上清晰地明确国家权力和公民之间的公共关系。一个"真正的自由国家"不能触犯每个人的私人领域。"在所有不是通过法律规定的行为中，亚琛的公民不受限，也没有对任何人解释自己行为的义务。"¹⁰多姆的亚琛草案中如是说。

10月底洪堡从亚琛到了杜塞尔多夫附近一个小小的诗意居住地——佩门佩尔福特。这个旅行地最初似乎并未列入计划。原本他打算看望住在北威州德特莫尔德附近的莎洛特，她住在父母家里。威廉还爱着这位在皮尔蒙特认识的牧师的女儿。但福斯特激发了他拜访弗里德里希·海因里希·雅各比（Friedrich Heinrich Jacobi，1743—1819）的兴趣。雅各比退居在宁静的佩门佩尔福特，拥有一小块地并和自己的两个妹妹莎洛特和海伦住在一起。威廉·冯·洪堡一点不后悔听从了福斯特的建议，相反他认为雅各比是令人心醉神迷的思想家和值得尊敬的人。在柏林启蒙主义者圈子哲学性成长起来的威廉还不认识他，因为在佩门佩尔福特不像在柏林那样活跃着启蒙的理性，这种理性能够通过犀利的概念分析和系统的判断力逻辑而认识到：世界上合法的情况是什么。作为人的雅各比用一切感受、直观感觉和感情经历着存在的一切。他感兴趣的不是对类型的认知和逻辑的演绎法。他要亲自经历存在或者在直接、简单和不可解中去发现并揭示存在。

10月31日晚威廉·冯·洪堡到达雅各比处。第二天他就感受到什么让雅各比生机勃勃的哲学思考成为了启蒙时期唯一独特的活动。"我还没起床，雅各比就来到我的房间。他的目光，他的步伐，他拥抱我时的温暖的感觉，一切都证实了我昨天的判断。感受的能力在他那儿那么强烈，几乎可以说是狂热了。"（G. S. XIV, 57）1788年11月1日的初次共同散步是"对许多问题特别是形而上的对象的继续思考"。两人都深深地陷入了哲学性的谈话中，他们几乎都感觉不到周围发生的一切。

威廉·冯·洪堡深深地被雅各比对事物的直观感受和人的生存经历的谈话所打动。威廉在恩格尔和费德尔那儿学过逻辑性的思考和概念性的分析，现在他倾听一位亲切的、敏感的、思想丰富的人探讨推动和感动自己的现象："感性。"这种感性是在身体与直接存在的事物接触时能享受到的。雅各比认为，这取决于：直观感受事物的存在，在所有最初和最简单的感受中、在不可分离的瞬间同时经历我和你，经历内在的意识和外在的对象。1788年11月17日威廉回忆与雅各比在佩门佩尔福特共度的愉快且令人难以忘怀的时光，他写信给雅各比："如果人们专注于对象本身，就会认为其他事物都不真实，直到人们自己直观感受过。如此，这条道路也许是漫长的，但是也更安全和更有吸引力，思考的材料正如自然界中丰富多彩的对象一样永不枯竭。"[11]

但威廉·冯·洪堡还没准备跟随雅各比进入那个王国。虽然这个观点可能是对的：我们能够直接通过信仰行为肯定事物的存在，只要我们把不是出自理性原因的"信仰"当作真的。洪堡不反对从认识论的角度把直接感性的确定性理解为"信仰"，但他坚决反对雅各比把这种概念变成超验论。雅各比是虔诚的基督徒，他认为上帝是直接存在并能被直观感受到的，他对这点确定无疑。超感觉的东西也以同样的方式存在正如显而易见的存在一样。正是因为无法通过概念来把握且没有清晰的科学的认知，"因此超自然的东西除了用它给予我们的方式被我们接受，别无他法：即作为事实——它是！所有的人都称这种超自然的——一切生物的生物——为上帝"[12]。这就是雅各比给门德尔松的信《论斯宾诺莎的学说》中格式化的说法。在信中他用他的形而上反对不信神的无神论的各种形式，无神论崇拜自然世界却不承认超自然的宗教。

对威廉·冯·洪堡来说雅各比从相信存在到存在的上帝的转变是短暂的，他是不能苟同的。他坚持对对象本身的感知，只要对象是感性地被给予的。他并没有把它们上升到超验论中，超验论的"它是"只可能是狂热的幻想，如果人们相信能把它作为事实来接受的话。在11月1日的首次谈话中他就告诉雅各比，他对"宗教理念以及拥有宗教理念的心灵需要"是陌生的。"我说：这种方式的怀疑从来没折磨过我。原本的思考不了解这种需求，也就是没有对上帝的需求，在我看来，这些理念真的成为我的需要的时候，就只是我的心对此感兴趣，我就不需要思考了。"（G. S. XIV，60）

在这方面威廉·冯·洪堡像格奥尔格·福斯特，在福斯特和雅各比的争论中洪堡站在福斯特一边，几个月之后他写信感谢福斯特，"您使雅各比思考：人们不可能从超自然的东西中获得理念，这让我很高兴。他虽然太哲学化以至于不想把握和解释，但他相信超自然的东西是可以直观感受到的。我承认，我对此毫无概念并且我担心这容易导致狂热。我在给他的许多信中已提及，直到现在他才给我答复。"[13]

威廉很高兴和信仰哲学家雅各比交流思想，但雅各比最初沉默不回应。为了给这些迫切的问题找到答案，威廉·冯·洪堡阅读大量的书籍。他一头扎进康德的批判哲学，特别是《纯粹理性批判》，他一句一句仔细研究思考。为了搞清楚人的认知可能性的基础和界限，他"拼命学习"和在康德的系统中"活着游荡着"，像他弟弟给神学学生韦格纳信中写的那样（Jbr. 44）。最吸引他的是康德思想的犀利，康德以此发现并展开纯粹理性的相互矛盾，当它们超越可能的经验感知的范围的时候。"上帝"也无法摆脱这种矛盾，这种矛盾在两种思辨的理念中出现："那种东西属于世界，要么作为它的一部分要么是它的原因，绝对必然的本质——到处都没有绝对必然的本质，既不在世界上，也不在世界之外，作为它们的原因。"[14]在不是根据经验来"展示"的神学理念的辩证法游戏中，人类的理性有可能变得疯狂。从哲学角度来看，这些问题不是没有吸引力的，因此要求威廉·冯·洪堡全力专注于此。

亚历山大·冯·洪堡的《1789年自然历史之旅》：又到秋季假期，亚历山大利用这次假期进行莱茵河之旅以便扩充自己的工艺学和博物学知识。首先是约翰·弗里德里希·布卢门巴赫教授鼓励他。最好不独自旅行，教授介绍他结识了年长两岁的哲学博士施特文·扬·法·格乌恩斯（Steven Jan van Geuns），格乌恩斯刚在哥廷根大学注册，是医学家和植物学家。他和亚历山大一起旅行。格乌恩斯很开心但需要父母同意陪伴这位"年轻的柏林贵族"。这位年轻贵族看起来是"非常优秀的年轻人，掌握很多植物学、矿物学、经济学和企业学方面的知识"。[15]并且莱茵河地区从博物学的角度来看也是非常有趣的，尤其是那里常见的玄武石和大量的火山遗址。格乌恩斯的父母完全不反对这次旅行，洪堡也很高兴有同伴，况且格乌恩斯也因为写了一篇关于从医学的角度利用本地（荷兰）植物的文章而小有名气了。

1789年9月24日他们从哥廷根出发，同在哥廷根读书的雅各比的儿子约翰·格奥尔格·阿诺德（Johann Georg Arnold）一直陪伴他们到美因河畔的法兰克福。约翰也是一位不错的年轻人，但"绝对没有父亲的头脑"[16]。亚历山大答应到佩门佩尔福特去拜访他。亚历山大和施特文都写日记并对各自的经历和发现做了记录。遗憾的是遗留下来的只有格乌恩斯的《1789 年秋与亚历山大·冯·洪堡途径黑森、普法尔茨、莱茵河沿岸和威斯特法伦的旅行日记》。多年来大家都知道这本日记的存在，但直到 2007 年才出版。他对每天的行程和感想都做了记录，写下每个重要的观察，提到每个重要的会面。我们这里只能看看跟威廉的《帝国之旅》相关的那部分内容。

在坐马车从哥廷根去卡塞尔的路上他们就注意到一些玄武石山脉。格乌恩斯和亚历山大·冯·洪堡不仅从美学的角度享受旖旎的自然风光，而且提出问题：这是否可能是火山活动的遗址。一些（玄武石）虽然具有火山的圆柱形状，但格乌恩斯和洪堡也知道，一些狂热的火山寻找者特别是地理学家扬－安得·德·卢克（Jean-Andre de Luc）在这里完全没有发现火山口的痕迹，那么这些山形是如何形成的呢，如果火山形成理论没有被证实的话？也许水成论者，尤其是弗莱贝格的地理学家阿布拉汗·戈特洛普·维尔纳（Abraham Gottlob Werner）的理论是对的？他相信用水的冲击作用可以解释玄武石的形成。有几个理由可以让人追问水成论和火成论之间争吵的原因，他们之间争论的焦点在于玄武石形成的原因，尤其涉及莱茵河的一些玄武石，两位研究者要仔细观察并从矿物学的角度来进行研究。

在马尔堡他们拜访了颇有个性的医学教授巴尔丁尔。巴尔丁尔不停地讲笑话，他爱喝酒而且喜欢把自己和客人灌醉。"我们不能不和他一起喝酒，甚至从来不喝酒的亚历山大·冯·洪堡现在也喝了几杯，然后就谩骂并诅咒卡姆佩，说他给予他即洪堡多么糟糕的教育并且不准他喝葡萄酒。"[17]

格乌恩斯多次吃惊地发现：看起来德国人喜欢喝烈酒和葡萄酒，特别是在法兰克福地区，如果他们无力购买价格昂贵的葡萄酒，他们就喝"苹果酒"并且还用大杯子喝。美因河畔的法兰克福有许多穷人，城市的街道又黑又脏，和邻近的萨克森豪森差不多，几乎像"猪一样脏"[18]，但附近的萨克森豪森还丑陋得多。最糟糕的是法兰克福的犹太人，他们必须挤在狭窄、拥挤、臭烘烘的犹太小巷中生活。"此外如果不是有事要办，他们就不准到城里去散步，也不能两人以上同行。"[19]

从法兰克福到达姆斯塔特，他们拜访了利希滕贝格，又是哥廷根的格奥尔格·克里斯托夫·利希滕贝格教授和枢密官写的推荐信。"我又送了两位先生来：来自柏林的洪堡，你已经认识了他哥哥；来自乌特里希特的格乌恩斯。他们都选自然史作为主攻方向，洪堡还选了工艺学和机械。你很快就会发现，这两人都是非同寻常的人。"[20]他在这封信里还提到，他侄儿不需要请这两位客人吃饭，而是带他们参观本地的宫廷图书馆，图书馆虽然拥有大量的历史和法律书籍，但几乎没有"关于自然史和物理方面的书籍"[21]。

他们沿着山路到达海德堡、施佩耶尔①和布鲁赫扎尔②，从那里经过曼海姆去美因茨，其中曼海姆丰富的博物学展品使他们惊讶万分。10月15日他们到达目的地。他们通过船桥，从船桥上遥望风景如画的城市、莱茵河和莱茵山谷。现在亚历山大终于也认识了世界旅行家——知识渊博并从事整体研究的格奥尔格·福斯特。福斯特的《环游世界》使亚历山大很早就梦想到遥远的热带国家进行伟大的探险活动。"在这里我们感受到福斯特教授、同时也是图书管理员的礼貌行为，他是库克环游世界的陪伴，我们是从哥廷根的海涅教授那里拿到福斯特的地址的，海涅的女儿嫁给了福斯特。我们中午和晚上总在他那里吃饭并和他一起度过了许多快乐有趣的时光。我们见识了来自新西兰的植物标本及其他一些新植物，还有一些来自塔西提岛及其他国家的奇特的植物种类。"[22]

---

① Speyer，莱茵兰法尔茨州。
② Bruchsal，巴登-符腾堡州。

福斯特也把两位拜访者介绍给住在同一幢房子里的邻居——解剖学教授萨穆埃尔·托马斯·瑞默恩（Samuel Thomas Sömmering）。瑞默恩拥有丰富的解剖标本，其中也有很多人类及动物的头颅，他的藏品吸引了两位年轻人。瑞默恩的"最爱"比较解剖学激发了他们的兴趣。一年前威廉·冯·洪堡想和瑞默恩讨论政治话题，而瑞默恩的表现在威廉看来阴郁、不满、无聊单调。瑞默林在对解剖学感兴趣的亚历山大看来是"非常聪明、愉悦和友好的人，人们还可以从他那里学到好多东西"[23]。

在从莱茵河坐船出发去波恩之前，他们在美因茨待了 3 天。福斯特特别推荐他们研究玄武石山，尤其是林茨和翁克尔附近的玄武石山值得注意。格乌恩斯和洪堡高兴地听从了他的建议。这是他们首次从船上看到莱茵河畔的奇特的玄武石风光。所以他们决定在林茨附近下船步行到波恩，他们还没有见过比这更美的斜插入天空的玄武石柱子。他们登上较小的玄武石山，观察它们在莱茵河岸的走向并过河到莱茵河对岸的翁克尔收集玄武石块。他们不仅被翁克尔附近石洞里奇特的自然现象深深震撼，更大的惊喜是在一些极其有规律地形成的玄武石洞内还能找到小小的洞穴，这些洞穴里全部积满了水。这似乎证实了水成论者的看法：他们认为水在玄武石形成过程中起着决定性的作用。

在研究完石头之后文化又吸引了他们的注意力。开明的新教徒格乌恩斯对科隆大部分天主教居住者的迷信、不宽容及懒惰感到震惊。在教堂里人们长时间地一动不动地跪在地上摊开双手"似乎他们要模仿被钉在十字架上的主"[24]。华丽的、异常干净的遗骨遗物用于愚蠢的仪式，人们还对此讲述着不可信的童话。圣乌尔如拉教堂布满了人体遗骨，这些遗骨应该是 8 世纪时被杀死的 1 万多名迷信的处女的尸骨，同时人们还可以清晰地看到大腿和肋骨，这是比较解剖学教授瑞默恩"观察到并在美因茨给我讲过的，很多是羊和其他动物的尸骨"[25]。

经历了宗教迷信之后他们拜访了佩门佩尔福特的弗里德里希·海因里希·雅各比，这就是令人愉快的思想上的挑战了：他的形而上的信仰可能不讨严格的启蒙主义者，特别是柏林的启蒙主义者的欢心，但格乌恩斯和亚历山大·冯·洪堡感觉他是一位思想细腻的哲学家、和蔼可亲的主人，他们在他亲切的、思想火花迸发的陪伴下度过了"令人愉快的几天"[26]。接着他们经过明斯特和帕德波恩于 10 月 30 日回到哥廷根。

亚历山大的《自然历史之旅》似乎是轻松愉快有点小变化的重复：同样的城市、相似的感受、威廉一年前"帝国之旅"时见过的相同的人物。但如果人们读完整本日记就会得到完全不同的印象：他们关注的重点并非旅行过的城市或和他们聊天的人。格乌恩斯和亚历山大·冯·洪堡想更多地获取博物学知识，他们想确定事实，要么从专业上对知识进行验证和扩充，要么澄清那些有争议的情况，就是在"大自然不能完全按照我们现在的观点进行解释的时候"[27]。因此他们不放过任何一个机会收集新的事实。在这个过程中他们的好奇心毫无专业界限：他们不知疲倦地参观铁矿、盐矿、层状断口和制盐场，参观一切可能用于制造生产和加工金属、银器、瓷器、蜡烛、纸张、材料、烟叶等的工厂，参观植物园、天文台、解剖学和外科手术机构、自然历史博物馆、文物馆和画廊，还有大学图书馆和博物学的专业书店。

这次旅行的内容丰富多彩，从地理学、矿物学、工业、工艺学到植物学、医学等。但旅行的重点是对玄武石的观察和研究，这些观察和研究首次为人所知是在 1789 年 12 月 20 日，那天亚历山大·冯·洪堡在由他和格乌恩斯创建的"哥廷根科学物理私人协会"里演讲了有关内容。亚历山大求助于福斯特，一方面他想了解福斯特对玄武石成因的猜想，另一方面他也想引起刚和自己缔结友谊的"忠诚朋友"福斯特的兴趣："我列举的事实可能给某学者提供一些材料。"（Jbr. 73）他尤其为自己第一次观察到的现象而骄傲，即在密集的玄武石中发现了纯粹的水。福斯特兴趣甚浓并请亚历山大为自己主编的下期《小论文》（Jbr. 80）写篇文章，文章从矿物学的角度描绘翁克尔的玄武石。

更美妙的是能从观察中产生一本完整的书！亚历山大·冯·洪堡想到了儿童时代的老师约翰西姆·海因里希·卡姆佩。卡姆佩成功地经营着布伦瑞克的出版社。亚历山大在1790年1月26日给卡姆佩写信承认道："现在我变得大胆了，想让自己的小文章见天日……如果您认为您的亚历山大冒昧的话，他用这种冒昧向您坦白一切？但请听好，亲爱的，我的病还将继续。我不喜欢自费出版那篇小文章（它也不应该以我的名义出版）。因此我想问您：您是否愿意把它收入到您的教科书出版社呢？"（Jbr. 84）卡姆佩同意了，印刷了300册，这对我们的"对玄武石有兴趣的祖国"应该足够了（Jbr. 85）。书是匿名的，只在前言里用了H-t，因为年轻的普鲁士人不可以在普鲁士境外上大学。于是亚历山大·冯·洪堡的《对莱茵河畔部分玄武石的矿物研究——附新老作家零散的有关玄武石的说明》1790年由布伦瑞克教科书出版社顺利出版了。

书的副标题说明，这并非纯粹的矿物学方面的作品，年长的作家也有发言。在文章中亚历山大展现了他在海涅那里学到的语文学和文本批判的能力。他研究词汇史，仔细确认希罗多德①、泰奥弗拉斯托斯②、普林尼③以及斯特拉波④提到石头，比如玄武石时到底指的什么。亚历山大·冯·洪堡断定：希腊和罗马的博物学家没有使用明晰而系统的分类概念，他们在给矿物命名时使用不同的词汇，这导致了大量的错误和误解。

亚历山大·冯·洪堡把从语文学上对语言误用的批评放在书的前面，是为自己将在主要部分阐述的内容做铺垫。这种批评使人们更清楚地看到"新一代作家"

---

① Herodot，约前484—前425年，古希腊作家，他把旅行中的所闻所见以及波斯阿契美尼德帝国的历史记录下来，著成《历史》一书，成为西方文学史上第一部完整流传下来的散文作品。
② Theophrast，也称提奥弗拉斯特，约前371—前287年，古希腊哲学家和科学家，先后受教于柏拉图和亚里士多德，以《植物志》《植物之生成》《论石》《人物志》等作品传世。
③ Plinius，23年—79年，常被称为老普林尼或大普林尼，古罗马作家、博物学者、军人、政治家，以《自然史》（一译《博物志》）一书留名后世。
④ Strabo，前64年—23年，公元前1世纪古希腊历史学家、地理学家，生于现在土耳其的阿马西亚（当时属罗马帝国），著有《地理学》17卷。

可能的错误和他们作出的错误的论断，这些新一代作家对玄武石成因展开了激烈的争论。玄武石是产生自燃烧的火山溶液还是被水冲刷的淤泥中呢？亚历山大·冯·洪堡并没提供一种真正的理论来结束火成论者和水成论者之间的争论，他保持批评者的角色，因为他知道，人们知之甚少以至于不能给这个纷争找到一个普遍被承认的解决方案。他首先在意的是发现水成论者和火成论者犯的错误。受利希滕贝格教授思想的影响他想做的是确认错误，而不是宣称找到了真理。但这只有通过研究自己亲眼观察到的事实才能成功。"我并没有在论文中提出新的论点，我只是列举了一些事实，我只描述了我亲眼所见的东西或者说相信看到了的东西。"[28] 这种说法听上去很谦虚却具有深远的效果。这不仅要求他具备犀利的观察自然现象的眼光还要求他能对在翁克尔的岩石断层中观察到的现象进行直观生动形象的描述，此外还需具有伟大的针对各种学术或哲学专制独裁的批判力，如果他们要求拥有真理却没有足够的事实来说明问题的话。

　　莱茵河畔的自然历史之旅使亚历山大明白了：他一生都不会放弃艰苦的研究工作，相反，对自然力量清晰可见的作用的仔细观察不是通过理论或哲学性的预想刺激产生的，而是因为能够亲眼观察世界并在此过程中尽可能地考虑很多现象的兴趣产生的。这样看来亚历山大·冯·洪堡的《矿物研究》不仅仅是他第一次伟大旅行的结果，也是他早期的纲领性文件，在这篇纲领性的文章中 20 岁的年轻人亚历山大描述了自己整个研究生涯的前景。

尾 注

◆━◇○◇━◆

1. 参见拉尔夫 – 赖纳·武特洛《经验的世界：欧洲启蒙时代的旅游文学》，法兰克福（莱茵河畔）1980 年，第 389 页。克里斯蒂安·冯·齐默尔曼出版，《学术旅行：旅行中的科学家。1650 年和 1800 年的旅行专业化研究》，海德堡 2003 年。

2. 关于对沃尔勒宗教宣言的争论参见克里斯蒂娜·M. 绍尔特《威廉·冯·洪堡与德国启蒙运动》，柏林 1989 年，第 184—192 页。

3. 格奥尔格·克里斯多夫·利希滕贝格《通信》，乌尔里希·约斯特和阿尔布里希特·舍恩纳出版，第 3 卷，第 1625 封信，慕尼黑 1990 年，第 559 页。

4. 格奥尔格·福斯特《还有一些关于人种的看法》（给比斯特的信 1786 年 6 月 20 日）。见，格奥尔格·福斯特作品集，第 8 卷，柏林 1974 年，第 130—156 页。关于福斯特参见克劳斯·哈尔普里希特《格奥尔格·福斯特或者对世界的热爱》，莱茵贝克 1978 年。乌尔里希·恩策斯贝格：《格奥尔格·福斯特：碎片中的生活》，法兰克福（莱茵河畔）1996 年。阿洛依斯·普林茨《格奥尔格·福斯特的生活史》，法兰克福（莱茵河畔）– 莱比锡 2008 年。

5. 参见吕迪格尔·萨弗朗斯基《席勒或者德国理想主义的发明》，慕尼黑–维也纳 2004 年，第 285 页。

6. 弗里德里希·莱奥波德·施托尔贝格男爵《对席勒先生诗歌的随想：希腊诸神》，见《德国博物馆》杂志 1788 年，第 2 期第 97 页。

7. 格奥尔格·福斯特《给一位德国作家的信件片断：关于席勒的希腊诸神》（1789 年 5 月）。见，格奥尔格·福斯特作品集第 7 卷，柏林 1963 年，第 1—14 页，第 5 页。

8，9. 同上书，第 4 页，第 2 页。

10. 克里斯蒂安·威廉·冯·多姆《对皇家自由直辖市亚琛改良宪法的构想：献给爱国公民》，亚琛 1790 年第 3 页，参见威廉·冯·洪堡《论亚琛的宪法改革》，见洪堡总集第 7 卷 b，第 546—549 页。

11. 阿尔伯特·莱茨曼出版《威廉·冯·洪堡给弗里德里希·海因里希·雅各比的信》，哈勒 1892 年，第 24 页。

12. 弗里德里希·海因里希·雅各比《论斯宾罗沙的学说：给莫泽斯·门德尔松先生的信件》，见，弗里德里希·海因里希·雅各比作品集第 1 卷第 1 部分：斯宾罗沙之争文集。斯图加特 – 巴德·康斯达特 1998 年，第 261 页。在有关泛神论的争论中首先涉及这个问题：莱辛是否是斯宾罗沙的追随者，雅各比认为"斯宾罗沙主义是无神论"，参见同一本书第 120 页。参加这次争论的有赫尔德、歌德、康德、哈曼、拉瓦特尔和门德尔松。参见海因里希·朔尔茨出版，《雅各比和门德尔松之间关于泛神论之争的主要文集》，柏林 1916 年。关于雅各比参见克劳斯·汉马赫《弗里德里希·海因里希·雅各比的哲学》，慕尼黑 1969 年。

13. 福斯特的信第 187 封。见，《格奥尔格·福
斯特作品集》，18 卷，柏林 1982 年，第
320 页。

14. 伊马努埃尔·康德《纯粹理性批判》，见作
品集 6 卷本，第 2 卷，W. 魏舍德尔出版，
威斯巴登 1956 年，第 434 页。

15. 施特文·扬·法·格乌恩斯《1789 年秋与亚
历山大·冯·洪堡途径黑森、普法尔茨、
莱茵河沿岸和威斯特法伦的旅行日记》，
贝尔恩特·克尔克尔和卢齐厄·特尔肯出
版，柏林 2007 年，第 341 页。

16—19.同上书，分别见第362，83，97，99页。

20. 格奥尔格·克里斯多夫·利希滕贝格《通
信》，第3卷，见注释3，第731页。

21. 见注释15，第115页。

22—27.同上书，分别见第375，161，199，201，
207，56页。

28. 亚历山大·冯·洪堡《对莱茵河畔部分玄武
石的矿物学研究》，布伦瑞克 1790 年第 77
页，参见弗里茨·克拉夫特《亚历山
大·冯·洪堡的〈对莱茵河畔部分玄武石的
矿物学研究〉及关于玄武石成因的水生成
主义和火生成主义对决》，柏林 1994 年，
第 117—150 页。

第五章

奇特事件的见证者：

洪堡兄弟如何经历法国大革命，及如何从自身危机中走出困境当亚历山大沿着莱茵河到达普法尔茨进行为期 5 周的首次伟大旅行时，威廉也在路上。他又比弟弟先行一步。这并不仅仅指为期 5 个月的旅行时间，还指旅行目的地远远延伸并且威廉的经验也丰富起来，因为他利用机会成为"如此奇特事件的见证者"（Jbr. 81），这次事件正好发生在莱茵河的对岸。他和第一任家庭教师卡姆佩一起近距离观察人类历史上革命性的转折，这个划时代的转折开始于 1789 年的巴黎，直到将来也永远被人铭记。

卡姆佩于 18 世纪 70 年代初在特格尔教过洪堡兄弟，他从来没放弃观察追踪这两兄弟。18 世纪 80 年代末他和威廉之间的联系加强了，直接的原因是 1788 年 7 月 9 日颁布的沃尔勒宣言。威廉·冯·洪堡寻找共同反对限制宗教事务思想自由的同盟者并求助于布伦瑞克的卡姆佩，他知道卡姆佩会支持自己。卡姆佩作为教育家和作家已经有点名气，他不仅是受人欢迎的儿童和青少年作家，还是成功的出版商和以实践为导向的教育改革家，他还尝试对广大人民群众进行启蒙，这种启蒙只有在保证"自由、无限制和无危险的调查以及阐释真理时"[1]才能成功。

威廉·冯·洪堡请他发言并请他在 1788 年 8 月 11 日公开发表意见："有比从布伦瑞克发出的声明更好的吗？柏林人中可能有人能做这事，但他们忍耐并沉默着。可您，亲爱的，难道不认为对此进行研究很重要吗？"[2]卡姆佩答应了威廉的请求，发表了几篇特别具有批判性的《对普鲁士宗教事务状况的直白研究》，这是卡姆佩政治工作的序幕，随后几年他在政治方面的研究工作主要因为法国的革命事件获得了蓬勃发展。

当来自巴黎的第一批消息到达布伦瑞克的时候——所有非贵族的第三等级在

1789 年 6 月组成民族大会，大会提出反对封建等级秩序，然后威胁解散民族大会的消息导致广大民众的公开起义——卡姆佩就想去巴黎。他想作为见证者见证自己所希望的一切变成现实。自从卡姆佩成为教育家，他就把"自由"作为教育口号。他喜欢旅行，写了多卷本的《给青年人的旅行游记》，这是他最成功的出版项目之一。现在他的旅行兴趣与政治事件联系起来并希望能亲身经历让人无法忍受的统治体制的灭亡。他充满激情，激励自己："如果你有幸看到人类战胜专制主义暴政并且还能一块庆祝，你会怎么样？起来吧——地球上看不到更有趣和更感动心灵的事情了，至少对你来说。说干就干！"[3] 最好与一位赞同自己并同样热爱自由的志同道合的朋友结伴而行！

于是卡姆佩在 1789 年 7 月邀请年轻 20 岁的朋友威廉·冯·洪堡一块去巴黎，洪堡接到这个消息很意外，但他欣然接受这个提议并答应去，不仅因为他自己也是人类自由坚定的捍卫者，还因为他越来越清楚：作为哲学家他不仅要能发展、比较和研究加工理念，还要能观察。巴黎给他提供了这两种可能性：政治的、社会的和思想的自由理念以及人想把自由理念变为现实的具体行动。

威廉把所见所想写在《1789 巴黎和瑞士之旅行游记》中，威廉写得比较随意也不完整。较详细和充满自由启蒙思想的是卡姆佩写的《从布伦瑞克到巴黎的旅行游记》以及《来自巴黎的信》，卡姆佩的描写让人生动地了解了 1789 年夏天巴黎的社会状况和政治活动。特别值得一提的是两位旅行者完全不同的感受。

毫无疑问，对卡姆佩来说在巴黎的时日是一生中最可贵的日子，他因为革命事件而激动不已并对能亲临"专制主义的葬礼"欣喜万分[4]，这位民众启蒙主义者被法国民族通过自我解放而完成的"奇迹般的高贵化"所打动。摆脱了专制主义的枷锁，法国人民"乘着自由理性的翅膀使自己升华到值得惊叹的完美和道德的高度"[5]。在提升人类幸福方面，没有什么能比"启蒙的明灯"[6]贡献更大了。

　　威廉·冯·洪堡的报道深刻多了，他观察得更仔细，评价也更具批判性，虽然1789年的理念也很吸引他：自由、平等、博爱！还有对在社交圈中生活的人更好的东西存在吗？几乎没有。当立宪的民族大会颁布法律要取消封建制度时，威廉8月7日写信给美因茨热爱自由的朋友福斯特："现在使所有法国人生机勃勃的思想精神、公民的警卫、全体居民开心骄傲的表情，甚至民众口中最细微的描述，都让我感到异常愉悦，其他民族什么时候开始效仿他们呢？"[7]三天后他在日记中写道，亲自听到最贫穷和最没教养的人谈论全体公民的自由和平等是"多么奇特的事情"。"现在革命提升了人们并对他们进行了启蒙，接下来他们会做什么呢？"（G. S. XIV，124）

　　这些评价说明洪堡对法国革命的理念持赞扬和肯定的态度，他也以这些评价来强调启蒙运动自由的动力，不过这些评价和他作为奇特事件见证者的观察产生了矛盾。威廉·冯·洪堡的眼光是实际的，他看到的很多东西使他郁闷，他观察到了暴力事件，这些暴力事件并非因为"高贵"的理由，而是毫无节制的对权力的追求造成的。他在医院、监狱和育婴堂感受到无法描述的人的痛苦，在这些地方根本不存在自由、平等、博爱。根本不考虑特殊情况毫无顾忌地制定法律和执行法律也使他震惊，甚至民族大会的决议本身对废除封建制度"根本没用，相反还带来弊端，要实现幻想中的平等的理念在于取消封建制度"（G. S. XIV，221）。

　　巴黎发生的事使洪堡意识到在政治历史事件中思想精神上的理念与感性经验之间的分歧。他不想像卡姆佩那样狂热且对分歧视而不见，他清楚地看到并且清楚地意识到：他在巴黎获得的经验和思想不只是理念和现实之间在政治或哲学上的矛盾，也跟他自己有关。他感觉并意识到自身被撕裂或处于分裂状态，因为他还没有成功地将自己的感性经验和思想精神的理念和谐地结合起来。从这方面来看我们还要继续跟随他旅行（G. S. XIV，76-236）。

拥有理念的哲学家：1789 年 7 月 18 日洪堡和卡姆佩在霍尔茨明登碰面，卡姆佩还带了另一位年轻的旅伴。坐特殊邮车穿越威斯特法伦的旅行虽然可以欣赏美丽的自然风光，但在凹凸不平的道路上颠簸也很累人，以至于威廉·冯·洪堡日后不无幽默地抱怨说这是"轮子上的预习"[8]，但看上去更糟糕的是这趟颠簸不平的旅行真的异常沉默，他们在杜伊斯堡和克雷费尔德（北莱茵 - 威斯特法伦州）之间坐船渡过莱茵河。威廉·冯·洪堡和卡姆佩的年轻熟人没法交流，"他常常使我觉得难受"（Br. I，49）。威廉和年老有趣、善良温柔的老师卡姆佩也无话可说。洪堡失望地发现他们之间几乎没有什么有趣的事情发生。他们的思维方式太不一样了，卡姆佩总是想着事物的直接的实际的用处，他对威廉思想精神活动的理念王国一无所知。

和卡姆佩不同的是，威廉·冯·洪堡只对那些跟理念相关的事物感兴趣，他的一生都在突出这个主要特征，直到 1833 年 3 月 8 日他写最后一封信给女友莎洛特·迪德并给她描述自己的"理念"："理念是人身上唯一留存下来并且值得人研究一辈子的东西。"[9]跟理念相比，一切限于瞬间有用和及时享受的东西都会褪色，理念以无限为目标并且丰富那些思想精神得到培养的人的心灵，即使"一生都以理念为基础的人除了行善，不做别的，这些善行都不能触动他"[10]。

这种 40 多年后以信件的方式表达出的对理念的兴趣在威廉的早期旅行中已见端倪。人们可以从他形容事物、状况和人的方式方法中看出他的兴趣。他知道和卡姆佩聊不了太多，最有趣的还是和法学家克里斯蒂安·威廉·冯·多姆的谈话。在亚琛威廉又拜访了多姆。多姆的主要观点使威廉激动万分：宣布国家的目的是保障安全以及为了作为人的公民的幸福给予他们不受限制和不受打扰的自由。

刚到亚琛不久，三位旅行者就获悉巴黎 7 月 14 日事件的有关消息：革命群众冲击了巴士底狱，巴士底狱这座黑暗的中世纪堡垒对巴黎的统治构成了威胁。遗憾的是他们未能亲临现场！现在他们想尽快到达巴黎，为了能亲眼看见并亲身经历伟大事件的第二幕。

1789年8月3日他们到达巴黎，威廉·冯·洪堡满怀好感感受法国公民的勇气。这种勇气在他看来"受到高贵的自由意识的滋养"（G. S. XIV，120）。但一天后他就写信给亲爱的"道德联盟成员"，尤其是给卡萝莉内·冯·博伊尔维茨写道：他虽然生活在"对象（事件）的漩涡中"，但"身边总是两个在我看来无动于衷的人"（Br. I，48f.）。他缺乏相应的人和相应的情景来发展及思考理念。在动荡的革命的中心巴黎他感觉被成千上万种新事物打扰，他的所思所想完全是分散的、凌乱的。他的头脑里没有伟大的理念。他只能报道事件本身，他在8月17日写信给弗里德里希·海因里希·雅各比，但纯粹的描述让人无法满足，也令人伤心："我在巴黎和法国相当疲惫，如果政治状况不像现在这样重要：随时随地都能感受到民众的沸腾情绪及他们提出的思想精神，那么实际上我很无聊。因为完全没有熟人，我只能观察第一时间看到的东西。10到11天后我会回到德国，先去美因茨，去看我们的福斯特，然后和卡姆佩告别。"[11]

一切都按计划进行。9月3日威廉·冯·洪堡到达美因茨的朋友福斯特处，一直待到20日。他刚一离开就迫不及待地感谢福斯特这些天的陪伴，说这属于一生中迄今为止最幸福的日子之一。这不仅是随随便便写出来的对友谊的赞美，还因为在美因茨威廉不再只是纯粹的旁观者，所以他感觉很轻松。现在他终于又可以享受密集的思想交流了。

他越看重福斯特，就越注意和福斯特的妻子保持距离。妻子对威廉产生的最初的魔力因为威廉对丈夫日益增长的友谊已经消散。或许这次对威廉来说也太多了：又有一位第三者出现在特蕾泽·福斯特的爱情游戏中。一年前在哥廷根时她爱上了迈尔。现在在美因茨，热爱艺术的萨克森枢密官路德维希·费尔迪南·胡伯尔（Ludwig Ferdinand Huber）俘房了她的心，他后来成了她的第二任丈夫。为了不完全失去特蕾泽，福斯特又陷入了痛苦之中并眼见自己陷入三角关系。在这种混乱的感情状况中威廉远离了特蕾泽·福斯特。多年后，当特蕾泽·胡伯尔因为出版第一任丈夫的信件给他写信的时候，在罗马的他坦率地告诉她："面对您我可能只有坦白的份：从 89 年开始我就不怎么思念你了，并不是生某人的气。和所有的人都和平共处，但只有一次。"[12] 显然当他在1789年9月拜访她丈夫的时候，特蕾泽的爱情生活没带给他快乐。

相反更愉快的是他可以和福斯特共同开拓思想，首先是现实的有争议的事件提供了批评性哲学思考的理由，即有关启蒙的主要思想：在无人指导的情况下运用自己理性的自由能走多远？对他人要求平等权利的自由的尊重有多大？关于这个问题美因茨的福斯特与约翰·埃利希·比斯特（Johann Erich Biester）陷入了争论。比斯特是《柏林月刊》的出版商，也是柏林启蒙运动的领军人物。争论的缘由是比斯特挑衅性地攻击美因茨的皇家法律委员本德尔（Bender）：本德尔向一位死了丈夫的天主教寡妇建议，这位寡妇的丈夫是新教徒，让他们的两个儿子不再信路德教，而信天主教。不再有婚姻的束缚，"在宗教上教育孩子信仰她自己相信的唯一的真理"[13] 是她的教育义务。本身也是新教徒的比斯特认为这封推荐信是卑鄙无耻的"竭力劝诱他人改变信仰"的例子。他在《柏林月刊》上发表了这封信，目的是"羞辱"天主教徒本德尔，因为本德尔诱导一位软弱和伤心的妇人强迫自己的儿子信仰新的宗教。比斯特的指责是正当的吗？试图劝说其他信仰的人改信自己宗教的做法到底如何呢？

对比斯特来说这是非常清楚的，他无论如何都无法容忍劝诱他人改变信仰的天主教徒。相反就这件事情而言福斯特提出了另一种观点，这个观点是他和威廉·冯·洪堡共同思考并述诸文字的。几乎每天福斯特都给威廉读自己写的东西并和客人进行激烈的哲学性的讨论。福斯特把讨论结果作为公开信《论劝诱他人改变信仰》寄给《柏林月刊》的出版商比斯特，署名虽然是格奥尔格·福斯特，但威廉·冯·洪堡也可以签上自己的名字，因为他也是深信激进的启蒙主义思想的：每个人在信仰的事情上都必须被赋予完整的"良心的自由"[14]，并且每个人都可以

自由地选择自认为最适合自己的宗教。本德尔给寡妇的信也不是什么下流可耻的
给自己带来耻辱的事情。"他是一位天主教徒，建议他的同伴教育自己的孩子信仰
天主教，是出自对自己的宗教信仰的义务和作为朋友这样做的。从什么时候开始
根据自己的信念行动是一种罪行了呢？"[15] 至少这自启蒙以来并非不好的行为，启
蒙在宗教事务上把专制主义和教条主义放到理性的审判席面前并且批评性地指出：
思辨的神学原则或宗教的信仰形式可以是主观的表现。

    拥有粗鲁情欲的人：一方面思想理念使威廉·冯·洪堡兴奋，另一方面与此不
同的是他的感性的、情欲方面的力量，他受这种感性的、情欲的力量支配。洪堡
的朋友们，尤其是道德联盟以亨利埃特·赫尔茨和卡萝莉内·冯·达谢尔奥顿为中
心的朋友对此很不满意。威廉自己非常享受。在去巴黎的途中也有很多机会。第
一次机会出现了，不过只是在他的幻想中：当他坐船在杜伊斯堡和克雷费尔德之
间过莱茵河的时候，他看到一位少女在工作，她虽然非常丑，但强壮如男人。"难
以理解，为什么看到在这样的女性身上出现的身体力量时如此吸引我，尤其是来
自下层的女性。我无法把目光从她身上移开。没有别的东西能强烈地激发起我的
渴望。"（G. S. XIV，79）还是孩子的时候，他的想象力就开始对异性感兴趣的了。
那时候他就发展出一种深刻的对"兴趣、爱情、异性友谊的"（G. S. XIV，80）感
觉，尤其是历史冒险小说中的女奴隶吸引了他的想象。他虽然不知道这种性方面
的爱好是如何在自己身上产生的，但在这种爱好中硬朗和力量与粗鲁的性方面的
情欲结合起来。他意识到，这种情欲一直控制着自己并影响着自己的性格。

    几天后旅行团越过边界来到荷兰，7月27日他们到达斯帕，斯帕是个小地方，
但拥有5个矿物泉，用于治疗患各种疾病的客人。卡姆佩不无担忧地抱怨道：遗
憾的是这种自然的舒适行为伴随着不道德的放荡行为。"在这里，正如其他有疗养
泉的地方一样，存在着如此胡作非为的幸运游戏和放任的不加束缚的习俗，以至
于人们要怀疑是否应该祝福一个国家幸福，这个国家获得了大自然恩赐的礼物：
异常有效的温泉。或者相反人们应该对此表示悲哀。"[16] 诸如此类的怀疑并没困扰

威廉·冯·洪堡。无道德正好对他的胃口。他用高尚的道德联盟的密码写道："7月27日斯帕，一个妓女，一个克朗。"（G. S. XIV，235）在布鲁塞尔也是，在巴黎多次，他仔细地记录下为满足强烈的性欲所付的价格并且使用了这两个关键词"肉欲"和"感官乐趣"。

就是这样一位注重思想精神同时也是情欲爱好者的男人。威廉自己都不知道，这两者如何能匹配。他和卡姆佩及福斯特道别之后独自去了瑞士，这次瑞士之旅使他慢慢找到解决自己性格分裂问题的方法。旅行结束之际他从中得出了个人的结论。

美的感觉作为高贵的传播者：威廉·冯·洪堡刚离开美因茨就给9月20日才分别的福斯特写信："离别，哦，您知道的，亲爱的朋友，这个词对我意味着什么，多么愉快的14天啊！"[17]他在海德堡——城堡、附近的山脉、蜿蜒流淌的内卡河——这美丽的组合给予他强烈的美的感受，目之所及使他心灵愉悦。接着他去了斯图加特，在斯图加特形而上的思想又占据了主导地位：洪堡拜访了哲学家雅各布·弗里德里希·阿贝尔（Jakob Friedrich Abel）。阿贝尔是席勒的老师，也是席勒在卡尔学校的朋友。威廉和阿贝尔的谈话涉及康德的道德哲学，康德的道德哲学专注于思维的主体的纯粹实践理性，而人的热情和爱好可能只是"实证心理学"的研究对象。但这两个领域如何对待对方呢？必须严格区分它们或者在它们之间存在着想象中的可能的媒介？

阿贝尔的哲学立场无法使威廉满意，他几乎不考虑经验对象展现给我们的千差万别的角度。人们不可因为思维的抽象化而忽略或鄙视实证的经验对象的多样性，而每个人也因为多面性属于这类经验对象！"他似乎完全忘记他用思想分离的东西本身就是一个整体。因此他分离心灵和身体；理性，心和意志。"[18]不能忽略的是，威廉·冯·洪堡在这封1789年9月28日从图宾根写给福斯特的信中也谈及自己的问题：他自己想保持一个整体并且不想处于非感性思想和自然情欲分裂的状态。

　　一个月后的 10 月 28 日他又写了封长信给福斯特。他详细描述了多次拜访约翰·卡斯帕尔·拉瓦特（Johann Kaspar Lavater，1741—1801）的情景。拉瓦特是牧师，住在瑞士的苏黎世，著有《永恒的前景》一书。拉瓦特作为相面术家也小有名气。"为了促进人的知识和人的爱情"他写作出版了四卷本的《相面术断想》。在他看来，对人的面部的研究分析可以确定人的道德和身体特征之间独特的关系。

　　威廉·冯·洪堡想进一步了解相面术。雅各比的推荐信使他有机会认识拉瓦特，10 月初他就多次拜访过拉瓦特。他的期望值很高，他希望从拉瓦特的谈话中可以获得新的、伟大的和富有成效的思想理念。但他失望了，他获得的信息不多，因此他对福斯特抱怨道："我本可以把过去 14 天里从他那里听到的内容算作有趣的想法，却不好意思把 14 天和在您或雅各比那里度过的一天来做比较。"[19] 他是想恭维福斯特吗？肯定是的，拉瓦特可能是个书呆子，他对一切信息进行精确分类；他也是爱慕虚荣的人，总是试图使自己处于中心地位；还是一位空想家，热情洋溢地谈论感情而忽略学术性的研究。但他还是时不时地让人快速深刻地了解心灵、性格和身体表达之间谜一般的关系。威廉并未隐瞒自己和拉瓦特谈论相面术进行的"最重要的谈话"并暗示解决了令自己不安的问题。"可能有太多幻想，看待整个感性世界的方式如非感性世界显现的那样，只是作为一种表达，一种我们必须破解的密码。但这个思想总是令人感兴趣的，如果人们真正思考进去，那么这种希望是美妙的：解密更多的自然语言。因为自然的标记特征比习俗带来更多的欢乐，亲眼所见也比语言带来更多的快乐，由此提升享受、高贵化享受、细化享受。粗鲁的感性的本质特征是在感性中去找到感性，毁灭感性，然后越来越多地训练美的感觉，把美的感觉作为有限的一瞬间目之所及和永恒的原始理念之间真正的媒介。"[20]

　　和拉瓦特关于相面术的谈话并非完全令人失望，因为它们使威廉·冯·洪堡产生了新的想法，这些想法一方面和已经熟悉及学习过的东西连接起来，另一方面也打开了新的视角，虽然初看起来只是热情、幻想和美好的希望。

因为威廉已经熟悉非感性世界的形而上思想。在老师恩格尔的指导下他研究过柏拉图的文章，他在日记中谈到拉瓦特的"原始理念"："我想，柏拉图的想象方式和这个很接近。"（G. S. XIV，158）非感性世界看起来符合柏拉图哲学的理念世界，但要注意他们之间的界限。柏拉图的理念只有通过纯粹的思想行为才能被认知，这种思想行为是不能被感性破坏的。谁想用思想的眼睛瞧瞧理念并且为了获得理念的光芒，谁就必须离开黑暗混乱的洞穴世界。威廉·冯·洪堡不能接受这种柏拉图似的对感性的贬低，18世纪哲学对具有感性的现实的提升禁止简单地回归到柏拉图的不朽的原始理念。和恩格尔及雅各比一样，洪堡问自己："感性和非感性的和谐一致来自哪儿，是自然或造物主有意的安排？这也不能让我满意。"（G. S. XIV，157）

在这种混乱的思想中对拉瓦特的拜访提供了一些新的、很说明问题的关键词："表达""密码""解密""语言""标记"。最初只是一种感觉，而非清晰的哲学系统的理念，只是在特定的无法通过理性来证明的时刻才显而易见。

威廉·冯·洪堡谈到自己和自己的问题，但问题的解决更多是感情大于理智并超越了自身，这与18世纪下叶越发流行的普遍的解释世界的美学倾向有关，目的是调和纯粹经验主义和专制理性主义之间无法解决的矛盾：在经验主义看来世界只是感性的现实，而理性主义试图以理性的思想解释一切。转向美学是时代的倾向，此时威廉也为自己寻找第三种方法。最初他在给道德联盟成员的信中提及，收信人是卡萝莉内·冯·博伊尔维茨，他希望他们理解他。他可以把自己的哲学认知当作个人的皈依告知他们，正如8月4日写自巴黎的信："每每看到美景，我就想到你们，因此我喜欢欣赏大自然的美，喜欢看到美丽的建筑，喜欢看到美丽的画和雕像。和思想文字不同的感性世界是什么？"（Br. I，49）

和拉瓦特的谈话加深了这种观点，这个反问成为了一个基本的观点：从身体和心理特征之间的类比开始的相面术研究就是普遍的理解世界的例子，在这种对世界的理解中洪堡让"美的感觉"的调和作用处于中心地位。一方面这位理念的爱好者成功地理解了理念、思想、精神或者非感性的东西，另一方面充满"感性情欲的人"也没失去魅力十足的身体的天性能提供给自己的享受。

威廉·冯·洪堡随后在第一批伟大的作品中详细写出在旅行日记及信中告知的内容，这些内容1903年首次由阿尔伯特·莱茨曼出版，不过莱茨曼加的标题文不对题，叫《论宗教》，虽然他在作品开头简单概述了教会与国家、宗教与道德之间的关系。在启蒙和从神学的枷锁中解放出来的进步的哲学时代，立法者必须以自我教育的人的自由为导向而不是以相信超自然事物或普遍的神的力量为导向。但这种教育遵循人的哪种理想呢，威廉·冯·洪堡想从人自身内部论证这种教育，这种教育不需要神或政府的指导只可能不断地从外部产生作用？它是人身上的"第三种"（G. S. I，56）理想，在这个理想中人的感性享受的天性与思想的创造力及丰富的理念协调一致。

威廉·冯·洪堡不仅谈到感性欲望与思考力之间调和性的第三者，还让自己也成为话题。哲学的解释使他认清自我，特别是他谈到"女性的爱和行为方式"（G. S. I，63）时尤其明显。威廉并未隐瞒：他熟悉强烈的情欲，为此他还享受过"欢乐女孩"①的服务，虽然他没公开说出来，但他为什么参与1787年9月开始于《柏林月刊》的关于职业名称的"特殊争论"？激烈反对"欢乐女孩"这个表述，可以用"兴趣女孩""痛苦的女儿"或"痛苦女孩"代替，正如约翰·蒂姆托伊斯·赫尔莫斯（Johann Timotheus Hermes）在三卷本的《出身高贵的女儿》中建议的那样[21]。威廉完全不赞同，他后来也不放弃与这些"高贵的"人的交往，正如他在针对赫尔莫斯玩笑性的反驳中称呼的那样[22]。但当他越来越能从美学上来细化自己的感性，粗鲁的、动物性的肉欲和感官乐趣越来越满足不了他了。"从纯粹的感官情欲乐趣到感性的美的过渡，使心灵感到那种情欲乐趣毫无品位，并向道德的

---

① 这里指妓女。

美迈进了一步。我并不知道，这种努力即赋予粗鲁的感性情欲更有魅力的形象，是否更应该值得我们感恩，而不是受到指摘。备注：这种研究不可以让针对'欢乐女孩'这个表述的特殊争论转向吗？"（G. S. I，64）

威廉·冯·洪堡在整理记录自己到巴黎以及与福斯特、雅各比、阿贝尔和拉瓦特交流中获得的感想时常常打上很多问号。他已清楚感性和非感性美学上的媒介，无论它是思想、理念或特征，都是他毕生研究的伟大任务，从存在或者哲学的意义上说都是需要解决这个任务的。

在苏黎世和拉瓦特分开后，威廉·冯·洪堡还独自在瑞士进行了漫长孤单的游历，对他来说在原始的山地里度过的时光颇为愉快，当他从狭窄的山谷望向高高的还未被人类征服的山峰时，他思考自己目前的生活状态并看到遥远、未来、伟大和还不确定的地方，在那儿他想找到自己的幸福。12月初回程途中他又看望了美因茨的福斯特，这是他们最后一次见面，接着威廉回到哥达（图林根州），他和弟弟亚历山大约好在那里见面，他们有半年多没见面了。

从哥达开始他们一同旅行，12月16日到达埃尔富特（图林根州首府）。当晚他们就参加了在贝尔蒙特议院院长家举行的舞会，卡萝莉内·冯·达谢尔奥顿也被邀请参加舞会，在舞会上威廉做出了特别的行为——求婚，这不仅让亚历山大，甚至让卡萝莉内也觉得意外。因为目前为止威廉和卡萝莉内作为道德联盟成员已经互相认识，他们之间虽然写过热情的信件并且还有几次因为调情而见面，但两人都不确定他们之间是否是真正的爱情，尤其是威廉喜欢沉默，卡萝莉内想从他那里得到清晰的答复，她怀疑威廉是否爱自己。卡尔·拉罗赫被视为她未来的丈夫。"我头脑里闪过千万个念头，没一个确定的——我不想问，——因为太多的小事，我想知道，我的威廉喜欢谁？我内心觉得他爱的是福斯特。"（Br. I，67）但所有这些担忧、迷茫和失望——"全都没了"（Br. I，68）卡萝莉内幸福地、开心地写信给她的威廉，在他于1789年12月16日在埃尔富特舞会上承认对她的爱情之后，她没有犹豫马上和他订婚，她对自己的感情非常确定：只爱他一个人。

　　那么威廉呢？他好像想用这次订婚来实现他在巴黎和瑞士途中为自己的生活设计的理想。在卡萝莉内身上他认为找到了自己追求的东西：通过一位被爱的女性从美学上细化自己粗鲁的感性，在这位女性身上感性的美和道德的美和谐共处。无论如何他 1790 年 1 月 10 日对格奥尔格·福斯特敞露心扉，即使他可能"不那么喜欢和男性谈论这类感受"。很早他就给自己设置了理想，他希望在他周围的人身上找到这种理想。他首先专注的性格的美学感官促使他寻找并接近美丽心灵。"从这个意义上说我选了丽娜，我在她身上找到那么多东西，以至于我总是怀疑，她身上的各种美是否可以在我身上找到与之相匹配的部分。我只希望，因为这种美而幸福一生。"[23]

　　威廉·冯·洪堡虽然确定自己希望的是什么，但同时他也对这种希望能否得到实现表示怀疑。毕竟他还没经历婚姻，而且他知道，婚姻关系常常并非恋人们希冀的那样。福斯特的婚姻就是很好的例子：在婚姻中特蕾泽没能找到自己需要的东西，因此出现了第三者。他不会重蹈朋友的覆辙吧？刚订婚的他不可能知道，不过他用一个特别的诺言安慰自己，这同时也是给不幸的福斯特的建议，他预见性地说明自己一生都遵守这个诺言："一旦我们中的一个不能在另外一个人身上，而是在第三者身上找到自己的全部身心所在，那我们俩都愿意看到对方幸福，并且尊重这种美妙、伟大、舒适的感情，正如爱情的感觉一样，从谁那里得到爱的享受，一点都不要用哪怕最微小的不适去亵渎另一半的感受。"[24]

　　威廉·冯·洪堡关于巴黎之旅的描述以及他与丽娜的爱情关系一方面让福斯特开心，另一方面也使他更清楚自身不幸的状况。为了糊口他不得不在政治上如此狭隘、思想上如此阴郁的氛围中从事图书和翻译工作。和妻子的困难关系让他内心分裂，他觉得未来毫无希望，他 35 岁，在他看来半辈子都似乎是"徒劳地逝去"了。他的头脑空空如也，面对世界再也表达不出自己的独特看法，他对朋友雅各比抱怨道，他必须要摆脱荒芜和绝望！如果他能够"旅行的话！因为到最后人们不会拥有其他东西，除了通过两只眼睛看到并引起头脑进行思考的东西之外。没有其他办法可以让我们自身感知世界和世界的本质。可怜巴巴的图片是不够的，了解事物的现状和感受它们直接的作用是完全不同的"。[25]

1790 年初他的计划成熟了，福斯特想去英国旅行，也许还可以从英国政府那里得到一份报酬，因为他参与了库克的环球之旅，他在游记中生动地描绘过这次旅行。他也计划写一本关于南洋的植物学著作，也可能在伦敦找出版商和资助者，为了能直接感受法国人民的革命行动他也可能从英国顺道去法国。

福斯特申请了为期几个月的假期，美因茨选帝侯和大主教同意了。现在他为了预防孤独需要一位同伴。他想到了威廉·冯·洪堡，但威廉为了能为"家庭幸福"做准备，在结束哥廷根的学业和订婚之后决定从柏林的普鲁士政府开始自己的法律生涯。威廉的弟弟亚历山大自告奋勇愿意陪伴福斯特，亚历山大在几个月前进行自然历史之旅时拜访过福斯特并在此之后给福斯特详细地讲过自己的玄武石研究，这些研究还是在福斯特的鼓励下进行的。

亚历山大·冯·洪堡在 1789/90 年的冬天也处于深深的危机中，他自己一天一天地变得不可理喻。与格乌恩斯旅行归来后在哥廷根他感觉自己陷入一种"纷扰不安和讨厌的状况中"（Jbr. 80）。他想念哥哥，高强度的学习让他无暇维系与朋友的友谊，他也不保养自己，他的健康因为持续的工作和学习受到伤害。几个月之后威廉告诉丽娜："可怜的年轻人一点儿不幸福，他对自己不满意，加上待在哥廷根和过多的学习使他忧郁，忧郁又使他不满的情绪变本加厉。他写信告诉我说，他失去了往昔的大部分乐趣。"（Br. I，116）乐趣的丢失与威廉的订婚不无关系：亚历山大害怕完全失去哥哥，他和哥哥在生命的前二十年几乎从未分开过。1789 年 12 月 16 日不仅对威廉来说是重要的日子，对亚历山大来说也意味着一个时期的结束，他感到迷惘，给哥哥的未婚妻写了封"傻里傻气的信"，在信中他画了太阳、月亮、星星和一颗彗星，写下神秘的几个字："这是最后的时光！"（Br. I，87）

1789年12月底，亚历山大从埃尔富特回到哥廷根，接着他得了麻疹，他担忧自己的生命，不过，幸运的是麻疹很快就痊愈了。"没什么严重的后遗症，除了视力有点衰弱，我有三周时间不能阅读，不能写作。"（Jbr. 81f）他感到虚弱，同时也觉得时间紧迫，身体刚有点好转，他就飞快地将莱茵河畔玄武石的矿物研究付诸笔端。在这关键时刻福斯特的邀请到了，请他陪同去英国和法国，尽管身体虚弱疲惫不堪，亚历山大还是愉快地接受了邀请。1790年2月他将完成了的以"最亲密的友谊和尊重"献给福斯特的玄武石研究寄给布伦瑞克的卡姆佩，3月17日他告之卡姆佩自己的旅行计划："我打算离开哥廷根，也许是永远离开，这并不让我感到很痛苦，我明天去美因茨见福斯特，和他一起去伦敦，同时我得到了母亲的许可，我许诺自己要从这次旅行中获得很多快乐……我非常愉快，但也有点困惑。"（Jbr. 88）一天后他去了美因茨，很快他就和福斯特开始了收益颇丰的旅行。

1790年3月24日亚历山大和福斯特坐着大帆船离开了美因茨，船沿着莱茵河行驶并把他们带到了杜塞尔多夫，有许多机会让亚历山大回忆起半年前和施特文·扬·法·格乌恩斯共同的旅行。他们又一次穿过山脉，在这里他们试图解读地球历史变化的痕迹，它们是火或是水的产物？翁克尔附近奇特的玄武石引起了他们的注意并吸引他们攀登冲上云霄的大柱子。科隆大教堂哥特式的伟大建筑给他们留下了深刻的印象，亚历山大在看到超过30米的圣坛时因为心醉神迷而石化了。在佩门佩尔福特他们看望了共同的朋友雅各比，也顺便看望了亚琛的多姆。

他们继续穿过侯爵领地列日（比利时）并感受了民众的革命热情。4月穿过奥地利尼德兰的南部地区，在尼德兰人们反对政治上的变化而臣服于"神权政治的压迫"（Jbr. 118）。在布鲁塞尔他们吃惊地听到人们在街上喊道："我们不要自由！"[26]然后他们去了尼德兰的北部共和国鹿特丹、海牙、阿姆斯特丹和哈勒姆，在那儿格奥尔格·福斯特的名字像魔法一样为他们打开了所有的大门。他们被邀请参加各种各样的宴会并受到隆重的接待，以至于他们开始厌烦那些个繁琐礼仪。

5月5日他们坐货船渡过英吉利海峡，对福斯特来说坐船出海像过节。5月和

6 月他们一直待在英国。福斯特非常不开心，因为他的财政和出版计划没有实现。尤其是伦敦皇家科学院的主席约瑟夫·班克斯（Joseph Banks）反对他。班克斯对年轻的亚历山大非常友好，准许他每天在自己丰富的博物学陈列室学习研究，他的陈列室有大量的同时代的植物藏品且属于同时代最伟大的收藏室之一。亚历山大·冯·洪堡也很开心与少尉威廉·布莱（William Bligh）一起散步，威廉·布莱是博爱号的船长。亚历山大惊讶地听布莱讲述"奇迹般的营救"（Jbr. 97），这是在舵手弗莱切尔·克里斯蒂安（Fletcher Christian）策划叛乱之后发生的，在南洋布莱成功地用一艘小汽艇划完 6 000 多公里的海域并找到了从斐济岛（大洋洲）到东印度洋东帝汶岛的航线。[27]

6 月 29 日福斯特和亚历山大·冯·洪堡坐船从多佛到加莱，很快到达巴黎，7 月的第一个星期他们在巴黎度过。人们为了纪念 1789 年 7 月 14 日攻陷巴士底狱准备过国庆节：来自各阶层及各行各业的人们聚集到四季练兵场，用手拖车运来泥土，拿起铁锹，修建一个巨大的圆形露天剧场。法国革命的自由思想激励了两位旅行者，亚历山大·冯·洪堡亲眼看到自由的理念并非是抽象空洞的。他一生都不会忘记这幅场景。年轻的普鲁士贵族开始喜欢上了"聪明睿智的法国人"，"他们正处于重要的时刻：重塑宗教、政府形式和习俗"。他写信给雅各比，信中他把世界历史上发生的事件和自己的经历联系起来。"也许在欧洲人类历史上没有哪个时刻比现在更重要，因此对我来说生命中的这段短暂时光也应该是最有教育意义并且最令人难忘的了——亲眼看到巴黎人，看到他们的民族大会，看到他们还未完成的自由殿堂（对此我亲自堆过沙），在我心中飘扬着游荡着，就像梦中的脸。请想一想吧，亲爱的雅各比，我们在伟大节日来临之前离开巴黎，福斯特不想耽搁，他的假期大约差不多了——我答应过他夫人，永不和他分离，因此我必须和他一起回家。"（Jbr. 118）7 月 6 日他们离开法国巴黎，11 日到达美因茨。

这次快速旅行去了几个国家，持续时间 3 个多月，通过亚历山大·冯·洪堡的信件以及福斯特的报道我们可以充分了解此次旅行的状况。首先是福斯特的《下莱茵河风光》非常鲜明生动地描绘了此次旅行最初阶段的经历，话中一语双关。因为他异常清晰仔细地描绘了自己通过"两只小眼睛"看到的东西，同时他记录下大量的观察结果，写下经过自己思考的内容，这些研究和思考反映了他"头脑的运动"。观察和思考交替出现，直接的感受和反思的想象交相辉映，书中呈现出丰富多彩的画卷，从自然的事实到社会行为方式、政治状况、美学现象以及艺术作品等。

在此我只想仔细描绘这些作品中的一幅，因为这幅作品在我看来似乎是那些奇特的古代绘画研究者产生想象力的源泉。几年后亚历山大想表达生命力的理念，他想在席勒的杂志《时序》（1795）中生动而形象地描绘这幅画：《罗德岛的守护天使》（ Der rhodische Genius ），一个神话般的神秘小说，故事中性和死亡以独特的形式交织在一起。我们稍后还将仔细研究，这里只需给出提示，这是亚历山大·冯·洪堡厌恶性的原因。格奥尔格·福斯特详细地描述了这点。

时间是 3 月 30 日。为了欣赏意大利大师们美丽卓越的画作，亚历山大·冯·洪堡和福斯特在杜塞尔多夫的画廊里待了 3 个小时，然后他们到了鲁本斯的画厅，他们敬仰这位伟大的、具有丰富想象力和描绘能力的佛兰德画家。但在看到鲁本斯的巨型画作《末日审判》时唯有惊骇的感觉，他们感到被迫让眼睛离开这从天空堕入深渊的"肉堆"。在淫荡的不知羞耻的裸体和毫无规则的混乱中，入地狱者横七竖八地跌落。他们的肢体伸向四面八方并相互重叠，这堆肉欲的人群以令人惊骇的崇高让两位来访者感到"无法言说的恶心"[28]。"不，这不是激励艺术家画出这种恶魔的缪斯，通过这整体引起的狂怒，通过这像一串葡萄似的一群人，像令人恶心的互相缠绕在一起的一堆蛆虫，一群混乱的肢体——我毛骨悚然地写下我看到的东西——想象野蛮的肉类市场，人们能看到野性、放肆和放荡不羁，

这掩盖了谦逊的天性并撕裂了和谐创造者俄耳甫斯①。"²⁹

　　亚历山大·冯·洪堡在旅途中就非常关注福斯特的文章并认为"写得很美"，文章是用真实高雅的语言写成的，亚历山大肯定它会"在世间获得声誉"（Jbr. 93），尽管他并不赞同旅伴的一些看法。无论如何这"不仅是一次非常舒适的，还是非常有益且收获颇丰的旅行"（Jbr. 94）。正如他6月20日从牛津写信给奥德河畔的法兰克福的威廉·加布里尔·韦格纳说的那样，韦格纳是他"热情的老朋友，我感激他，因为我年轻时和他一起度过最美好的青春岁月"（Jbr. 91）。亚历山大也告知其他亲朋好友说福斯特这个著名环球旅游家的名字带给自己无限多的好处：福斯特在各地都引起人们的巨大关注并使他们结交了许多重要人物。

　　但关于这次旅行及旅行对亚历山大的生活轨迹的意义还有另一种观点。1801年8月4日他在南美的波哥大，他想搞清楚《1769—1790年间走上自然科学家和研究旅行者的道路》。这个"我关于我自己"的报道成为他自我认知的剖析，他试图回答自身存在的基本问题：是什么促使自己进行这次探访新世界的旅行，他试图用这次旅行实现自己一生的梦想？

　　他回忆起初次的植物学研究，回忆起和卡尔·路德维希·维尔德诺夫漫步于柏林动物园，回忆起参观植物园，回忆起和施特文·扬·法·格乌恩斯一起经历的第一次伟大的旅行，但对他产生最大影响并促使他到热带地区旅行的是和福斯特共同的经历，就是发生在1790年4月14，15日的事件。在这值得纪念的日子亚历山大·冯·洪堡在敦刻尔克②和奥斯坦德③第一次看到大海，福斯特也被眼前的景象震撼了，这样的美景让他长时间都惦记。遥远的地平线上白色帆船闪闪发亮，这让他们的思绪沉入无限的远方。"如此宽阔的、令人感动的、连接陆地的大洋"³⁰

---

①　Orpheus，希腊神话中的歌手和诗人。

②　Dünkirchen，法国。

③　Ostende，比利时。

激发了亚历山大的渴望。他的关注点不在海水，而是那些未来海水可以带他进入的地区。他在荷兰海边及英国海岸边散步，他的想象力描绘出遥远国家的画卷。现在他终于明白，迄今为止他是多么的狭隘。与勃兰登堡家乡"贫瘠的沙地"[31]一对比，他设想另一种甜蜜的生存方式——可以在无边的空间中自由发展的生存方式。他知道，这是一个他要进入的奇妙世界，他担心自己笨拙不堪。回家乡在他看来如潜伏着危险的、在头顶上徘徊的乌云密布的暴风雨。"我常常不明原因地哭泣，可怜的福斯特费尽心思想了解什么东西如此沉重地驻足在我的心灵，我带着这种情绪途径巴黎回到美因茨。我已经有了长远的计划。"[32]

福斯特并非完全不明白同伴常常哭泣的原因，他自己也意识到这种无法抑制的对自由的渴望，这种对自由的渴望在政治上表现为革命热情，在美学上表现为广阔的海洋引起的崇高的景色（1793 年他想在革命的法国实现自己的愿望，但在这个过程中痛苦地走向灭亡，1794 年 1 月 10 日他死在巴黎的床上）。对亚历山大·冯·洪堡来说，从"日常的、普通的中产阶级生活方式的轨道中冲出来"[33]是一种追求，这个目标还未能清晰明确地确定下来。

没有谁比亚历山大的哥哥威廉更能理解他的想法了，威廉在这决定命运的年月里选择了另外一种生活方式。他从 1790 年 4 月 1 日起就在柏林的政府部门任职并准备和卡萝莉内·冯·达谢尔奥顿过幸福的家庭生活，4 月 5 日他从柏林给福斯特写信，那时他还不清楚福斯特和亚历山大在哪里（顺便提一下，他们正坐渔船"南希号"从荷兰的赫勒沃茨路易斯去英国）。这封信能说明问题："我天生就在狭小的环境里生活，最简单的环境对我来说永远是最快乐的，只要我的思想和心灵不缺乏营养，永远不会出现那种状况，对此丽娜的本性和她的爱是保障，我越来越觉得和这位可爱的姑娘在一起是多么幸福，和她在一起我获得了多少安宁、满足并坚定了我的信念，我没法告诉您。好心的亚历山大作为您的旅伴使我非常开心，实际上他值得拥有欢乐，您也一样，我想他的陪伴也会带给您很多快乐。真的，他是优秀的人，从头脑到心灵，此外他还知识渊博。哥廷根的冬天，我想，对他的健康和情绪有所伤害，请您告诉我他的状况，如果您有机会的话，请尝试让他对自己满意点，在某些方面他对自己不满意，这使他不开心。"[34]

当福斯特回到美因茨读到这封信的时候，他也给亚历山大说了哥哥威廉的看法和感受。亚历山大在他家还待了两个星期。多年之后，当亚历山大给《新大陆热带地区游记》的读者讲述自己巨大的、不可抑制的旅行兴趣的动机和主题时，亚历山大引用了哥哥的说法并以此支持自己的观点。尤其是"在一位伟大人物的陪伴下，这位伟大人物有幸陪伴库克船长进行第二次环游世界的旅行"，和这位伟大人物进行的旅行对他日后探索遥远的地方贡献很大。未来对这位 20 岁的年轻人来说就像无边无垠的大洋，大洋的地平线激发他的想象力进入无限及未知的领域。"无法企及的享受似乎对我们更具吸引力，稳定生活的狭小空间提供给我们的享受要乏味得多。"[35]

亚历山大如何能像哥哥希望的那样"对自我满意"呢？威廉在订婚之后想在爱的狭小圈子里过一种宁静、稳定和幸福的生活。人们可以看到亚历山大在 1801年的自我回顾中对威廉好心为自己担忧的答复："一切跟中产阶级有关的环境都让我讨厌，家庭生活和贵族世界的那种安逸舒适也让我不自在，我生活在理念世界中，这个理念世界让我远离现实世界。"[36]

尾 注

◆━━◇◇◇◇◇◇◇━━◆

1. 约翰·海因里希·卡姆佩《法国大革命期间写于巴黎的信件》，赫尔穆特·科尼希出版，柏林1961年，第25页。

2. 威廉·冯·洪堡给卡姆佩的信。引用自上书第32页。

3—6. 同上书，分别对应第63，115，137，207页。

7. 威廉·冯·洪堡给格奥尔格·福斯特的信。见给福斯特的信件，格奥尔格·福斯特作品集，第18卷，柏林1982年，第341页。参见克莱门斯·门策《威廉·冯·洪堡和法国大革命》，引用自《自由德国主教教堂议事会年鉴》（1989年），第158—193页。

8. 见注释1，第36页。

9，10. 阿尔伯特·莱茨曼出版，《威廉·冯·洪堡给女朋友的信》，莱比锡1910年，第2卷，第274页。

11. 阿尔伯特·莱茨曼出版，《威廉·冯·洪堡给弗里德里希·海因里希·雅各比的信件》，哈勒1892年，第24页。

12. 阿尔伯特·莱茨曼《格奥尔格和特蕾泽·福斯特与洪堡兄弟：文件和文献》，波恩1936年，第116页。

13. 格奥尔格·福斯特《论竭力劝诱他人改变信仰》，格奥尔格·福斯特作品集，第8卷，柏林1974年，第194—219页及注释第424页。

14，15. 同上书，第198，209页。

16. 见注释1，第99页。

17. 给福斯特的信，第217封，见注释7，第350页。

18，19. 给福斯特的信，第220和227封，同上书，第354，362页。

20. 给福斯特的信，第227封，同上书第363页，参见《洪堡日记》，见17卷总集，第14卷，第158页。

21. 关于柏林月刊上特别的对"欢乐女孩"的争论参见评论和备注，见威廉·冯·洪堡的5卷本总集，第4卷，第296页。

22. 关于与"高贵的人"的交往，尤其是在1790—1791年的冬天，参见阿尔伯特·莱茨曼出版，《威廉·冯·洪堡给卡尔·古斯塔夫·冯·布温克曼的信》，莱比锡1939年，第12，15页。

23. 见注释7，第247封信，第381页。

24. 同上，第382页。

25. 福斯特给雅各比的信，1789年11月15日。乌尔里希·恩策斯贝格《格奥尔格·福斯特：碎片中的生活》，法兰克福（莱茵河畔）1996年，第190页。

26. 同上书，第197页。

27. 参见卡萝莉内·亚历山大《博爱号：博爱号上哗变事件的真面目》，柏林 2004 年。见《植物学杂志》第 2 部分，1790 年，第 186—188 页，亚历山大·冯·洪堡发布了"营救上尉威廉·布莱"的消息。

28. 格奥尔格·福斯特《下莱茵河风光：1890 年 4、5、6 月的布拉邦特、佛兰德、荷兰、英国和法国》。格奥尔格·福斯特作品集，第 9 卷，柏林 1958 年，第 50 页。

29. 同上书，第 44 页。

30. 亚历山大·冯·洪堡《我的生活》，慕尼黑 1982 年，第 2 版，第 36 页。

31—33. 同上书，分别见第 38，40，39 页。

34. 见注释 7，第 265 封信，第 389 页。

35. 亚历山大·冯·洪堡《新大陆热带地区游记》第 1 卷，奥特玛·埃特出版，法兰克福（莱茵河畔）–莱比锡 1991 年，第 45 页。

36. 见注释 30，第 40 页。

第六章

每个人必须完整而伟大地发挥作用:

———

威于而大命

什么专注山生

为廉自亚追寻

身历的足迹

理念扮演着什么角色，面对现实理念又是如何表现的？对年轻的亚历山大·冯·洪堡来说答案是清晰明了的：那些使他的注意力远离现实世界的理念吸引他进入浪漫的奇妙世界、使他置身于诗意的情绪，这种情绪使他清晰明了的判断力陷入危险，他一天天地变得连自己都不了解自己。威廉也对这种危险毫不陌生，几乎有这种印象：似乎亚历山大不仅仅说的自己，也在说威廉。亚历山大在读大学的时候就提到过这种危险，他说"不再生活在现实而是生活在纯粹的理念世界中"[1]。说这话的时候他回忆起童年时代的梦想，这只会带来伤害，他和哥哥一样抱怨道，因为这只能带给我们"最折磨人的痛苦情绪"，持续不断的渴望"让我们忽略了眼前的欢乐而去追求那些永远不属于我们的欢乐"[2]。

洪堡兄弟 1790 年陷入了同样的危机，但他们的解决方式完全不同，至少在对象的选择上是完全不同的：亚历山大对自然研究感兴趣，自然研究以无限的丰富多样使他更接近自然现实；相反威廉把自己的梦想建立在一个人身上，这个人在他看来是作为人的自然天性的理想形象出现的。他一再对未婚妻卡萝莉内·冯·达谢尔奥顿坦言，他在她真实的形象中发现理念并爱着理念，正如人能够并且必须的那样。对他来说她代表着感性生活乐趣的理念、女性美的理念、精神享受的理念、无条件的爱的理念以及高尚的有教养的个体的理念。

爱人的形象对处于恋爱中的威廉来说是一切人的存在的理想以及自然最真实的镜子，如她本来的样子。人们可能认为这是过分的想法和热情的想象，这和真实的生活没多大关联。但人们可能会忽略，威廉·冯·洪堡的理想概念超越一切实验性、多样化的现实并且以整体性的理念为目标，这对他的实际生活规划产生了直接的影响，因为他像艺术家一样试图设计规划自己的生活。他想要专注于存在的、内在的、永恒的本质，而不是外在的转瞬即逝的现实。这是以美学为导向追求理想化的想法，这种想法使他倾向于那种在弟弟亚历山大看来无法容忍的狭隘的"小圈子"，而这种小圈子违背亚历山大的本性并促使他探索遥远的地方，在那儿大自然显示出伟大的力量并呈现出壮丽的风光。

值得一提的是格奥尔格·福斯特作为他们俩的谈话对象提到过这两种方式，在兄弟俩选择人生方向时福斯特多少给了些重要的提示。起因是兄弟俩在哥廷根上大学时的古典学及古语文教授海涅于 1790 年 1 月 24 日写给美因茨的女婿福斯特的信。海涅虽然是好意，但完全与福斯特的生活理想背道而驰，因为他建议女婿要满意美因茨图书馆小小世界的生活并且不要再去追求广阔的世界和完整的自然。"慢慢地我看到，你不再幻想了，人们很容易幻想：似乎我们所有人都必须伟大而完整地发挥作用。如果我们只拥有一个小小的可以发挥作用的圈子，我们就有理由不开心并且对事物的发展过程不满意。我所知的这个缺点是最明显不过的了。人们应该发挥作用的范围不是我的工作。我没法做我自身之外的事情，而是它们给我指明方向。如果我相信能力过剩，那么好吧，我就要扩大我的（活动）范围，那么我发挥作用就是成就了。"[3] 人们不知道，格奥尔格·福斯特是否认为这个建议令人沮丧。他岳父认为他是幻想家并且高估自己的能力而且还追求幻想中的梦中人物？遗留下来的资料表明，福斯特在获悉威廉订婚之后把海涅认为自己应该满足于小圈子生活的建议转给了威廉。紧接着 2 月 8 日威廉就给他回信说，他明白海涅的话并对此有自己的理解。他同意海涅的说法，把它们用到自己的生活中：

海涅的话"完全是我自己的话，只是我换种表达方式：每个人都必须伟大而完整地发挥作用，只是什么可以称之为伟大而完整，根据我的感觉，有许多假象。对我来说伟大而完整地发挥作用，对人类的特征产生影响，每个人都对此产生影响，只要他对自己并且只对自己产生作用。柏林，1790年2月8日。"[4]

这是对威廉·冯·洪堡用来表述自己早期教育理想价值的重新评估。海涅对伟大和完整提出警告，认为为了达到这个目的大部分人都会陷入不幸，因为他们高估了自身的力量，而洪堡这样理解海涅的警告：这是对个体的辩护，个体试图通过自身独特的性格培养提升自己。培养训练独特的个体，在独特的个体身上和通过独特的个体享受世界！让自己变得伟大而完整！不是向外，而是向内发挥作用。为了让自己不受外在环境状况的限制要在自身以及为自己而生活。缩小发挥作用的范围是为了能够成就伟大。这就是生活艺术美学的座右铭，这种生活艺术美学是年轻的威廉·冯·洪堡在结束学习以及早期游历之后为自己设计的。

在和福斯特交流思想的过程中威廉·冯·洪堡表述了自己的生活准则：在小小的作用范围内创造令自我满意的生活，在这种生活中自我教育起着最重要的作用。唯有如此人们才可以"在世界上行动及推动一切事情，甚至违背自己的意愿，以此作为手段来丰富和修正我们的理念"[5]。这些只是写给福斯特看的，但也指他弟弟。因为正是亚历山大孜孜不倦地在世界中漂移，而福斯特起着指导性的作用。为此亚历山大一生都非常感谢他，正是因为福斯特，亚历山大才意识到自童年时代就驻足在自己身上却没能恣意表现出来的力量。

1790年9月亚历山大写信给韦格纳："我的健康状况不太好，虽然因为和福斯特共同旅行好了一些……我身上有种渴望，我常常想，我失去了些理智。但这种渴望是如此必要，为了持续不断地实现美好的目标而发挥作用。"（Jbr. 106）亚历山大也要发挥作用并产生影响，但通过自我和亲密的爱情无法获得他试图发挥和增强精神和身体力量的（生活）圈子。他感到在陷入不幸的家庭关系之前，有必要去福斯特曾经找到幸福的地方：自然力量无法测量的空间。在这个空间里，人能够追求伟大和完整。

这让人理解了亚历山大的回忆，在这些回忆中亚历山大多次提及自己的老师和朋友福斯特。为了获得去西班牙海外殖民地做科考的许可，早在 1799 年亚历山大就给西班牙官方写过"履历"，他提到自己的首次矿物学和自然科学研究之旅，是"在格奥尔格·福斯特的指导下进行的，福斯特是著名的自然研究者，他参与了库克船长的环球之旅，我拥有的大部分细微的知识都得感谢他"[6]。福斯特唤醒了亚历山大对海洋与探寻热带国家的热情，福斯特引用了亚历山大关于这次伟大旅行的主要目的，这是亚历山大在 1799 年 6 月 5 日离开欧洲之前写的："我的眼睛应该关注的对象有：力量的共同作用、无生命力的创造对有生命力的动植物世界的影响、它们之间的和谐共处。勤奋的人需要美好和伟大的东西。他是否能达到目的就取决于未被征服的命运。"（Jbr. 682）

在美洲旅行回来后的 1807 年，亚历山大描绘了第一次从高高的安第斯山上看到无边无际的、宁静的海洋时产生的印象："看到南洋的景色，有些欢喜的东西，一部分因为所受的教育和很多的愿望，这要感谢库克船长的同伴。福斯特很早就大致了解我的旅行计划，那是当我享受优待——在他的带领下第一次去英国的时候。"[7] 在生命的最后年月，在他读过海因里希·科尼希（Heinrich König）的小说《格奥尔格·福斯特在家庭和世界中的生活》之后，1858 年 7 月 28 日他写信给作者："我的人生过了半个世纪，我还一直过着不安定的、动荡的生活，我对自己和其他人说，我要感谢我的老师和朋友福斯特，他使我对自然的观点普遍化，他加强和发展了我在幸福的亲密感中领悟到的东西。"[8]

1790 年洪堡兄弟俩的性格定型完成了。同一年他俩也清晰地意识到各自不同的性格特征。他们的自我认知以奇怪的方式与兄弟之间的陌生感纠结在一起。亚历山大和威廉对待彼此就像在互相恭维对方，他们承认并尊重对方，因为一个人在另一个人身上看到自己身上缺乏的东西，尽管他们彼此之间并未就此讨论过，但他们都告知了自己的朋友和伙伴。

亚历山大给韦格纳写信谈到威廉："他有着独特的性格。他对你评价很高，这肯定让你高兴，因为他对我来说无比珍贵。"（Jbr. 93）威廉的特别之处还在于他完全"回归自我"并试图独立自主示范性地发挥作用。从这方面来看亚历山大很了解威廉，无论如何比很多柏林人都了解威廉，多数柏林人只了解威廉的博学及其逻辑理性。

威廉在给丽娜的多封信中几乎是用同样的话赞扬弟弟，虽然他们的性格完全不同："他孜孜不倦地做着一切，年轻的热情对我来说是无比珍贵的……爱他吧，我的丽娜，他对你的威廉来说无比珍贵，你还不够了解他。"（Br. I，116）她应该要更了解亚历山大，但只有当她清晰地了解兄弟之间的主要差别时才行。为了让亚历山大的性格明朗化，威廉一方面不得不谈到自己，另一方面只有当他把自我形象和亚历山大的个性进行对比时他才能进行自我描述。

威廉给卡萝莉内写过一封信，这封信作为给卡萝莉内的圣诞节礼物写于1790年12月22，23，24日。在信中他给她描绘了自己的生活规划，同时也回顾了自己迄今为止的生活轨迹。早在他开始高强度的学习和研究的时候，他总是想，他得为其他人做些有用的事，因此除了一般的通识教育外他首先专注于学习法律，因为为其他人服务最好就是在政府部门发挥作用、产生影响，所以他选择安稳的职业生涯，他非常勤奋并严格遵守时间学习，但随后他遇到了改变自己生活观的人，他认识了福斯特、雅各比并于1789年和席勒、歌德及赫尔德建立了联系，由此他"对实际生活中有限的物质产生了怀疑，我越深入学习，我就越在其他人身上近距离发现伟大的性格特征，喔，首先，尤其是见到你让我忙个不停，然后我才领悟，只有人本身是什么才有价值"（Br. I，344）。

为了能清晰地认识自己和自己的生活理想，威廉对比弟弟的性格。几天来弟弟的形象萦绕在脑海中，亚历山大使他迷惘，因为亚历山大正将其全部能量和影响从他试图克服的东西中剥离出来。对丽娜来说威廉制造了戏剧性的冲突，最终为了对自己有利而要解决这种冲突。

威廉以回顾开头，一方面他赞扬弟弟的能力和爱好。亚历山大还是个孩子的时候，在特格尔和柏林他就只做自己感兴趣的事情。他不让自己考虑有用性而受到控制，他只遵从自己内心的爱好做事："生活，一句话，以十倍的自由（生活），我很高兴看到这些，我在他身上看到真正的伟大的天才——你明白这个词，我如何用这个词的。我感觉到，他的圈子会更广阔并充满更高的能量。"（Br. I，343）他的预感实现了，亚历山大以极大的热情专注于伟大的自然界，他让自己内心巨大的渴望转化为对外界的研究热情，这种研究热情既不受专业限制也不受民族的束缚。

但在表扬之后威廉对弟弟提出了批评。对外部世界积极追求的渴望导致亚历山大性格不好，他越试图在自身之外产生巨大影响，作为个体的他就越狭隘小气，他因为"某些小小的虚荣"误入歧途，试图通过自己的知识吸引和迷惑人，而且他还喜欢嘲笑别人的弱点，他轻蔑地嘲笑一切不符合自己想法和意图的事情。"为此很多时候他运用自己掌握的有关人的知识、他的声誉及真的冷酷的娱乐方式。我很难过，具有亚历山大般头脑和心灵的人能在这种事情上找到乐趣。我知道，他并无恶意，但显得如此小气，尤其显示出内心的不尊重。"（Br. I，341f.）

威廉在亚历山大身上看到这样一个人：这个人和他最亲近同时似乎也最陌生。"从童年时代开始我们之间就是如此，总是最强烈的对比但又非常亲密一致。"（Br. IV，385）他们最熟悉对方同时又互相分离如"对立的两极"（Br. II，260），这是威廉通过严格的诊断得出的结论：深入内在和渴望外界；专注于自身与影响他人；在理念中生活和在现实中做研究；形成自己独特的个性与从整体上观察自然之物；提升内在的尊严和渴望外在的名声。威廉自己知道，这种两极化不是中性或者一点不客观，他为自己和弟弟刻画的对比的形象在自己的个性中得到证实，这让他在具有挑战性的现实生活中肯定自我。

这一切都发生在思想中，是理念和理想。亚历山大和威廉用理念和理想让自己意识到他们想要什么。这是对幸福生活的设想，它们不应该仅仅是梦想，是时候让这些设想变为现实了，让我们把目光转向洪堡两兄弟在自我发现的关键年月——1790至1794年——的所作所为。先从哥哥威廉开始。

威廉·冯·洪堡：将他的力量进行最充分和最匀称的培养成为一个整体。威廉在1790年圣诞给丽娜的信里展望了未来。他迫不及待地开始渴望"幸福时代"。但所有的感叹词比如啊、哦等，并不是表达不幸，而是表达一种升华，无论在私人生活方面还是公众生活方面。其一是有关他的婚姻，婚姻让他粗鲁的感性从美学上得到细化；其二是为了能当自由学者他从严格管理的政府部门辞职。

威廉和卡萝莉内已经订婚一年，1789年12月16日威廉从瑞士回来之后在埃尔富特的舞会上向她求婚，最初临时起意的订婚是保密的。亚历山大担心，卡萝莉内的老父亲——普鲁士高级法院主席·卡尔·弗里德里希·冯·达谢尔奥顿——和把昆特作为生活指导及财产管理者的威廉的母亲玛丽·伊丽莎白·冯·洪堡都反对他们联姻。亚历山大对这种秘密的爱情表示不屑并似乎在此找到了乐趣，他特别强调与此有关的家庭困难。"也许他说得有理。"1790年1月14日卡萝莉内提出顾虑："妈妈可能真的和你意见不一致，关于结婚的计划，她为了你将来的稳定肯定朝着对你有利的方面考虑。我知道的，谁能像妈妈和昆特那样算计。"（Br.Ⅰ，65）因此最初只有道德联盟的成员知道此事，他们很高兴看到他们订婚，虽然他们也担心联盟成员之间的紧密联系会随之变得松散。

但更重要的是双方父母的态度，他们为孩子计划稳定的未来，首先是新郎要有稳定的收入及一份高级体面的职业。在年老的达谢尔奥顿看来没有头衔和地位的年轻追求者是不可靠的候选人，当卡萝莉内对他讲到他们的打算时，他虽然同意订婚，因为他不能剥夺可爱的女儿的任何东西，但他表现得非常谨慎并装作好像什么也没发生。为了提醒他她订婚了，女儿常常提到她的"新郎"及他"未来的女婿"，"他一点都没为难我们"（Br.Ⅰ，87），显然他怕失去女儿，卡萝莉内推测。

最后在 1790 年 2 月底，威廉终于向母亲和昆特坦白了自己的计划，这让他觉得一点都不轻松，因为当他 1790 年 1 月回柏林的时候，母亲虽然对他很好，但她的情绪比较压抑，她只想看到儿子在政府部门任职并过着有尊严的生活。最后她获悉儿子威廉如此看重这份爱情，但她自己对爱情是没感觉的。对于威廉来说，很难找到合适的机会："妈妈的额头上总是坏天气，我不担心有大的矛盾，但无聊，眼泪，上帝知道还有什么，最后天空终于晴朗了，我言简意赅地说明如果没有对方我们没法活下去。"（Br. I，89）

威廉对爱情坚决彻底的表决并没有打动妈妈，对她来说更重要的是联姻在经济上带来的利益，她解释道，她可能没钱给他，因为她不想动用自己的财产，她对威廉的理解表示非常满意。"本来我也没指望什么。"（Br. I，89）他母亲似乎具有一种无法理解的无所谓的态度，她甚至不想知道儿子的未婚妻长什么样。

最后威廉告诉了昆特，昆特听到这个消息时也不怎么激动，他对曾经的学生谈到的爱情也很陌生。"他相当冷淡地祝我幸福然后谈到这样那样的困难，你可以想象，事先没告诉他多好。也许他只是表现得如此而已，因为他是最后一个知道此事的人。"（Br. I，91）

卡萝莉内和威廉担心父母不同意他们结合，现在他们离婚姻的幸福又进了一步，选择公开秘密的时机很恰当，因为威廉可以通过暗示来打消父母的顾虑：他正申请到普鲁士政府就职。1790 年 2 月 13 日他向国王弗里德里希·威廉二世提交了申请，他希望到法律部门任职，两天后他就接到去柏林法院作候补官员的通知，他以前的家庭教师、在自然法方面颇有造诣、自由开明的法律顾问恩斯特·费尔迪南·克莱因对他进行考核，威廉·冯·洪堡在 3 月 8 日以优异成绩通过考试。没有什么可以阻挡威廉的法律生涯，一切都按计划进行。威廉工作非常刻苦，他的知识面也很广，在市法院工作了几个月之后他又通过了第二次法律考试，这次考试使他获得了到外交部工作的资格，接着在 6 月他获得了"公使馆参赞"的头衔，他立刻把这消息告知了年老的达谢尔奥顿，最后他被提拔到更高一级的皇家内阁法院。

在威廉接受这个职位之前，8月1日到9月14日他一直待在未婚妻那儿，他们共同度过了6个星期，分别让两人都非常难过，第二天李就写信给她的比尔："你怎么能够离开我呢，你怎么能够和你自己的生命分离呢，你还活着吗？比尔，或者你的心已经进入我僵硬的心脏了？"（Br. I，206）

分离虽然使两个订婚的人伤心难过，但威廉找到克服了孤独的方法：他异常勤奋地专注于法律工作，尤其是刑事案件比如死亡、纵火或杀婴等案件。他觉得这些案件都非常有趣，虽然工作并没给他带来真正的乐趣，因为他发现他自己的情绪被带入到这些棘手的状况中，他机械地根据一般的规则处理这些案件，尽管这些案件在他看来跟特殊的社会生活方式以及心理上的特质有关。从法律上来看对他所参与的案件的判决可能是正确或清晰的，但受过哲学和面相学教育的法学家自问，这些判决从人的个性来看也是公正和恰当的吗？人的个性产生如此"异质的观点"（Br. I，223）。有时候他真的很头疼，他自己也不确定，他应该奖励或者是惩罚。虽然严厉的判决对他来说并不困难，如果罪犯在有意识的自由和自我负责中采取了行动并自愿接受惩罚，但很多罪犯从性格上来说并非完全是不可救药的人，他们有时没办法采取别的行动，因为他们生活在让人无法忍受、不幸福的状况中或者不具有意志和行动的自由。"人们就用惩罚来折断每种高级的、美好的情感并迫使人变得冷漠和毫无感情。我对此有不同的看法，出于原则我可以严厉。为了变得强大，人们必须承受痛苦，我想。现在我想，为了变好，他们必须要有快乐。我变得更温柔、更人性化了。"（Br. I，223）

尽管有这些顾虑，威廉·冯·洪堡作为法律工作者还是非常有效率的。他运用自己的启蒙思想来成功判断一些政治上有争议的事件。比如"印刷工翁格尔（Unger）因为审查事件中的一本禁书对高级红衣主教委员策尔勒（Zöllner）的诉讼"，在这次事件中他在老师克莱因身边作记录员[9]。他对自己在柏林的生活状况也挺满意，他知道享受生活，可能深受与丽娜的分离之苦，但他找到了新朋友，在他们的陪伴下他也能释放自己粗鲁的感性，这种感性不是突然就消失了的。在对丽娜的爱情中他希望找到完美的幸福，但这种爱情并没有驱逐掉身体上的"肉欲"，洪堡把这种肉欲看作自己独特的命运并在1816年写《自传片段》（*Bruchstück einer Selbstbiographie*）时赋予这种命运"一种伟大、但也可能是可怕的力量"（G. S. XV，456）。

在18世纪90年代的柏林这种力量真的可以自由地发展，不仅为国王及其情妇们提供了一种放荡生活乐趣的范例，也对法国大革命期间政治上的解放行动产生了影响，至少在最初对年轻人的娱乐方式产生了影响，这些年轻人喜欢"策马扬鞭"。在这些冒险生活中威廉最亲近的伙伴是比他年长3岁的卡尔·古斯塔夫·冯·布温克曼男爵（Karl Gustav Freiherr von Brinkmann），一位来自古老的东弗里斯兰的年轻的瑞典人，他在哈勒读大学，目的是在外交部任职，学业结束后的1790年初开始在柏林生活，他不仅追求自由思想，对启蒙的自我思考的兴趣也和自由的生活方式联系在一起。

1790年夏天在柏林的一次盛大社交场合中威廉·冯·洪堡认识了常常陪着布温克曼的弗里德里希·冯·根茨（Friedrich von Gentz），最初威廉·冯·洪堡觉得根茨没什么特别之处，但很快他就因为根茨参与到激烈的关于政治、道德和人的知识的讨论中，在这些讨论中他可以运用自己具有争议的敏锐感，根茨开始敬佩威廉·冯·洪堡，这让威廉很高兴，很快他们就熟悉起来，在这个过程中共同的哲学爱好滋养了他们之间的友谊。

根茨在柯尼斯堡跟着康德学习并对康德的清晰的理性使用感到惊讶，他也研究过康德的哲学伦理学，不过康德的哲学伦理学在他看来越来越有问题，与两个柯尼斯堡女人混乱的恋爱故事终于使他认识到了自己的双重性："有道德、睿智、严格，甚至在研究的时候——软弱、愚蠢，在沉醉的生活中是轻浮的，我常常越界，我是很清楚这些界限的，这可怕的微妙的将好与坏区分开来的界限。"[10]

这是 1786 年针对康德伦理哲学讽刺性的说法，像康德在《道德形而上学》中描写的那样，关乎"纯粹好的意志"[11]，却被诱导性地用来指生活在不幸的婚姻中的爱人。

根茨 1786 年先在柏林做内阁秘书，后来很快成为战争顾问，他能把自己的两面性奇妙地结合起来，最后与之有相同感受的威廉·冯·洪堡成了他最合拍的搭档。他们常常整天整天待在一起，这个奇怪的人吸引了根茨，根茨认为威廉是自己碰到过的"最伟大和最强大的人之一"[12]。不仅仅是威廉·冯·洪堡敏锐的玩笑和深刻的思想让根茨用最热情洋溢的语调赞扬"这个特别的永恒的人，这个人几乎无所不能，一切都是他想要的"，"他身上的纯粹的力量"[13]，根茨非常惊讶地看到这种力量在洪堡的所思所做中发挥作用，特别是在他们共同度过的夜晚中，因为白天两人都有太多事情要做，他们经常晚上 10 点才碰面，冷静地做决定并拒绝睡觉。

威廉和根茨不仅进行哲学或逻辑上的讨论，他们也惊叹天空的高远，正如威廉给他的丽娜说的那样："如此美丽、布满繁星的天空，我在这里碰到一个人——根茨，他总是教我看星辰。"（Br. I，391）但他对丽娜隐瞒了他同时写给布温克曼的内容，布温克曼在 1790 秋离开了柏林："和根茨一起，在夜晚经历了几次冒险，我有几个晚上去了舒维茨（Schuwitz）和米勒（Müller）夫人那里，很遗憾您不在场。" 然后他接着诙谐地写道，年老的老鸨舒维茨摆下漂亮的宴席，准备了不错的潘趣酒，以至于他们都没感觉到需要"像动物一样"，因为"高贵的人"通过环境的强烈对比失去了她们的魅力，人们只想着"做一切让人联想到高雅环境的事情，对此他们骄傲地沉浸在其中"[14]。几个月之后威廉·冯·洪堡又提到，他和根茨绝不忽略他们交往的那部分内容："我指的是高贵的人，我们常常结伴，我们常常看望那个小女孩，现在也还去她那儿，根茨认为她的智力低下，有段时间她们有几个女伴，我有几个晚上和根茨睡在一张床上，现在遗憾的是所有这些聚会遇到小小的阻碍：根茨因为这些女伙伴中的一位得了淋病，我就如您曾经预言的那样——染上了虱子。"[15]

这就是威廉在1790年圣诞给卡萝莉内的长信中提到自己和弟弟之间对比鲜明的形象以及最后渴望婚姻生活"幸福时光"的时刻，他要做美好的事情，他对她许诺，他显然完全明白，人们总是能创造很多美好的东西，就像他自己要变好一样。

随着对内的转向威廉也远离了外部世界，他虽然不是被迫也绝对成功地在政府部门工作，但他没有获得真正的快乐，工作半年之后他就给卡萝莉内写信说："我并不试图通过这份工作获得外在的利益，我没那么有野心，但这种工作本身并没有带给我快乐。"（Br. I，262）他想做点别的事情，不仅要让自己得到提升，也要"更配得上李并给予她更多和更充分的幸福"（Br. I，263）。1790年10底他就产生了要在毫无束缚的思想自由中完全为自己和自己的所爱而生活的想法，但他又考虑到外界的状况以及无忧无虑的保障，这种保障是一份长期在法律和外交部的工作职位所能提供的，他犹豫着，卡萝莉内应该告诉他他该怎么办："哦，做吧，李，做吧，我对你发誓，命令你的比尔吧，上帝，因为做爱情想做的事是很甜蜜的。"（Br. I，264）

卡萝莉内帮了他的忙，或许不是完全没有私心，因为她不了解威廉在柏林的工作和生活，她支持他的想法，在政府部门工作不是为了生存而宁愿作为自由学者和她生活在一起。他们之间的通信表明，在一起生活的愿望越来越强烈并迫切地希望在最大的自由和亲密中共同规划生活。1790年圣诞节时他们作出了决定。

还需要克服一些具体的实际困难，怎么从经济上保证过一份没有职业的私人生活？在哪里生活？也要争取让父母同意这个计划，威廉的母亲表现得异常冷静且只提出问题："我们的钱是否够用，是否有必要的严格的经济规划而不成为我们的负担，首先是，我是否可以长期过一种简单的生活，因为我还年轻。"（Br. I，357）卡萝莉内的父亲很快也打消了疑虑，他原本希望女儿的未婚夫在有保障的政府部门任职。

只有亚历山大认为哥哥的决定是未经思考的、轻率的，这个决定只会导致家庭的不稳定和不和谐，卡萝莉内试图向他解释威廉和自己的目的及想法，但没什么用。亚历山大写了封疯疯癫癫的信回复她，这封信让卡萝莉内很不喜欢并认为他的理智受到了迷惑。"我担心，他让自己紧张，绷不了多久。"（Br. I，372）亚历山大似乎不能理解相爱的这两人要共同规划幸福的未来，因为他的性格虽然具有美好的一面，但他缺乏优雅和细腻，这种优雅和细腻是她的威廉所具备的，而且这种优雅和细腻也是发自内心并使他们的爱情关系如此亲密的。她对亚历山大的同性恋倾向恍然大悟："反正没有什么能对亚历山大产生大的影响，除了来自男人的东西，我想，时间会证明这点。"（Br. I，372）

1791 年 5 月 19 日威廉给国王递交了辞呈，他简单明了地说是因为紧急的家庭事务，国王同意了。为了不完全切断以后在外交部任职的通道他在外交部只是请假。"自然希望这扇门属于不被用到的东西。"他写信给雅各比说。[16]（几年后事情发生了变化）。

　　接着就是准备婚礼及拟定宾客名单，也邀请了席勒和他的莎洛特以及莎洛特的姐姐卡萝莉内·冯·博伊尔维茨，他们同意了。亚历山大也要来，但只待一会，正如威廉对新娘说的那样，他同时也请她理解弟弟的这个特点："我不愿意看到过几天他又要出发旅行，尽管我不能说，他的现状让我担心，我想，他也不想给人留下这种印象。但他是好人、热情、坦率，事实上拥有非常广博的知识。"（Br. I，471）但所有的这些知识对亚历山大有用吗？他拒绝那种伟大的幸福，那种威廉为自己和卡萝莉内在相爱的状况下以及宁静的乡下希望的幸福生活。亚历山大虽然足够好也能很忠实而亲密："他很难幸福，他静不下来也从来不会安静，因为我从不相信什么能拴住他的心。"（Br. I，477）他们自己将会过完全不同的生活，威廉在从柏林去埃尔富特之前的 6 月初告诉卡萝莉内。1791 年 6 月 29 日，晚上 6 点，在岳父家里威廉和卡萝莉内最终缔结了婚约。

　　布尔格沃尔纳，1791 年 8 月 16 日，威廉写给格奥尔格·福斯特的信："我现在摆脱一切事务，离开柏林结婚了，住在乡下，独立、自己选择的、无限幸福的存在。在我告诉您的时候我感受到双倍的幸福，我了解您温暖的、亲切友好的心灵，您内在的认同。我也不担心您反对我迈出这一步，其他很多人都不同意我的这个决定……地球上没有什么比个体最充分的力量和个体最多样化的培养更重要，因此真正的道德的首要原则是，培养你自己。第二条是，通过你是什么对其他人产生影响，这些原则对我是如此独特，以至于我没办法和他们分离。"[17]

威廉和卡萝莉内在乡下生活了两年半，大部分时候待在奥勒本和布尔格沃尔纳，有时也在埃尔富特的家里，对年轻的丈夫来说是幸福的时光，在这段时间里他只专注于自身、专注于对妻子的爱和专注于自己的学习，他也很高兴在1792年5月16日获得了第一个女儿——卡萝莉内，她完全是生命和欢乐的创造物，她蓝色的大眼睛使他着迷。

他远离一切事务，为了能发展自己的思想理念和进行深入彻底的思考他想要完全无拘无束。他重拾旧日的研究并且又开始学习形而上学，他又从头开始把康德的批判著作研究了一遍，在这个过程中他试图把康德1784年在《对什么是启蒙的回答》中描述过的那种存在变为现实：一位博学的思想家的生活和工作，这位思想家不因为职务和所熟悉的"中产阶级的职位"[18]而陷入社会的机器中而且必须要考虑到这些因素。作为学者的威廉·冯·洪堡自由地在各个方面公开使用自己的理性，因为他并不想无所事事。他研究理念、将理念述诸笔端并尝试发表自己的理念。在乡下的寂寞生活中他转向读者的世界，他以康德的纲领性文章为准绳。作为学者他想享受无拘无束的自由：运用自己的理性，以个人的名义发表意见。他相信只有这样才能把启蒙带到人群中。

威廉·冯·洪堡作为自由学者写的第一篇文章涉及一个政治问题，对此他自己都感到惊讶："在寂寞中我更多地研究政治问题，比实际生活提供的机会做的要多。"（G. S. Ⅰ，77）他一直关注法国政治，1791年8月他写信给弗里德里希·根茨，他和根茨常常交流并争论在革命的法国发生的事情。他批判性地研究法国的新宪法，法国的新宪法以理性和启蒙原则为导向，以自由和人们团结的理想为导向，他基本同意这些观点，但他也考虑到宪法可能会失败，因为宪法似乎试图从外部建立政府机构而没有考虑在特殊的社会和历史条件下人的内在力量。"国家宪法不能像树枝嫁接到树上一样可以嫁接到人身上。在时间和自然未做好准备工作的时候，就像人们用线把花串起来一样，清晨的第一缕阳光就会使它窒息。"（G. S. I，80）值得一提的是，威廉·冯·洪堡1792年在《柏林月刊》1月刊发表的书信体文章《因为新的法国宪法引起的对国家宪法的思考》中关注了人的力量，人的力量可以创造一些东西，没有人的力量结果就什么都不是，理性也需以此为导向："理性也许有能力对存在的材料进行塑型，但没有力量生产材料，这种力量只驻足在事物的本性中并发挥作用，真正的理性促使这种力量行动并试图引导它们。"（G. S. I，80）

  威廉·冯·洪堡在片段《论人的力量的发展规律》中更详细更彻底地解释了这个首先针对政治对象阐述的理念，他试图以此界定身体的、智力的和道德的力量，这些力量活动着并引起所有的变化：无论是在个体的人身上，还是整个民族或者一代接一代传承生物链的人类身上。（G. S. I，86-96）

  这些力量如何在自由的独立自主中最好最有效地得到培养呢？政府又在这个过程中扮演什么角色，在这个政府中各个个体能融入社会而不必放弃自己的自由吗？埃尔富特的卡尔·特奥多·冯·达尔贝格（Karl Theodor von Dalberg）是美因茨选帝侯和大主教的行政总督，也是卡萝莉内的良师益友及父辈般的朋友，他知晓了威廉的问题及其想回答问题的意图，于是鼓励威廉详细地记录下自己的想法，因此在接下来的几个月里、在达尔贝格批判性的眼光下威廉的"绿皮书"诞生了：《论国家职能的界限》（G. S. I，97-254）。

  文章的标题听上去很简朴，文章于1792年10月到12月连载在席勒的《女神》和比斯特的《柏林月刊》上，1852年才作为专著出版。虽然只是试论，但无论是话题的广度和思想的连续性都使这份自由的宣言成为启蒙时期国家哲学的高潮。威廉·冯·洪堡没积极确定国家能做一切来保障国民的幸福、安康和富裕，而是消极地"剥离"和"分离"所有那些不应该成为国家重要任务的东西。削减到最后只剩下有限的原则：国家除了保证公民的安全，不能采取进一步的行动。针对国民和外来敌人的必要的行动外，国家不能为了其他的最终目的而限制公民的自由。

《论国家职能的界限》讨论的是国家和公民的幸福、安全和法律、无教条的宗教和无上帝信仰的道德，在实际运用中反映到现实里并成为"一切改革理论的普遍原则"（G. S. Ⅰ，240）。25 岁的威廉·冯·洪堡有理由为此文章而骄傲。"我不单单认为这本书是好书，而且——为什么我要害羞——根据它的主要观点，这本书很新且有深度，我的思想和性格的转向也是这样的，为了找到和描述特定的事物，转向，它想是它想成为的样子，但可能不能马上到来。"[19] 比这种自我赞美更重要的是威廉·冯·洪堡的自我暗示：他的理念虽然只是针对普遍性的理论，但同时也是他自己的生活方式的体现，他以个人的名义说话，对这个人他要求要有那种力量，那种力量他认为是人的首要和重要的道德。在他看来，只有谈到力量的培养和自由的发展才可以理性地证明和限制国家的作用。"人的真正的目的——不是变换无定的喜好，而是永恒不变的理性为他规定的目的——是把他的力量最充分地和最匀称地培养为一个整体。为进行这种培养，自由是首要的和不可或缺的条件，不过除了自由之外，人的力量的发展还需要一些别的东西，虽然是一些与自由有密切关系的东西：环境的多姿多彩。即使最自由和最独立的人，若被置于单调的环境中，培养也会收效甚微。"（G. S. Ⅰ，106）

威廉·冯·洪堡担心，为了继续培养自己的力量，图宾根寂寞的庄园生活是否缺乏变化？他还想继续待一年，这个阶段他把主要精力用于创造《论古代文化，特别是希腊文化的学习》（G. S. Ⅰ，255-281），他也专注于活动的力量，这些力量在希腊的语言、诗歌、历史、政治和哲学中表现出来。

在没有从大量的思想中去把握那种特别的洪堡似的"感性"之前，在这种感性中人的力量能特别强烈地发挥作用，我们还不可以远离威廉。威廉·冯·洪堡并未隐瞒，尤其在他伟大的国家理论文章中这种感性还作为一种具有推动作用、生机勃勃的能量被歌颂，没有这种能量所有人类的活动都将陷入停顿。"感性（情欲）的感受、爱好和热情首先最激烈地在人身上显现出来。"（G. S. Ⅰ，165）洪堡虽然有顾虑，如果没有思想上的培养这种感性也可能成为大量身体和道德弊端的源泉，那么人的快乐就变成动物的享受，品位就具有"非自然的方向。"（G. S. Ⅰ，174）但他也特别指出，没有感性（情欲）的生活乐趣永远产生和形成不了"美好和伟大的东西"（G. S. Ⅰ，165）。

亚历山大·冯·洪堡：追寻生命的足迹。身体的感性（情欲）和思想能力如何具体地结合呢？感性的能量如何促进人的生活和追求并让人能伟大而完整地发挥作用呢？威廉·冯·洪堡只是提出问题并且根据自己的经验对此作出了回答：他以美学为媒介。他期望从弟弟那里得到科学和哲学上令人信服的回答。他1793年初从埃尔富特写信给柏林的卡尔·古斯塔夫·冯·布温克曼，那时亚历山大也在柏林待了4个月。"亚历山大在您那里，我羡慕他，我爱他。"[20]他想知道，布温克曼是怎么看他弟弟的。他也不隐瞒他自己是如何看亚历山大的。1793年3月18日他给布温克曼写了一份自认非常专业和恰如其分的报道，他承认他的评价不是无趣的，因为亚历山大的性格使他着迷。

"我认为他绝对是我碰到的最伟大的人。他天生就把理念结合起来且看到事物之间的联系，纵观一下，没有他，很多东西都还没被发现。他的思想异常深邃，他的敏锐令人无法企及，他具有少见的快速的关联能力，他身上的所有这些特质加上他勤奋异常、知识渊博以及无穷无尽的研究欲望，这一切必然能创造些东西出来，这些东西是其他有限的生命不会尝试的……把对自然天性的研究和对道德天性的研究结合起来，把真正的和谐带入到我们认识的宇宙中去，或者如果为研究自然天性做准备而超越了个人的力量，那么下一步就变得简单了。对此我要说，在我看来在我从历史上及自己的经验里在所有的时代认识的人中，只有我弟弟有能力做这事。是的，还有，几乎只有一件事，他如何进行研究，又让自己的研究针对什么。我常常这样备注：他研究的东西引导他自然得出以上观点，即使他从来没有思考过这个观点。我希望并且确切地知道，他要把他的一生献给研究，他不会进入那种本来可能是很美妙的状况①，这种状况总是阻碍力量去达到一个目的，因为他同时置身于外在的环境，这种外在环境使他有可能完全根据工作需要在地球上的各个角落追寻自己的目标，因此我期待着他创造出伟大的东西，对此我坚信不疑。"21

威廉写给布温克曼的信对弟弟进行了非常私人且详细的性格刻画。"因为您像我一样爱我的弟弟。"但这种刻画超越了个人心理研究范畴，因为虽然威廉敬佩亚历山大，认为亚历山大是非常独特的个体，他也相信他自己大致了解弟弟未来特殊的生活轨迹：亚历山大不会建立家庭以及其他美好的关系，无论如何不会长久，他只专注于自己的研究，在这个过程中整个世界、"地球上的各个角落"都将是他的生活空间和研究对象。但威廉这么仔细研究弟弟的首要目的是通过弟弟获得关于人和人的力量的"完全崭新的观点"22。

威廉必须改变迄今为止有关世界和有关人的形象吗？在这种人类形象中"内在的人"构成核心，人从自身开始对其他人和世界产生影响？亚历山大的生活方式和研究精神迫使威廉研究相反的观点，即一切都"从外面"影响人。迄今为止威廉忽略了本质的东西吗？在一切人类的追求中就是关乎这个本质的东西，而他现在准备通过弟弟亚历山大去发现吗？"在对人产生作用的所有东西中最主要的就是身体自然的天性，在我们不明就里的时候这种作用会更强烈。身体

---

① 指威廉自己所生活的小圈子。

自然的天性本来更重要些，因为人们可能研究的东西和人的作品有关，在研究的过程中命运的进程——人自己也屈服于命运——就显现出来了。"[23]

在威廉看来，只有弟弟亚历山大有能力解释清楚这些外在的影响及它们不为人知的原因，而他自己为了厘清自己的理念和理想只专注于内心世界。1793 年时的威廉是这么认为的。"有趣"，亚历山大认为这是哥哥恭维似的"迷惘"，同一年亚历山大还对此打趣说："威廉是个了不起的人，如果人们不大了解他，就很容易看错他，他要么像歌德一样容易受到伤害、内向，要么被迫表现得很礼貌，他身上的一切都超前，他太深奥了，现在他结婚了，那种本质，那种表面上的冷淡，只是表面上的，增强了。男人、女人和孩子决定本质，他们只生活在他们的感觉和自我中，这一切对我来说是陌生的，当我在他们周围的时候，我与他们格格不入。威廉肯定还是很爱我，自他结婚以后，比以前更爱我，但一个已婚的人总是一个迷失的人……这是我碰到过的最奇特的生物。因此没有什么使我如此真切地有兴趣。"（Jbr. 280）

这有点夸张了，除非人们从最严格的个人意义上来理解"真切"。因为这些年大部分时候亚历山大都从整体的关联性上来研究自然，从沉默不语的石头到植物世界到人的生命力，而且他还没忘记自己和福斯特共同旅行时酝酿的"遥远的计划"。为了实现这个计划，还有好多事情要做，好多东西要学，为此我们需要简单回顾一下。

从下莱茵河、荷兰、英国和法国旅行归来后亚历山大决定去汉堡。1790 年 8 月开始他在汉堡私立商业学院学习，这个学院成立于 1767 年，约翰·格奥尔格·布施（Johann Georg Büsch）从 1772 年开始担任院长。尽管亚历山大已经把大学生涯抛在了身后，但现在还得坐到学校的长凳上，虽然他以此表示听从了母亲的建议，母亲为年幼的儿子设计了实际的职业生涯，她希望亚历山大在政府的经济、商业和管理部门工作，但亚历山大自己也想了解财政行业，以便了解自己国家和全球货物及货币流通方面的情况。

　　汉堡是个很大的贸易城市。作为德国通向世界的门户，汉堡有来自欧洲各地的学生：有的来自葡萄牙、俄罗斯，有的来自苏格兰、意大利。这种融合性给练习外语提供了很好的机会。亚历山大和英国人阿尔谢巴尔特·麦克里安（Archibald Maclean）住在一起，他们非常要好，亚历山大还在"一些美好的生活享受"方面感谢麦克里安（Jbr. 156）。在商业学院的学习是有用的，尽管亚历山大常常看到的是数字和账本而且必须忘掉自己喜爱的石头和植物。为了至少满足他在大自然中生活和研究的愿望，他到赫尔格岛①进行了一次小小的短暂的海上之旅。大部分时候他只能在汉堡的港口看着那些船只来满足自己的愿望：让自己在想象中遨游欧洲之外的遥远国度。

　　在去汉堡学习商业之前亚历山大就思考过自己那遥远的目标，他听说过位于萨克森铁矿山山丘上的小城市弗莱贝格，这个城市的形成要感谢丰富的铁矿储备。从1775年开始，著名的亚伯拉罕·戈特洛普·维尔纳（Abraham Gottlob Werner）就在弗莱贝格的矿业学院从事教学和研究工作，维尔纳是地质学的创立者和领导者之一。弗莱贝格的研究方案与矿山开采的实际工作相结合，这符合亚历山大·冯·洪堡的心意，于是他在去汉堡之前的1790年7月25日寄给维尔纳一个装有《对莱茵河部分玄武石的矿物研究》的小包裹。他恭维维尔纳为地质学的幸运的修复者，赞同他对玄武石成因的推论并且对他自己因为其他原因没有就读优秀的弗莱贝格矿业学院感到遗憾。"也许以后我还有幸成为您的学生。"（Jbr. 99）

　　亚历山大想从事矿业开采方面的工作，这虽然不完全符合母亲的期望，但亚历山大成功地说服了母亲，他解释说这份工作是完全可以在政府部门获得成功的，母亲很难拒绝小儿子的愿望，但她没有想到，矿业方面的学习研究也是为进一步实现亚历山大的"遥远的计划"服务的。

　　亚历山大离开汉堡商业学院之后，在柏林父母家和特格尔庄园待了5个星期，

---

① Helgoland，德国北部小岛。

他和维尔德诺夫进行了几次植物学考察，为了研究氯是否能加快植物的发芽能力，他也开始进行植物生理学方面的实验。他很高兴又有时间和哥哥待在一起了，这个好人，"我有这种情绪要感谢他呢，这种情绪让我感受到更高尚的生活乐趣"（Jbr. 134）。但这种享受在面对自身强烈的愿望时——实现自己原本的生活目标——慢慢失去了吸引力。

八个半月的时间，从1791年6月14日到1792年2月26日亚历山大都在弗莱贝格学习。他只在6月29日埃尔富特的婚礼上见过哥哥，和哥哥分离让他觉得很困难。"更高尚的生活乐趣"以及他的幸福情绪就此结束，原则上持续三年的学习时间要压缩为几个月。亚历山大几乎是超能量地埋头于理论研究和实际工作，他从早上4点一直工作到深夜。他听地理学的公开课程（地球成因学），在维尔纳那里上私人课程，维尔纳给他讲矿物学和植物学类型和类别系统，白天他在矿山上工作，探访铁矿中的许多矿山和涵洞。现在如在汉堡的商业学院一样他很满足，因为他离目标更近了，他写信给汉堡的朋友阿尔谢巴尔特·麦克里安——1791年11月6日亚历山大试图给麦克里安解释自己独特的生命力——他经常生病，身体虚弱，内在的让他不断地追求美好目标的冲动渴望好像伤害了自己的智力和健康。但在铁矿山中的涵洞里他第一次明白了解决这种痛苦的方法，"对我伤害最大的可能是思想的不安宁，我渴望有所行动，这折磨着我。我用这种内在的不安宁来解释：为什么巨大的身体的劳累使我迅速开心起来，这是人体力和道德平衡的一种方式。"（Jbr. 157）

不仅是弗莱贝格白天艰苦的工作，还有对比他年轻两岁的学采矿的学生卡尔·弗赖斯勒本（Carl Freiesleben）的爱促进了亚历山大身体和道德的和谐，亚历山大住在弗赖斯勒本父母家。"这个人和您有许多相似之处，智力上的，不是身体上的。"（Jbr. 157）他告诉亲爱的阿尔谢巴尔特：卡尔温柔、感性，这让亚历山大觉得他特别亲切可人。亚历山大几乎每天都和卡尔在一起，他很快就向卡尔承认："我还没爱任何一个人像爱您这样，这么亲密，这么衷心。"（Jbr. 173）他希望将来和卡尔一起生活。为了扩展矿物学和地理学方面的知识，他们俩首先在1791年8月进行了一次艰苦的研究之旅：他们徒步穿越波希米亚丘陵地带，参观矿山和工厂，记录地理学方面的研究并发表在《矿业杂志》上。"我们只带了一名矿工和一部推车，推车用来装我们的衣物和矿物。一部非常特别的电梯！"（Jbr. 154）

亚历山大是非常勤奋的学生和矿工。除了理论和实际工作，他还利用有限的时间来进行自己的植物学研究，在《对莱茵河部分玄武石的矿物研究》中他就不仅对石头进行了研究，还尝试记录植物、湿地和苔藓并对它们进行研究，石头类型和植物生长的共同作用应该是充满吸引力的地球物理学方面的研究领域。他研究植物是如何在不同的石头类型上生长的，在他看来这甚至有益于葡萄种植。

铁矿山中有些新的事实吸引着亚历山大·冯·洪堡，那些完全在黑暗中生长的植物世界引起了他特别的兴趣："在我看来，我们坚硬的地球内部的黑暗的植物界太奇特了，我还没完全专注于此，但除了我没人有那么多机会去观察它们。我一年有四分之三的时间、每天4或5个小时待在矿洞中。"（Jbr. 184）他惊讶于地下植物永不衰竭的多样性，他惊讶于所有温柔的、线团样的菌类植物以及与珊瑚、泡沫类似的植物形态，那些在潮湿的石头上生长的地衣、苔藓，还有很多平滑的、垫状的松软植物及像珊瑚样拥有特殊顶端的植物。

亚历山大不仅给这些地下植物作画，还详细描述并对它们进行分类，他通过大量的化学和物理实验想解释地下植物的生命力和生存条件。他利用晚上的自由时间记下观察和研究结果，他为植物学杂志写了些文章，用拉丁语写了第一部伟大的植物学专著。专著由两部分组成，在第一部分里亚历山大·冯·洪堡描写了260种隐花植物，其中有蘑菇、藻类、地衣、苔藓、蕨类等植物，这些植物生长在弗莱贝格附近，在《植物标本》里他特别注意研究植物对地表环境特征、石头类型、高度及其他自然环境因素的依赖。他把第二部分《植物化学生理学格言》与《弗莱堡植物》结合起来，他描述了自己用植物进行的化学实验，目的是发现这些植物特别的生存形式的生理基础。他知道自己不是受过训练的植物学家，而只是一个植物爱好者，他希望，由于自己的植物学工作至少可以获得植物学家一半的宽容，"正如迄今为止我在矿物学方面的工作一样"（Jbr. 152）。

1794 莱比锡出版了由戈特赫尔飞·费舍尔·冯·瓦尔德海姆（Gotthelf Fischer von Waldheim）翻译的亚历山大·冯·洪堡的《植物化学生理学格言》。为了理解在他看来以独特力量存在的生命，亚历山大·冯·洪堡初次尝试确定有机和无机物质之间规律性的关系。像哥哥威廉在同一时间思考人的力量的发展规律一样，亚历山大也关注这种力量，他想发现这种力量的秘密。但他的方式方法和哥哥不同，因为对威廉来说 1791 年只有通过自我体验才能认识到这些发挥作用的力量：我们通过我们自己的感觉来认识这些力量，其他生物的力量对我们来说也是可以被认识的，因为我们有能力"让我们仿佛置身于每种生机勃勃的生物的天性中，我们不仅想象它是如何出现在我们面前的，而且还想象，它自己是如何感受自己的。我们仿佛熟悉并亲近每种生机勃勃的生物，从它身上我们不期望别的，只是我们至少具有相似的感受而已。"（G. S. Ⅰ，92）在威廉看来有种内在的移情把我们和生命连接起来并把我们和无生命的物质相分离，我们无法感知这些无生命的物质的存在和力量。相反亚历山大只相信外在的感受和有目的的实验，无论如何在他最初学生物学的时候是这样。他想从化学生理学方面研究生命，他首先把植物作为研究对象，他在"生机勃勃的化学"的框架里通过观察研究无机物和有机物之间的刺激–反应–相互作用来追寻生命的足迹[24]。

亚历山大·冯·洪堡的基本思想并非独特的原创，他赞同的是在自然科学家中非常流行的由阿尔布莱希特·冯·哈勒（Albrecht von Haller）发展的观点：生命进程以可刺激或者可激励的程度为特征，那种特别的力量影响所有生命体的命运，那种力量被海德堡植物学家约翰·卡斯米尔·麦蒂库斯（Johann Kasimir Medicus）1774 年从生理学上认定为"生命力"[25]。但这种能量（生命力）非同寻常，商科和采矿业学生亚历山大·冯·洪堡用这种生命力来解释生命进程和无机物之间的关系，同时也是为了确认并研究这种神秘的生命力。他的学术观点也非同寻常，在假设一种独特的生命力时只是理论上的假设，这给作为观察者和实验家的他带来了问题。只能推测还不能证明生命力的存在，但亚历山大·冯·洪堡敢于给出一个普遍的界定："那种内在的力量，那种使化学亲属关系得以解体及阻碍身体里各元素自由结合的力量，我们称之为生命力。因此没有比腐烂更能体现死亡的特征了，基本的物质材料因为腐烂而遵循古老的法则并根据化学的亲属关系来安置自己，相反没有生命的身体（躯壳）不会腐烂。"[26]

1792年2月26日亚历山大结束了学术训练和游历年。他开心地发现，他在弗莱贝格完成了最后的学业，因为在他看来听课"对一个很喜欢进行自我思考的人来说无疑最无聊的事情"（Jbr. 151）。他的学习并不是很有规律，也没有参加规定的考试，而是学习自己感兴趣的内容并试图实现自己的研究规划。生命越来越成为他认知兴趣的重点，他自己也试图在深邃不见天日的矿山壕沟中研究生命。

但他现在该怎么办呢？他应该像哥哥那样没在政府部门待上一年就成了自由学者？母亲和昆特对此会说什么？或者他应该继续过一种自认为"散漫"和"野性"的"无所事事的生活"（Jbr，157）？因为还没有明确的目标，而是被毫无束缚的愿望驱使着：什么时候去自由的遥远的大自然中生活？在快要结束弗莱贝格的学习生活时亚历山大就对阿尔谢巴尔特·麦克里安谈到职业上的困惑："还有几句话对您说，但只限于我们之间。我还不确定我是否会待在公共职能部门。"（Jbr. 158）这指的是在政府财政部门和经济领域的工作，首先是海因尼茨（von Heinitz）部长同意亚历山大结束弗莱贝格的学业之后就可以到普鲁士的矿业和冶金部任职。

亚历山大·冯·洪堡决定去实践性强的矿业，从1792年2月底到1796年12月底，他作为公务员在普鲁士政府部门各种不同的岗位上工作。一些数据和关键词就足以证明他快速上升的职业生涯，为了能实现他一生所追求的伟大梦想，最终他自己结束了这份职业生涯。

亚历山大于 1792 年 3 月 6 日被任命为候补文职人员，之后他出了一趟路途遥远的公差：他视察了弗兰肯的侯爵领地拜罗伊特和安斯巴赫，这些地区从 1791 年 1 月起受普鲁士管辖；他参观了大量的工厂和矿山并给海因尼茨写了份详细的报告：《侯爵领地拜罗伊特和安斯巴赫的采矿和冶金现状》[27]。亚历山大能从地理学、技术－经济和经营的角度来认识并系统地描述各部分之间的统一关系，他的能力获得了部里官员们的一致肯定，国王弗里德里希·威廉二世也非常满意他的报告。早在 1792 年 9 月 6 日，亚历山大刚为政府工作半年就被提拔为两个弗兰肯侯爵领地的高级矿物师，全权负责对费西特格比尔格、弗兰肯瓦尔德①的采矿业进行改革。他自己虽然觉得这有点"厚颜无耻"（Jbr. 210），因为如此年轻就已经负全责并获得很高的地位，但他也确定，他"好久好久没有如此快乐地期待未来了"（Jbr. 211）。尤其是因为他现在可以进行很多旅行，他也希望旅行时卡尔·弗赖斯勒本能陪伴自己。

但第一次伟大的矿业－盐业之旅是亚历山大独自完成的，差不多四个月的时间，从 1792 年 9 月 23 日到 1793 年 1 月中旬他都在巴伐利亚、奥地利、波兰和西里西亚度过，然后他才正式就职任拜罗伊特和安斯巴赫的高级矿物师，接下来的两年他把这两个地方的采矿业管理得井井有条，他还致力于改善普通矿工的工作条件，在弗兰肯瓦尔德的一个小村庄施特本他自费成立了一所矿业学校，目的是向工人传播"清晰和理性的概念"以及关于采矿业方面的正确思想。只有这样才能消除迷信和除去他们的疑虑并激励"愚昧的矿工们"采取理性的自觉的"自我行动"[28]。为了提高这份危险工作的安全性，他发明了一种矿井灯，这种灯在缺乏氧气的气体混合物中也能发亮，他还发明了一种便携式呼吸器，可以在探矿和施救时遇到有毒气体使用。

亚历山大·冯·洪堡为普鲁士政府做的这份工作非常累人并且耗费时间和精

---

① 地名，两者都是巴伐利亚州的山脉。

力。令人惊讶的是在有限的闲暇时间里他并未忽略自己的学术研究，他一直在思考"什么是生命"这个问题。在萨克森的弗莱贝格是植物，亚历山大想在植物身上研究和证明神秘莫测的谜一般的生命力。在化学生理实验中他对植物和动物的组织进行了比较，在弗兰肯地区工作期间他更多地把精力放在研究动物的身体上，他虽然未提出植物和动物之间存在相似性，也没把植物看作动物的一种类型，但对植物在"生机勃勃的化学"框架中的敏感性研究导致他不得不彻底研究动物组织及它们的可刺激性。在植物和动物包括人身上都是相同的生命力在发挥作用吗？从生理学角度来看能用共同的观点来感知和理解植物和动物吗？

　　尽管工作繁忙，旅行很多，但亚历山大还一直抽空研究这些问题，最直接的原因是意大利解剖学家路易吉·伽伐尼（Luigi Galvani）的发现。亚历山大·冯·洪堡在维也纳时（1792年10月27日到11月9日）才第一次听说伽伐尼的发现。伽伐尼的著作《论肌肉运动中的电作用》1791年首次在意大利博洛尼亚出版，引起了巨大的轰动，1793年被译成德文。受阿尔布莱希特·冯·哈勒研究成果的影响，他主要通过机械和化学作用使动物的肌肉运动并刺激动物的神经去感受。伽伐尼先用青蛙的大腿做实验，在他看来青蛙大腿最符合有关特殊的动物电的假设，"从目前为人熟知的研究结果来看，我相信，动物具有独立的电流：这使我们能够与著名的贝尔托隆和其他人一起，用一个名字给动物的电流命名。电流尽管不在动物身上的所有部分存在，但在大部分部位都存在，在肌肉和神经这两部分表现最明显"[29]。

　　伽伐尼关于特殊生物电的假设触动了亚历山大，生物电是一种他自己正在追寻的神秘莫测的生命力吗？1792年他开始在动物身上做实验，实验超过4 000次，大约3 000个动物成了他的实验对象，首选是青蛙。亚历山大·冯·洪堡不无遗憾地注解：青蛙很容易被抓到，它们强健的神经结构和几乎没被破坏的敏感性，丰富的大腿肌肉组织和几乎透明的身体使它们非常不幸地引起了生理学家的注意。亚历山大自己都觉得遗憾：真是搞了一场真正的"血浴"。为研究动物组织的敏感性，亚历山大还使用了盐酸，他先前也用盐酸来刺激植物，看起来用盐酸可以促使死的肌肉和大腿又变得"生机勃勃并不断地抽搐挣扎。不再跳动的心脏也恢复心跳了，如果人们把它放在盐酸里等上三四秒钟"（Jbr，494f）。亚历山大·冯·洪堡不仅积极思考有关可被刺激的肌肉和神经方面的问题，还研读重要的动物生理学文章，也包括哈勒 1752 年发表的著作《关于动物敏感和易怒部位的论文》。为了能做实验，即便出公差他也带着仪器，"伽伐尼仪器、几根金属测试棒、玻璃板和解剖刀带在身边是非常方便的，即便是骑马。我很少不带它们出门旅行"[30]。

在这个过程中亚历山大·冯·洪堡越来越相信那种假设：存在着真正的动物电，这种电不是从外部通过电器植入身体的，而是存在于可被刺激的组织器官本身并从它们那里散发出来，但他没有把它和无生命的物质中存在的电等同起来，他更愿意把它看作一种特殊的"伽伐尼似的射流"，电的刺激可以促进和加强这种射流，而射流的主要源泉可能是大脑。

为了检验这个理论上的推测，他开始用自己的身体做实验，他想在自己身上感受那种显示生命的作用，他让自己经受化学和电流的刺激，他在自己身上做的一些实验异常疼痛，但他所做的观察研究也让他开心："虽然很疼，但一切都非常幸福。"（Jbr. 471）首先他的后背成了硫酸和电流的试验地，他在背上弄出伤口，然后用不同的化学物质和伽伐尼的金属来刺激伤口，为了体验自己生机勃勃的射流是如何反应的，结果是强烈的燃烧的感觉、击打的疼痛、抽搐的肌肉和被撞击的神经。发炎、化脓、像血一样的伤痕让他的背看起来像一个被鞭打的、被侮辱的人的背，但和在此过程中获得的巨大的认知相比所有的疼痛在他看来都无足轻重："我想，马上就要解开生命进程的戈尔迪之结①了，燃烧和生命是同一的，发炎是刺激。"（Jbr. 495）亚历山大在给瑞默恩、布鲁门巴赫、维尔德诺夫、赫尔茨、

---

① 指用快刀斩乱麻的方式解决一个难题。

弗赖斯勒本和其他自然科学家的大量信件中详细描述了自己的实验，有些实验也是他和歌德及哥哥威廉一起做的。"右边敷银的伤口，左边敷锌的伤口，两种金属都用铁线搅拌过，一个放在舌头下，另一个放在牙齿的海绵状物质下，我感到肩膀上剧烈的灼热感，肩膀很明显肿了，一个看到灯光，一个尝到酸味，我背上的其他现象，特别是我自己的敏感度因为涂抹了鞑靼发油而增强，向上的运动……更多内容在我书中。"（Jbr. 471）

亚历山大的书《敏感的肌肉和神经组织实验，包括对动植物世界生命化学过程的推测》应该在1795年秋天出版。写作、修订和校对手稿导致了延迟，1797年终于出版。亚历山大用尊敬和友谊把第一卷"献给伟大的解剖学家瑞默恩"，第二卷1798年出版，963页的书列举了他在实验中获得的大量的事实，加上纲领性的提示："多年来我努力把动物物质的一些现象和无生命的自然法则进行比较，在这个过程中这些实验让我很幸福，这些实验看起来引导着我越来越接近揭开化学生命进程的秘密。"[31]

作为学者亚历山大带着这些实验和推测进入读者的视野，他偏爱观察和实验。他首先偏爱事实，因为即使理论被反驳，事实也一直存在，因此亚历山大在这部生命化学的宏伟著作中没有发展伟大的生命理论，在第二卷的末尾他甚至对理论上的核心概念"生命力"提出了怀疑。他早期相信人们可以对这种独特的生命力进行分类和研究，这个观点已经动摇了。也许生命就是异常复杂的、难以一眼看穿的、已为人所熟知的物质和力量的共同作用？也许生机勃勃的身体正是通过它们自身的各部分结合成统一的整体并在这个过程中保持平衡而得以存在、保持和增强？

"各种因素在生机勃勃的物质中保持平衡是因为它们是整体的一部分，一个器官限制着另一个器官，一个仿佛给另一个温度、情绪，在这种情绪中这种而不是那种亲和力发挥作用。因此在有机物中一切都互为手段和目的。"[32] 这是一种全新的整体观，这个整体观出现在《敏感的肌肉和神经组织实验》的末尾并对亚历山大·冯·洪堡未来对生命的研究起着指导性的作用。[33]

这一切并不是凭空而来的，亚历山大·冯·洪堡从康德那里学来的，康德在《判断力批判》（1790）的第二部分从目的论的角度解释过自然有机物的目的，这个原则就是："自然界有组织的产物就是在它身上一切是目的同时也是手段。其中没有任何东西是徒劳的、无目的的或者归因于盲目的自然机械主义。"[34]一个被组织和自己组织的生命体不是纯粹按照运动规律发挥作用的机器，作为自然产物它具有"塑造性的力量"，这种力量从整体上发挥作用。因为为了能是一个生机勃勃的、有目的的、成形的身体，首先就要求："（组成）部分（根据它们的存在和形式来看）只有通过它们和整体的关系才有可能"；第二"组成部分要通过它们互为原因和形式的作用才结合成统一的整体"。[35]

康德的理念在亚历山大·冯·洪堡那里生根发芽并结出了丰硕的果实，虽然亚历山大不是独自一人发展这个理论并从学术上对它进行研究，他的创造性的自然观的成形是在和歌德、席勒及哥哥威廉于1794年底在耶拿的谈话中开始的。

尾　注

❖━◇◇◇◇━❖

1. 引用自西格弗里德·A. 科勒《威廉·冯·洪堡和政府》，哥廷根 1963 年，第 2 版，第 87 页。

2. 同上书，第 464 页。

3. 克里斯蒂安·戈特洛普·海涅给女婿格奥尔格·福斯特的信，1790 年 1 月 24 日。引用自阿尔伯特·莱茨曼出版《格奥尔格和特蕾泽·福斯特及洪堡兄弟》，波恩 1936 年，第 69 页。

4. 给福斯特的信，第 251 封，见格奥尔格·福斯特作品集，第 18 卷，柏林 1982 年，第 386 页。

5. 同上书，第 317 封信，第 454 页。

6. 亚历山大·冯·洪堡《我的生活》，慕尼黑 1989 年，第 2 版，第 25 页。

7. 亚历山大·冯·洪堡《自然景观》，法兰克福（莱茵河畔）2004 年，第 467 页。

8. 引用自卡尔·布鲁恩斯出版《亚历山大·冯·洪堡：学术自传》，第 1 卷，莱比锡 1872 年，第 107 页。

9. 翁格尔反对策尔勒的事件和 1788 年 12 月 19 日颁布的《给普鲁士政府重新修订的检查令》有关。书商约翰·弗里德里希·翁格尔匿名的文章是针对计划引入普遍的全国教义问答手册并间接针对宗教政治家沃尔勒部长的。约翰·弗里德里希·策尔勒作为监察官批准了该书的印刷，但该书的"印刷许可"又被沃尔勒取消并禁止营销。因为翁格尔受到损失对监察官提出起诉，这种情况让法院判决。策尔勒被判无罪，因为他在颁布印刷许可时是认真的也是明智的，并且也坚持了理性的权利。法院驳回了翁格尔的起诉，这件事表明反对沃尔勒部长及其严厉的宗教政策。

10. 根茨给伊丽莎白·格劳恩（娘家姓费舍尔）的信。见，弗里德里希·卡尔·维特欣出版，《出自以及给弗里德里希·冯·根茨的信件》，第 1 卷，慕尼黑 – 柏林 1909 年，第 86 页。关于根茨参见格罗·曼《弗里德里希·冯·根茨：一位欧洲政治家的历史》（1947），法兰克福（莱茵河畔）1972 年，第 2 版。根茨最初支持法国大革命，慢慢变得保守。1802 年在奥地利政府任职并在之后的维也纳会议上成为威廉·冯·洪堡的对手。

11. 与《实践人类学》不同的是康德在《道德形而上学》中完全排除了肉欲、有趣和无趣的感觉、冲动和热情以及人的特征。见，作品集 6 卷本，由 W. 魏舍德尔出版，第 5 卷，威斯巴登 1956 年第 12 页，参见曼弗里德·盖尔《康德的世界》，莱茵贝格 2003 年，第 223—247 页。

12. 根茨给克里斯蒂安·加尔费的信。见注释 10，第 197 页。

13. 同上书，第 199 页，从这个意义上说，威廉把自己描述为一个具有"强烈意志"和

"纯粹力量"的人是对康德抽象化"纯粹的好的意志"的批判。

14. 洪堡给布温克曼的信，1790年11月9日。见，阿尔伯特·莱茨曼出版，《威廉·冯·洪堡给卡尔·古斯塔夫·布温克曼的信》，莱比锡1939年，第12页。

15. 同上书，第15页。关于根茨和布温克曼之间的友谊见弗里德里希·卡尔·维特欣出版，《出自以及给弗里德里希·冯·根茨的信件》，第2卷。《出自和给卡尔·古斯塔夫·布温克曼及阿达姆·米勒的信件》，慕尼黑–柏林1910年。

16. 阿尔伯特·莱茨曼出版，《威廉·冯·洪堡给弗里德里希·海因里希·雅各比的信》，哈勒1892年，第35页。

17. 给福斯特的信，第317封，见注释，第454页。

18. 伊马努埃尔·康德《对什么是启蒙的回答》，见6卷本作品集，威廉·魏舍尔德出版，第6卷，法兰克福（莱茵河畔）1964年，第55页。

19. 见注释14，第54页。

20—23. 同上书，分别见第52，60，60，61页。

24. 参见伊尔泽·雅恩《生命的足迹：亚历山大·冯·洪堡自传研究》，莱比–耶拿–柏林1969年。

25. 参见瓦尔特·博茨《1750年到1850年间生命力概念对化学的意义》，斯图加特1997年。

26. 亚历山大·冯·洪堡《植物化学生理学格言》，莱比锡1794年，第9页。

27. 洪堡的报告发表在由赫尔伯特·屈内特写引言并修订的《弗莱堡研究》系列中，柏林1959年。关于洪堡在弗兰肯地区的工作参见汉斯·鲍姆格尔特《亚历山大·冯·洪堡和采矿》，见，《亚历山大·冯·洪堡：100年忌日纪念文集》，柏林1959年，第1—35页。参见注释8，第292页。

28. 见注释8，第292页。

29. 阿洛依斯·伽伐尼《论动物电的力量对肌肉运动的影响》，布拉格1793年，第75页。关于伽伐尼、伽伐尼主义和伽伐尼与福尔塔之间对敏感的肌肉运动原因的争论参见马赛尔洛·佩拉《有分歧的青蛙：伽伐尼–福尔塔有关动物电的争论》，普林斯顿，1992年。参见约翰·威廉·里特尔的研究《对伽伐尼主义及其研究结果的进一步认识论文集》，耶拿1800，1802，1805年，再次印刷由海珂·韦伯出版，希尔德斯海姆2006年。

30. 亚历山大·冯·洪堡《敏感的肌肉和神经组织实验》，第1卷，柏林–波兹南1797年，第3页。

31. 同上书，第1页。

32. 亚历山大·冯·洪堡《自然景观》，见注释 7，
第 432 页，参见亚历山大·冯·洪堡《敏感
的肌肉和神经组织实验》，第 2 卷，柏林 –
波兹南 1798 年，第 430—436 页。

33. 关于洪堡因为整体的思想而发展成"整体
主义者"，参见阿道夫·迈尔 – 阿比希《亚
历山大·冯·洪堡对歌德形态学的完善》，

哥廷根 1973 年。

34. 伊马努埃尔·康德《判断力批判》，第二部
分：对目的论判断力的批评，第 65—66 页，
引用自作品集 6 卷本，W. 魏舍德尔出版，
第 4 卷，威斯巴登 1957 年，第 488 页。

35. 同上书，第 484 页。

第七章

耶拿岁月：

——

兄弟俩与歌德和席勒如何交好及如何发展他们关于整体的古典理念

动植物不像钟表那样运行，它们是有机物且自身拥有塑造性的力量，而机器只是通过机械力才得以运行，并且有机物构成"统一的整体"，而机器的各部分只是互相连接在一起。康德1790年在《判断力批判》目的论部分是这么看的，康德把整体理念赋予自然本身，但他不是有关人的认知可能性方面的哲学家。虽然他承认，对客观世界的感性认识可以促进整体的目的论原则，但这并没被证实。"这个原则根据原因来看可以从经验中推导出来，即从方法论上提出并称之为观察；但由于它所陈述的这种目的的普遍性和必然性，它不能仅仅基于经验的理由，而必须有一些先验的原则作为其基础，即使它只是调节性的，而这些目的只存在于判断者的观念中，而不是随便一个什么发挥作用的原因中。"[1]

这样的整体是不可能被研究观察的，它也不能被客观地确定为自然事实，而是建立在人的判断力的原则之上并且原因在判断者自己身上，判断者尝试努力以有机的整体去理解所有部分的组合运行规则。但这并不是说，整体只是主观的想法并和自然目的无关。在康德看来，我们可以把整体的理念想成一种具有"范导性"的原则，这个原则给我们指出成功并系统认识自然的方法，作为"座右铭"它调节和指导我们能认识有机生物体的目的的方式和方法，在这个过程中我们希望可以在科学进步的过程中慢慢地提供对这个有调节作用的理念的普遍和必然的真理的证据。通过对人的自然研究提供指导性原则，也使深刻认识自然整体塑造性的力量成为可能，如果没有此种范导性的原则，人们便难以认识这种塑造性的力量。

康德1790年从哲学上提出这个观点并对此进行思考，同时代的许多自然科学家都趋之若鹜。在康德关于整体的概念中交织着研究纲领，这些纲领试图在 18 世纪后 20 年反对机械化的世界观。"因为这个概念将理性引向一个与单纯的自然机制完全不同的事物秩序，而自然机制在这里不再想为我们提供足够的帮助。"[2]

　　这种完全不同的整体统一的事物秩序显现在各种层面以及各种认知方式中。18 世纪下半叶的生物学家试图认识伟大的生物链时谈到它，在生物链中所有的生物都在一个上位的整体中相互联系[3]。格奥尔格·福斯特在伟大的环球旅行中也受哲学思想的引导，1781 年把目光聚集到《自然整体一瞥》，目的是发现活动着的、生机勃勃的力量，这种力量对一切创造物都产生影响，从天体宇宙的平衡到最微小生物的有机构成。"整体的美和完善是自然普遍的终极目的。"[4]约翰·哥特弗里德·赫尔德（Johann Gottfried Herder）1784 年在《人类历史哲学思想》中提出上升的力量和形式，从石头到植物和动物最后到人，它们因为和自然包罗万象的相似性而构成一个伟大的整体[5]。实验物理学家格奥尔格·克里斯多夫·利希滕贝格在哥廷根大学教授《自然学说》时多次指出，尽管存在一切必要的单个学科的专门化，但"一切都在一切中"[6]，他深入研读康德之后在 1794 年相信可以要求"所有自然学说被单独研究的部分应该成为一个整体"[7]。最后还有洪堡兄弟和歌德、席勒成功的会面，他们就是在这种整体理念的时代特征里相识，这种整体的理念对他们的思想和研究起着指导性的作用。

　　1794 年 12 月 14 日一大早亚历山大骑马到了耶拿，他想看望哥哥一家，威廉马上给在魏玛的歌德写信并让信使告诉歌德："我弟弟从拜罗伊特来，我马上告知您这个消息，您想见他的愿望让他非常开心，他请求您给他这份在这里见您的荣耀。席勒、我夫人和我也和他一样有着殷切的请求，请您让我们这个请求得以实现，他要待到周五的晚上。"[8] 歌德立刻回信并来到了耶拿，12月17日他们第一次见面，随后的两天他们也一直待在一起。

19日晚上亚历山大骑马回到拜罗伊特，他有很多工作要做，但他隐瞒了真正的原因：他想尽快回到莱因哈德身边。无论如何他在动身那天晚上8点就写信给年轻的步兵上尉莱因哈德·冯·黑夫滕，亚历山大1794年初爱上了他："我总是信守诺言，最亲爱的莱因哈德，几个小时后我就会动身，明天到劳恩施泰因，21号到达施特本，平安夜我希望和你依偎在一起……我不缺乏精神食粮，歌德信守诺言并因为我的缘故来到耶拿，他在我们这里待了3天，对我非常友好，他非常想带我去魏玛，因为大公要他带我去，我如此喜欢和歌德在一起（对我来说他是这里最可爱的人），节假日一溜烟就过去了，我本来应该6天后见你的，地球上没有什么能弥补这种损失，也许其他人对此毫无感觉，对我却不一样，我知道，我只想和你在一起，我只因为你——好心的独一无二的莱因哈德——活着，我只有在你身边才是幸福的。"（Jbr. 388）

没有关于这些天谈话的记录。威廉只在《1794年的日记》中简单记录：17日，歌德、迈尔、席勒夫妇中午在这里吃饭，晚上我们在席勒处吃饭。"（G. S. XIV，255）歌德带了朋友——瑞士的画家和艺术史家约翰·海因里希·迈尔（Johann Heinrich Meyer），洪堡的丽娜和席勒的莎洛特分别作为女主人在场。17日的聚餐更像日常的社交事件，但具有象征意义：因为4个人在这里第一次聚会组成94团体。团体的内部动力释放出独特的精神上的力量[9]，那种伟大而完整的影响已经开始了，这在文化史上被称为德国古典时期[10]。是如何形成这个具有纪念意义的景象的呢？什么是作为具有推动力的"精神食粮"呢？从中又产生了哪些作用从而影响了洪堡兄弟毕生的事业？

I.幸福的相遇：爱情关系把威廉和席勒联系在一起。 伦厄费尔德姐妹莎洛特和嫁给了博伊尔维茨的卡萝莉内与威廉的丽娜关系很好，她们也松散地与柏林的道德联盟保持着联系，她们约定一块去疗养，这样她们的爱人相遇也是必然的。与两姐妹调情之后，席勒最后选了单身、内向的莎洛特并在 1789 年 12 月底与之订婚，于是席勒圣诞夜第一次和威廉相遇，威廉也正好与卡萝莉内订婚，席勒立刻就喜欢上了威廉·冯·洪堡。"他异常能干并且特别温柔高贵，我在他和来自埃尔富特的达谢尔奥顿小姐互诉衷肠的时候认识他的，他和她订婚并有理由希望和这样一位小姐过上幸福生活……他在我这里待了几天，我们一起在附近漫游，我们也无法避免谈到彼此的心事。"[11] 紧接着愉快而打动人心的日子，之后就是两人的幸福岁月，席勒和洪堡感到越来越被哲学研究所吸引，尤其是康德的哲学给他们提供了共同思考的材料，在这个过程中他们培养了各自谈话方面异禀的天赋。

为了不只是用信件而是可以进行面对面的交流，威廉·冯·洪堡 1794 年初搬到耶拿，他住得离席勒很近，他们每天都可以会面，白天常多次会面，"尤其是晚上，大部分直到深夜"（G. S. Ⅵ，493）。他们讨论的话题基本上在席勒的《美学书简》中可见一斑，这是他对新成立的《时序》最主要的贡献。席勒在 1794 年秋天开始写作，大部分遵循"康德的基本原则"[12]。这符合他的观点：美的本质不能来自感性经验，而是一种有范导性的理念，艺术永恒的任务就是接近实现这个理念。美不是经验概念，而是绝对命令："肯定是客观的，是感性的理性的自然的必要的任务。"[13] 在这方面席勒不仅和康德及威廉·冯·洪堡观点一致，还有歌德。歌德试图用感性的生命冲动与塑造性的形式冲动之间和谐的共同作用来解释美的理念，因为歌德"生存形态"的概念在席勒看来是用来指"现象的一切美学特征，一句话，指人们从广义上称之为美的东西"[14]。歌德兴奋而热烈地同意席勒的看法。

威廉和席勒很快成为好朋友，相反他觉得很难和歌德建立友谊，他们 1789 年底才在魏玛宫廷一次盛大的社交场合见面，虽然威廉已经被弗里德里希·海因里希·雅各比作为"非常优秀的年轻人"[15] 推荐给了歌德，威廉也试图和歌德建立私人关系，但结果是徒劳的。威廉并不因为著名诗人（歌德）对他保持距离而讨厌他。虽然威廉不能接近歌德，但"只要看见歌德，尤其看见那双明亮的、隐藏着无限深邃思想的眼睛"[16]，就能让他快乐。接下来的几年里也只有少数几次见面的机会，直到 1794 年威廉·冯·洪堡搬到耶拿之后情况才得以改观。由于职业原因歌德常常离开魏玛去附近的城市了解自然科学现状，他参观植物园，听"自然研究协会"的讲座，从 1794 年 11 月开始与威廉一起听医学教授、解剖学专家尤斯图斯·克里斯蒂安·洛德尔（Justus Christian Loder）的讲座和练习。这是他们思想互动的开始，他们俩都认为这段时光非常幸福，他们的一生回忆起这段初始友谊均充满感激，而且他们都没忘记席勒，席勒对促进他们之间的"共同成长"[17]做出了重要贡献。

歌德和席勒。1794 年中期开始的德国古典时期以歌德和席勒之间的友谊为开端。在此之前歌德避免和席勒会面，虽然他们 1788 年 9 月 7 日在鲁道尔施塔特的伦费尔德家见过，那时席勒正好在此和两姐妹卡萝莉内及莎洛特开始暧昧，但席勒对第一次会面的期待落空了，他们之间没有进行私人谈话，歌德表现得异常内敛，身体僵硬，面部表情木讷。他很难被人理解并且看起来是个"异常自私的人"[18]，席勒不想浪费时间和精力去了解这个特别的、难以看透的人。他不明白，歌德为什么拒绝他。席勒身材瘦小，但作品风格很狂野，尤其是他的《强盗》。歌德很反感席勒写的东西，这些作品使歌德回忆起自己在狂飙突进时期的疯狂行为，直到在意大利旅行期间（1786—1788）他才从中解脱出来。在南方湛蓝纯净的天空下，在丰富幸福的大自然中他相信他获得了纯粹的、宁静的整体观，了解了生机勃勃发展着的所有特殊形态的令人惊讶的共同作用。他自己在大自然中和对大自然的态度中进行自我教育的方式和方法，在他看来似乎因为席勒那种矛盾的、决然的、奇特的作品而受到威胁。他觉得席勒的哲学也是不对的，因为康德对自主的主体的重视促使席勒面对自我时把大自然放到第二位。歌德认为，席勒"不感恩伟大的母亲①，母亲对他肯定不是像后母那样的"[19]。"他赞扬自由的福音，我不想缩减大自然的权利。"[20]

这种紧张关系在歌德1790年读了《判断力批判》并于1790年10月31日在耶拿和席勒对此进行讨论之后得到了缓解。特别是目的论部分符合歌德的思想，他自己把"无意识和出自内在冲动"作为自然观发展的东西在康德有关有机生物的哲学中得到了佐证，因此没有什么能够阻止他"勇敢地进行理性的冒险，诚如柯尼斯堡的老康德命名的那样"[21]。这首先针对他自己持续不断地对形态学（morphe，希腊语形象、形式）的追求，形态学研究动植物王国的典型形式。康德的"智力原型"，从整体到部分的观点，似乎赋予歌德自己"原始塑造的"和"典型的"意图哲学上的合法性。

对此席勒最初无从下手，因此他们之间没有继续对话。歌德和席勒似乎互为陌生人。席勒在1794年6月13日给歌德写了第一封信，僵局才被打破。在信中席勒邀请歌德这位受人尊重的疏密大臣参与杂志《时序》的工作。席勒想把德意志民族精英尤其是优秀作家从康德、赫尔德到雅各比和歌德集中到这份独特的杂志麾下[22]。费希特和威廉·冯·洪堡已经答应参与，歌德也答应加入："我非常高兴并且发自内心愿意。"[23]

大约一个多月之后，1794年7月20日发生了那件愉快的使两人结为一生一世联盟的事件[24]。歌德到耶拿的"自然研究协会"听讲座，他是协会的名誉会员。席勒也在那儿。讲座结束出门的时候他们就讲座内容交流起来，两人都对以"破碎肢解方式"研究自然感到失望。歌德指出，还有另外一种方式，不是单独个别地研究自然，"而是有效的、生机勃勃的，从整体出发到个别部分来描述自然"。席勒想了解得更多，他们走到席勒的家，谈话吸引着歌德走进席勒的家。歌德兴致勃勃地谈到自己的形态理论并试图借助原型植物形式生动地描述这个理论。"我

---

① 这里指大自然。

在他面前放些看起来特别像一种象征性植物的羽毛刷，他询问并观察，参与度很高，非常有理解力。当我结束的时候，他摇着头说：这不是经验，这是一种理念。我愣住了，有点闷闷不乐，因为使我们分歧的观点非常明显——昔日的不快涌上心头，但我振作起来并控制住自己：我拥有理念，却不知晓，甚至用眼睛看得到它，这可能对我是好的。"[25]

歌德相信能看见理念，这在有着哲学修养的席勒看来是认识论上的笑话，因为对他来说理念的主要特征在于理念与感性经验不一致或者可以通过感性经验来证明，但他没有嘲笑谈话对象（歌德）令人惊讶的自我性格刻画，他不想激怒歌德，因为他刚引起歌德的兴趣，他也开始理解，歌德作为形态学家是用眼睛看东西的人，他的判断力可能是直观生动性强于概念性、抽象性，因为这个判断力在概括实证性、多样性的现象时不是在理论概念指导下抽象地进行的，而是把目光聚焦到事物上，目的是看见它们本质的形态。因此，席勒在 8 月 23 日写了封长信给歌德，在信里他希望他们俩互相理解："我缺乏对象，主体，但有过多思辨性的理念，您带我上路。您观察事物的眼光是如此宁静，纯粹地专注于事物本身，这不会让您误入歧途，思辨和任意的、仅仅是为自己服务的想象力都容易走上歧路。"[26] 席勒用这封信完全赢得了歌德的信任，终于歌德感觉自己被人理解了——用自己的世界观被理解，这给他和席勒之间的友谊打上了烙印，于是正如两天后歌德的回复："一个时代"开始了[27]。

最后亚历山大作为第四个加入了联盟。1794 年 3 月他在耶拿看望哥哥并小住了几日，那时他碰到了歌德。3 月 9 日他们第一次共进晚餐，吃饭时歌德可能获悉了年轻的亚历山大·冯·洪堡所从事的工作，亚历山大的研究工作引起了歌德的兴趣：从他在采矿业方面从事的实际工作到 1793 年出版的关于弗莱贝格植物世界的书，还有《植物化学生理学格言》。无论如何可以肯定的是，歌德拿到了这些著作并在 1794 年夏天开始研读。基本上他是同意亚历山大·冯·洪堡的观点的。但亚历山大把生命力定义为一种内在的力量，这种力量可以分解化学亲属关系的联盟，也会阻碍身体内部各元素之间的自由结合，这个观点在他看来不够清晰，证据也不足。歌德在读书笔记中写道：通过自己关于形象的形态学观点来补充亚历山大对生命力的研究，这也许很有帮助。歌德在亚历山大·冯·洪堡的植物学著作中研究"形态"[28]问题，这个问题是他研究植物形态学的重点。他希望在未来的会面中亚历山大首先能解释生命和形态之间的关系，因此他告诉威廉，一旦亚历山大来耶拿，请立刻通知他。

1794年夏天，亚历山大接到席勒的邀请，请他参与《时序》杂志的工作，亚历山大很惊讶，他和席勒私下从未见过面，只是通过威廉互相听到对方的消息。席勒期待从他那里得到什么呢？他是邀请名单上唯一的自然研究者吗？他想了解得更清楚并在8月6日给席勒写了封信，在信中他详细描述了自己的工作和想法并巧妙地使之与席勒关于杂志的伟大计划结合起来，令他特别高兴的是，植物生物学没有被排除在文学性的《时序》项目之外，当他参与席勒和歌德之间的"幸福事件"时，他指出，植物学不仅仅是"大自然的痛苦的记录员"，而且还具有"思辨的人"的更高级、更广阔的视角。是时候"将人的美学观和人在热爱艺术方面的培养纳入对大自然的描述中"，就像古代希腊的哲学家所做的那样，这也是席勒和歌德所追求的。"形式上的普遍和谐。问题：是否存在着原始的植物形态？这些植物形态分布在地球上，形态各异，层次分明。植物世界在感性的人身上引起的各种各样快乐和忧伤的情感印象……这些在我看来都是值得思考、几乎没人触及的研究对象，我孜孜不倦地研究它们。"（Jbr. 346f）

亚历山大了解歌德有关形态学的想法并把目光聚焦到植物形态上，他也思考着原型的画卷，他特别重视属于自己原创的两种思想：植物地理学与地表和空气有关；植物生理学解释自然典型的植物对人的感受和情绪产生的影响（10年之后他写出两种想法并形象生动地展示成果）。席勒很兴奋，很高兴亚历山大答应为杂志工作，他对朋友科尔勒（Körner）说："从洪堡的弟弟——普鲁士高级矿物师那里我们期待着有关自然王国创造性的好文章。在德国他绝对是这个专业最优秀的人才，可能在智力上还超过其同样优秀的哥哥。"[29]

Ⅱ. 古典理念。1794年12月17日四个人终于聚在一起了，最年轻的亚历山大在耶拿的第一次会面中扮演着最重要的角色，他抛出吸引他们注意的题目，至少歌德是这样看的。"早就期待亚历山大·冯·洪堡从拜罗伊特来，他迫使我们了解自然科学的普遍性，他的哥哥威廉现在也在耶拿，威廉对一切学科都感兴趣，我和他一起探讨、研究和上课。"[30]洪堡兄弟促使歌德重新理解并发展自己的动植物研究以及普遍的博物学观点。他们共同听洛德尔关于韧带学的解剖课，他们想清楚地知道肌肉和骨头是如何通过韧带连接起来的，一大早他们就穿过深深的积雪"为了在几乎空无一人的解剖教室中观看经过仔细解剖的标本中的重要的连接（韧带）"[31]。

在这种情况下歌德提出了成效丰富的建议，他无法预知他的建议给洪堡兄弟未来的毕生事业拟定了中心思想。他描述了"类型"的原则，正如半年前他在席勒家用特别的羽毛刷描述一种"象征性的植物"，他现在也向洪堡兄弟清晰地解释自己的想法：比较解剖学以及针对普通动物类型的处理方法。"在这种时候，嘴想说个不停，这是心里想的，我经常急迫地讲我的类型学，以至于人们最后几乎是迫不及待地要求我把那些在我思想、心灵和记忆中如此鲜活的东西诉诸文字。"[32]他满足了他们的愿望。幸运的是1795年初哲学家雅各比最小的儿子，年轻的医学学士马克西米连·雅各比（Maximilian Jacobi）在耶拿，他帮助歌德学习解剖学。早上歌德还在床上时就口述并让马克西米连写《源于骨科的比较解剖学导论》。当歌德简单描述自己的想法并让人做记录时，威廉·冯·洪堡有时也在场，如此就产生了形态学类型理论的基础文献，歌德试图用这个理论来满足感性的观察以及建设性的整体判断力的要求。

在歌德的类型学中感性和思想互为补充，但在记忆中还活跃着一些东西。新的对解剖学类型学说的设想是有历史渊源的：歌德感觉自己因为和席勒及洪堡兄弟的对话又回到了先前的自然研究时代，那时他也是在洛德尔引导下和朋友赫尔德共同学习研究解剖学。在研究中，骨科对他们来说起着指导性的作用，骨科帮助他们清晰地了解那种伟大的具有范导性的理念，这个理念是他们每天的日常话题。赫尔德1784年初完成《人类历史哲学思想》，他在此书的第一部分中写道：人也是地球上的动物中的一个创造物，从解剖学角度比较他们的骨头结构能让我们发现那种天生的"组织的相似之处"[33]。尽管有着所有清晰可见的差别，但伟大的生物链正是因为这种相似之处才作为一个整体凝聚在一起的。从骨科学上看似乎所有的陆地动物都是按照一种原型构成的，这个观点和权威的解剖学家及生物学家的观点相矛盾，他们认为，只有人没有颌间骨，而在动物身上颌间骨位于上颌的两个主骨头之间并支撑它们的大牙。歌德感觉因为这个解剖学上的独特性而受到挑衅。为了亲眼从解剖学的角度看到颌间骨的形象，他抛开一切有关解剖学的教材和书籍并在洛德尔的支持下仔细观察研究鹿、骆驼、猪、狐狸、猴子、狮子、海象及其他哺乳动物的头颅，像受过训练一样，他希望在人身上也找到颌间骨。他发现了自己寻找的东西，尽管颌间骨在人身上是畸形并隐藏着生长的。1784年3月27日他急切告知赫尔德对自己的小小发现的"无法言说的喜悦"："人身上的颌间骨！也一定能让你非常高兴，因为就像人身上的基石，不是没有，而是在那里，但是怎么样！我把它和你的整体观联系起来，会多美好呀。"[34]

10年后洪堡兄弟促使歌德再次研究比较解剖学时，这个幸福的事件在歌德的记忆中如此鲜活。现在他关注的焦点是高级哺乳动物骨结构的类型，从解剖学的角度看他想把动物组织的所有部分联合成统一的整体，在这个统一的整体中一切都处于相互平衡的状态。这是"古典的"（理念），是歌德从康德的《目的论判断力批判》中得出的结论，也是洪堡兄弟研究自然、研究文化和研究人文科学时的指导性原则：是时候在丰富多彩的多样性中辨识统一和谐的整体了。

但如何实现这个理念呢？歌德有顾虑，认为没有任何个体可以成为整体的模板，在动植物世界中人们找不到可以作为模板的原始植物和原始动物。实证性方面可以确定的个体不是应该存在的类型模板，但怎样找？又在哪里呢？

歌德并没给出创造性的回答，而是描述了研究技术方面的纲领。最初他从解剖学的角度比较性地观察研究大量动物的骨结构，他把骨头分解成单个的部分，这些单个骨片有相似之处但也能和其他部分区分开来，他尝试性地做出表格，列出数据，把找到的部分根据相似的程度和差异进行分类。接着他把分离出来的东西又组合起来，在这个过程中他受整体理念的指导，这个整体理念给精神斗争制定了一个目标：对抗最千差万别的、个体的、无法一眼看穿的实证性的多样性，建设性的"类型的构成"成为"普遍的形象，所有动物的形态根据可能性都包含在这个形象里，人们根据这个形象描绘在一定秩序中的每种动物"。[35]

另外还提到，解剖学上"类型"的观点使两种方式的比较成为可能，因为亚历山大和威廉都想了解掌握这两种方式并在各自的研究领域中进行实践。一方面人们可以选出个别动物类型并尝试发现它们典型的形态，另一方面只是找出其中特别的部分，比如上半部分的颌骨，然后"用所有的主要类型来描述它"。[36]其中尤其是第二种方式要求很多研究者共同合作，因为没有任何一位研究者能够了解所有的类型。

III . 席勒的《时序》和歌德的足迹。洪堡兄弟把与耶拿会面有关的内容写成文字并发表在席勒的《时序》中。这些文章中不仅有他们在 1794 年形成的思想，从传记的角度看这些文章尤其重要，因为它们让我们了解兄弟俩不同的命运。为了能理解他们各自的意图和目的，我们要同时解读他们的文章。

威廉 1795 年在第一期杂志上发表了《论两性差异及其对有机自然的影响》，然后是《论男女形式》。这两篇文章是他首次尝试"古典"地刻画自然和人的整体的普遍形象。他谈到自然（天性）对无限、伟大和优秀的追求，这种追求超越了一切有限的力量和有限的个体。一切都应该构成"一个伟大的整体"（G.

S.Ⅰ，314）。但受过康德批判训练的威廉·冯·洪堡立刻想到：这个美妙且无法估量的整体是不可感知的，它是纯粹的、理想的、伟大的东西，在一切都是有限、零散并受时间法则束缚的现实世界中无法发现它。

为了清晰解释并解决这个矛盾，威廉·冯·洪堡专注于研究"两性的差异"，因为一方面两性的差异是最清晰可见的事实，是最能反映对立的自然天性的区别，而且人们不容易混淆这种差异，也没有第三者可以表现或者消除他们之间典型的差异。不存在超越两性生物的人的普遍的形象，存在着一种形象的个别特定的特征，在这个形象中男女特征比较模糊（G.S.Ⅰ，349）。另一方面人们可以在两性差异中看到，自然天性本身如何成功地从不同种类及有限的力量和形式中创造出一个整体。两性"通过互相作用，共同促进自然的奇妙的统一，这种统一同时又把整体最紧密地联系在一起并且又最完美地体现了个体"（G.S.Ⅰ，328）。

威廉研究和思考的重点是人，他专注于男人和女人的典型特征，目的是通过男女之间创造性的不同达到和谐的统一，他考虑身体、智力、道德和美学的特征。他并不区别对待从类型学上在两性中找到的陌生和外在的材料，而是加工他自己和妇女们交往时的经验：从早期未得到满足的渴望以及最初通过和"高贵的人"进行的粗鲁的肉欲的纵情欢乐的情事到最后与丽娜伟大的爱情。不可忽视的是，威廉·冯·洪堡确定并彻底详细地描绘过的两极化也具有文化历史的特征，他的男女类型并没摆脱公式化：男性的力量—女性的丰满，作用—接受，对外的追求—对内的专注，能量—存在，对形式的严格统治—优雅的自由的材料，概念似的解释—形象的观点。

造成所有这些差异的原因都可以追溯到身体上的不同，洪堡尝试超越自己的时代。在《时序》第一期中威廉谈到性别差异对有机自然的影响，跟男女在社会中的教育相比他对两性解剖学及生理学的基础更感兴趣。为了能从专业的角度进行思考，威廉研读了最新的有关生命力和形成冲动的研究成果，弟弟亚历山大也给他提供了珍贵的资料，他也需要精确的有关男女不同的身体形式和性器官的解

剖知识，在日记中他记录下了做新研究第一天的情景，1794 年 11 月 3 日"我开始
（学习）解剖学，在席勒处和歌德及迈尔共进午餐"（G. S. XIV，253）。他与歌德、
迈尔一起听洛德尔的解剖学课程，"幸运的是"洛德尔正好有六具尸体可供使用并
希望"死亡对我和我们的 206 个学生来说总是有用的"。[37] 亚历山大最初对哥哥的
新爱好感到惊讶，他对瑞默恩说道：威廉"实际上非常狂热地研究解剖学"。（Jbr.
428），在柏林的马库斯·赫尔茨也被告知："威廉生活并飘荡在死尸中。"（Jbr.
309）威廉在这方面比他自己更熟练，有时甚至更精细和更成功。

　　亚历山大在《敏感的肌肉和神经组织》里暗示威廉对解剖学感兴趣的特殊原
因。对解剖动物身体的解剖学家来说"从生理学的角度通过整个有机自然来追踪
奇妙的两性差异"是有趣的 [38]。哥哥威廉进行了这方面的研究并在席勒的《时序》
杂志上有所报道。他想知道天生的两性差异的原因在哪里，目的是能找到令人满
意的解决这种紧张关系的答案，他在给夫人的信中指出这点并谈到自己新的世界
观：以前，他只关注自己，他不熟悉自然的"美妙的整体"，一切都是模模糊糊、
半知半解的，没有把自己和其他生物联系起来的纽带，是爱情改变了一切，和丽
娜一起"我才想让自己这个整体与自然的整体相连接并且和所有的其他生物创
造出一个和谐的整体"（Br. II，5）。只有作为爱人他才成功地把"双面存在"
（Br. I，433）的确定感和无法分离的所属感结合起来。

　　在威廉给席勒《时序》写的文章中涉及了他自己的性倾向，确切地说是他的
异性恋，虽然文章中并没出现这个词，但他所有的思想和修饰性的描写都围绕着
这点展开。对他来说人的有机自然天性原本就涉及男人和女人不同的性器官。男
女性器官就是为结合而生的，但不可能是一个。在性器官中有着"躁动不安的渴
望的萌芽"，这种渴望让人在异性身上寻找自己缺乏的东西，"如果他们找到，被
戴上幸福的王冠，他们就追求融合，就会消灭个体单独的存在。中间会有起伏，
来来回回波动，那种渴望达到痛苦的高潮"（G. S. I，318）。直到最后在分离的
两人的结合中获得最高级的享受。

同样的，在《时序》第一期中有亚历山大·冯·洪堡的文章。这篇文章既不是关于自然科学也不是关于哲学的研究。亚历山大写了篇短篇小说，故事发生在公元前5世纪，副标题具有神话色彩：生命力或罗德岛的天使。

这是一个相当复杂带有韵脚的故事。故事发生在希腊殖民地西西里岛的瑞拉库斯。在一个廊柱似的大厅里有一幅神秘的画，人们不了解这幅绘画。人们推测这幅画出自希腊的罗德岛[①]，因此人们把它命名为"罗德岛的天使"，原因在于画中的人物形象：一只蝴蝶停留在人物的肩上，她的右手举着一支燃烧的火把，她的身体充满活力，她专横地向下看着一群少男少女，他们簇拥在她脚下并呈现出某种特别的姿态。他们赤身裸体，身材漂亮，四肢强壮。他们的头发有树叶和野花修饰，他们并没跳舞、互相拥抱或是一起欢愉，而是显示出渴望和痛苦的表情。"他们的手臂互相伸向对方，渴望着什么，但他们严肃忧郁的眼睛却看着天使，被微弱灯光笼罩的天使飘浮在他们中间。"[39]

对这幅神秘的画作有许多解释，没有一种解释令人信服。最后又有一幅罗德岛的画来到瑞拉库斯，人们立刻意识到这是跟第一幅完全相反的画作：天使还是在画的中间，但这次天使肩上没有蝴蝶，天使的头也是下垂着的，火把指向地面，没有火焰。现在发生了令人意外的事情："少男少女们以各种各样拥抱的姿势扑向天使，他们的目光不再忧郁、顺从，而是表现出一种野性的、挣脱束缚的状态以及长期的渴望得到满足的样子。"[40]

人们又尝试着解密这幅画，没有成功，也没人清楚这两幅画之间的关系。最后瑞拉库斯的统治者请教年老的毕达哥拉斯信徒爱彼马库斯（Epimarchus），爱彼马库斯是一个有着自由思想的人，他不喜欢待在统治者身边却知道运用自己的理性。"他不厌其烦地研究事物的天性和他们的力量，研究动植物的形成，研究和谐的法则，从大的方面说天体根据这些法则运行，从小的方面看雪花和冰雹根

---

① Rhodos，希腊第四大岛。

据这些法则以圆形的形态出现。"[41]他喜欢大海，大海让他的眼睛和他的思想追求无限和无垠。他长久地观察这两幅画，然后他用触动人心的声音给学生们讲解画的含义。

在第一幅画中人们看到，有生命力和无生命力的自然中的一切是如何追求互相结合的，在无机物中化学的亲属关系法则起着作用，这个法则把各部分连接起来并混合它们。在生机勃勃的物质中这种追求也发挥作用，性的差异让少男少女追求互相的结合。他们互相渴望，但天使的力量阻碍他们之间自由组合，这是生命力本身提出分离的要求。"靠近我一些，围绕在我身边，孩子们，从罗德岛的守护天使身上，从他年轻强壮的表情里，从他肩上的蝴蝶以及他眼睛显示出的统治者的目光中仔细辨认生命力的象征，看看它是如何控制有机生物的萌芽的。地球上的元素，在他脚边的，仿佛努力跟随自己的欲望并渴望互相融合，天使用高举的火把、燃烧着的火焰命令似地威胁并强迫他们：放弃他们自己古老的权利而追随他的法则。"[42]

在第二幅画中生命力熄灭了，火把燃烧殆尽，天使的头垂下了，蝴蝶也飞走了。这是一幅死亡之画。"现在少男少女互相拉得到对方的手了，现在地球上的元素获得了他们的权利，束缚解除了，长久的匮乏之后他们狂热地跟随自己的社交冲动，死亡之日就是他们的新婚之日。"[43]

在瑞拉库斯廊柱大厅里供人参观的罗德岛的两幅画令人费解。无法解密它们的含义，只有自然科学家、哲学家和诗人爱彼马库斯才给出了正确的解释。爱彼马库斯作为亚历山大文学上的代言人给惊讶的民众讲解画的含义。但作为亚历山大文章的读者我们必须继续追问："这个具有神秘的生死形象的故事意味着什么？"爱彼马库斯的解释并未给出令人满意的回答，为了能理解这篇特殊文章的含义我们必须继续分析这个解释。

"罗德岛的天使"的故事并不是失败的文学上的突发奇想，而是隐晦地表达了亚历山大·冯·洪堡的爱好和恐惧，这在多年后显现出来。1826 年他把这个故

事收入到《自然景观》的第二版中。在前言里他谈到这篇故事产生的背景："席勒
回忆起自己年轻时学医的经历，在我长时间待在耶拿期间他喜欢和我聊到生理学
的对象，我研究敏感的肌肉和神经组织在接触不同的化学物质时的状态，这使得
我们的谈话比较严肃。就在那时萌发了写一篇有关生命力的小文章。"[44] 这个说法
也只是说明了这篇文章产生的科学史背景，1793 年亚历山大·冯·洪堡把生命力
定义为一种内在的力量，这种内在力量阻止活生生的身体中的因素跟随自己的原
始吸引力。为了能形成一个有机结构，这些因素不互相混合而是保持分离状态，
这样看来少男少女就是有机体基本组成部分的人形化，这个有机体因为生命力的
天使才得以保持生命。

　　1795 年左右亚历山大·冯·洪堡失去了对独特的生命力的信仰。他让自己的活
力论偏向"整体论"[45]，康德和歌德都给予整体论决定性的指示。生机勃勃的整体
代替了生命力。但亚历山大 1849 年最后一次在第三版的《自然景观》中谈到的这
次转变并未减弱这篇小文章的魅力。80 岁的他依然带着喜悦的心情阅读它。这说
明，这篇小文章并不只是穿着神秘外衣而表达一些生理学的观点。另外，文艺创
作方面想象力的源泉也允许对生与死的比喻有不同的、深刻的、丰富得多的解释。

　　守护天使的形象本来是用来说明使男人具有生育能力的保护精神，亚历山
大·冯·洪堡是从席勒的哲学诗《希腊诸神》中了解这个形象的：那时可怕的骨骸
没有来到死者的床前，一个吻从嘴唇上夺了最后的生命，守护天使平静而忧伤地
垂下了火把。

　　席勒用"那时"来怀念古希腊的艺术家，他们不是用骷髅的样子而是"用一
位年轻的守护天使和垂下的火把"[46] 来想象死亡，正如莱辛 1769 年在颇具争议的
《古代人如何想象死亡》中指出的那样。亚历山大也熟悉莱辛对古代文化的研究，
亚历山大用了这个主题：熄灭的垂下的火把象征着死亡，蝴蝶象征死亡之时离开
身体的灵魂，守护天使垂下的头象征着失去的生命力。

在古代圣像学①中死亡让人的身体僵硬，而在亚历山大·冯·洪堡这儿人会失控并且不加限制地跟随冲动。为了能更好地领会这种独特的转变，还得加入第二幅画，在第二幅画中古代人物形象可以找到相应的基督教形象（天使），这是一幅使亚历山大·冯·洪堡深深惊骇的画。1790 年 3 月 30 日他和福斯特参观杜塞尔多夫的画廊，画廊收藏着鲁本斯的"末日审判"——我们在第五章中已经提及。这幅画就是亚历山大置之于古代神话的模板。他把画中间被灯光环绕、努力向上的基督变成了守护天使，基督头上的鸽子换成了蝴蝶，剑变成了火把，直接复制过来的是裸露的身体，这些身体在鲁本斯的画中互相纠缠在一起倒向悬崖。福斯特在《下莱茵河风光》中描写了两人看到这堆肉体时感受到的厌恶之情。在他们看来缠绕的肢体让人厌恶，就像在"野蛮的人肉市场"[47]上看到的情景。亚历山大使用了这个毛骨悚然的景象，野性地挣脱束缚和各种姿势互相拥抱的状况，少男少女互相缠绕、重叠和堆积，这在他看来是一幅感性画卷——自然的和谐及秩序受到了破坏。

亚历山大在《时序》上发表的文章也涉及欲望、满足、冲动和放弃，这篇文章是他对性理论的贡献，但他选择了和哥哥不同的方式，哥哥威廉坦率承认自己追求的东西。亚历山大选择文学的、一半神话一半学术的形式，他给原本要表达的内容披上了一层外衣，像之前那篇有关梦的文章一样在"罗德岛的天使"中交织着各种各样难以解密的主题：植物化学生理学的学术上的复杂的"生命力"；希腊守护天使的死亡象征；鲁本斯在《末日审判》中特别描绘的在心醉神迷和厌恶之间左右摇摆的身体图画。它们共同形成了一种性变态的防御形象。这篇宣言似的文章独特地表达了潜在的思想：只有从性方面分离才能让不同的性别生存，而性的结合却意味着死亡。这不外乎是对哥哥威廉高唱异性恋恭维似的答复。威廉认为生活中最极致的幸福和最伟大的享受的东西，在亚历山大看来具有威胁生命

---

①　古画内容与形式的解释。

的危险。在他把"新婚之日"解释为死亡之日时，他就以此否认了哥哥威廉热衷的异性恋。

席勒给两兄弟提供机会在《时序》杂志上发表文章，他们表明互相对立的性爱好，那么歌德就给他们俩设计了一个共同的项目，这个项目把他们俩一生都联系在一起。从比较解剖学的观点出发，围绕着类型的普遍形象，产生了长时间的影响，这些影响在他们后来的作品中体现出来。

对歌德来说，亚历山大很有吸引力且是激励人心的谈话对象，亚历山大总是让他在博物学方面的研究和思考产生新的飞跃。亚历山大也多次感谢歌德，尤其是1794—1797年，歌德给他讲解类型学和整体的自然观，这使他获得了新的"认知器官"。第一次耶拿会面不久，亚历山大就在1795年5月21日从拜罗伊特给歌德寄出自己早期关于矿物学和植物学的著作。他告诉歌德自己计划写一本关于地球内部植物的书。"我想解释生命而不是畏光植物的形式。在我看来，这是应该如何研究有机生物的尝试。献给您一本还不知名的著作，是我最想做的。"[48]歌德未忽略这个消息中关键性的话语，为了能把自己形态学的形象理论和亚历山大的生命研究结合起来，1795年6月18日他请亚历山大和他见面。在亚历山大做肌肉和神经组织的试验时，他就接受了歌德的提议，歌德也非常关注这些试验并时不时在场。亚历山大用许多青蛙大腿来做有关生命力的实验，同时仔细地对它们的肌肉进行解剖，制成标本，在这个过程中他从歌德的比较解剖学的类型学方面观察并吃惊地发现："和人多么像呀！组织形式多么像呀！看起来人和动物相差多大呀！……因此动物的材料几乎都是按照类型形成的，只是在一种动物身上常常表现不很明显，而在另一种动物身上非常明显。"[49]

亚历山大1799—1804年进行了伟大的研究之旅，他穿越奥里诺科的热带雨林，登上安第斯山脉的火山山脉，他试图从地理学、植物学和解剖学方面来发现典型的形态形式之间的关联及内在关系。在此过程中歌德的整体思想观指导着他的研究方向，无论如何他在给席勒的姨姐卡萝莉内·冯·沃尔措根（Caroline von Wolzogen,

和博伊尔维茨离婚，娘家姓伦厄费尔德）的信中提到，虽然在旅行中，在近乎毛骨悚然的生机勃勃的自然中，成千上万的令人惊讶的形态冲击着他的感官，但所有新鲜的感受都跟他在耶拿期间熟悉的理念有关："在亚马孙的热带雨林中、在安第斯山脉高高的山脊中，我感到好像被一种气息摄住，从南极到北极一种生命从石头、植物和动物以及人波涛汹涌的胸中溢出。处处我都感受到这种感情的冲击，正如耶拿岁月对我产生的深远影响，也如我因为歌德的自然观而得到升华，仿佛我被新的器官重新装备一般。"[50]

"形态学家就是用眼睛看的观察者，眼睛是形态学家首先用来思考的感性器官。"[51]阿道夫·迈尔－阿比西（Adolf Meyer-Abich）以此来刻画歌德类型形态学认知理论的独特性，而这个理论在亚历山大·冯·洪堡这里得到了完善。"眼睛就是世界观的器官"[52]，这个说法是亚历山大 1845 年在所著的最后一部作品《宇宙》中提出的，在书中他普遍化了形态学的纲领并扩展到整个伟大的世界。他第一本有关美洲之旅研究成果的书也是受到歌德的启发。因为他用深深的敬意和感谢把1805 年写成的《植物地理学》献给歌德[53]，所以一方面他遵循这个原则：在地球上无数的植物中辨识出少量的基本形态（基本类型，模板），另一方面他也尝试"把被我观察到的现象的主要结果总结成一个普遍的形象"[54]。这个普遍形象通过17 种基本形态来刻画，从香蕉到帽子式的真菌形态等，亚历山大从相貌学的角度来描绘它们并从形态学的角度对它们进行系统化。他特别注意观察植物形态，而不是从植物学的角度根据人们肉眼无法看到的受精的小小部分来对它们分类。他关注的是人们肉眼可见的大的轮廓。从这个意义上说他认为自己是从美学的角度观察对象并像画家一样描摹对象（植物形态）的植物学家。

1806年1月30日亚历山大·冯·洪堡在柏林普鲁士皇家科学院做《植物相貌学》的讲座，他生动形象地给观众展示了不同的风景类型，给观众留下了深刻的印象。呈现这些优美的风景对千差万别的植物形态起着重要的作用，他已经在植物地理学中介绍过这些植物，这些植物从形态学的角度看具有趋同性："类型，一个国家的植物全貌依赖于类型独特的魅力，取决于它们的分布和分类。"[55] 毫无悬念，歌德马上给《耶拿文学报》写了一篇令人激动的报道："在这第一个迫切的愿望得到满足之后：获悉优秀、冷静的自然研究者从令人疲倦和充满危险的旅行中归来。第二个愿望迫不及待地产生了：每个人都急切地渴望他告知我们他获得的丰富宝藏。我们收获了第一份礼物，在小小的容器中有着非常可口的果实。如果我们着手追求知识，追求科学，那么再次回到生活中去就准备得更好。那么在我们看来某些痛苦的、令人害怕的植物学研究却改变了它的形象而达到了一个高度，在达到这个高度的时候研究给予我们生机勃勃的、独特的享受！"[56]

　　1808年，《植物相貌学》编录在亚历山大所写的《自然景观》中，《自然景观》是他一生最喜欢的书。题目映射福斯特的《下莱茵河风光》，福斯特描写了他们共同进行的旅行并记录自己的所思所想。亚历山大在这次旅行中也学会使自己观察千差万别的矿物和植物形态的眼光更犀利，但他也想到歌德及其自然观。目之所及：看到伟大的自然界，看到海洋，看到奥里诺科的原始森林，看到委内瑞拉的梯形地貌，看到南美山脉的荒凉之地，这种整体的看法把精确的学术研究天赋和独特的美学判断力结合起来。"从整体上对大自然进行概览，证明各种力量的综合作用，（获得）焕然一新的亲眼看到热带国家给感性的人带来的享受，这些是我追求的目标。"[57]

　　歌德感到受到了恭维。亚历山大·冯·洪堡把博物学和美学结合起来，歌德赞赏他在这方面所做的努力，歌德也认识到，如何以"两种方式"获得他用比较解剖学描述过的自然观。亚历山大描述了个别典型的自然形态：奥里诺科的瀑布，卡萨马卡的高地，印加阿塔瓦尔帕古老的宫殿。他在其他文章中也谈到一种特殊的地貌或生命形式是如何延伸到整个地球的：他用典型的植物和动物种类设计阶地和沙漠的自然画卷，描绘了地球上不同地区火山的结构和作用，比较了广泛分布在地球上的植物面貌，讲述了原始森林中夜间动物的生活。

　　如果歌德能够读到世界上伟大的著作《宇宙》，他的享受该是多么巨大呀！

亚历山大 1834 年开始写作《宇宙》，这本书"从内到外都属于歌德时代"[58]。因为亚历山大尝试用这本包罗万象的《物质世界概要》从整体上生动形象地描写大自然，从而反对空洞的纯粹的思辨和毫无理念的狂妄自负的实证。在这个过程中他念念不忘歌德的关键词："一切形态的原始密码在生命构成的多样性和阶段性的变化中不断更新，我应该说，歌德如此愉快地处理了变形的问题，这个解决方案是符合那种需求的：形式向某些基本类型的理想回归。"[59]

亚历山大·冯·洪堡作为自然研究者关注的内容由作为人文和语言学家的哥哥威廉完成。威廉 1795 年初也因为歌德的解剖类型学说而兴奋，他开始收集骷髅，他亲自解剖了一只孔雀，这只孔雀还是他让马克斯·雅各比（Max Jacobi）作为礼物送给歌德而带到魏玛的："因为您显然马上就要研究鸟的骨结构了。" 他计划写一本关于蝶骨的比较学专著，他无以言表以感谢歌德："您允许我跟随您的脚步，这带给我多大的快乐啊！"[60]

一年后威廉·冯·洪堡构思了《比较人类学计划》，和比较解剖学同时进行。在此书中他早期发展的能力找到了广阔的舞台，即他能从人不同的表达方式中辨认人的性格类型。完全按照歌德的观点，威廉首先在意的是，把实际的观察感和哲学的精神、实证的多样性和整体的构想结合起来，目的是找出人的"普遍类型"（G. S. Ⅰ，378）且把它作为一个理想，实证的个体应该以这个理想为目标而努力成长为这样的人。但他也强调自己的顾虑，这种普遍的人性只是表明了一种和谐的可能性，而这种和谐却没法让"最重要的事实"——性别的差异——失效（G. S. Ⅰ，400-410）。

1821 年 4 月 21 日威廉在柏林科学院做报告，题目是《论历史学家的任务》。他估计歌德会赞同："历史学家的工作就是以最终但最简单的解决方案对理念的追求的描述，这个理念就是在现实中获得存在。"（G. S. Ⅳ，56）这个非直接感受到的理念不能像陌生的附属物一样作为思想丰富的偶然想法赋予历史，这种理念也只有在丰富的、多样的、个别的历史事件本身被发现，正如艺术家有天赋在现象中发现一个整体形象一样。威廉把在科学院所做报告的文字材料于 1822 年 3 月 18 日寄给歌德，同时威廉在信中告知歌德："我把历史和艺术进行比较，这也许在您看来是奇特的想法，可这个想法在我心里埋藏很久了，难道不是有些相似的东西用于描述人的形象和人的行为吗？我期待您同意我关于艺术本身的说法。只有从内部来把握形象，才能又从整体上描述这个形象。"[61]

1794/95 年的古典原则对威廉·冯·洪堡的毕生著作产生了最大的影响，他 1820 年 6 月 29 日在柏林科学院谈到毕生著作的纲领：《论与语言发展不同时期有关的比较语言研究》。他以此对二十年的语言研究进行总结并确定了语言学和语言哲学研究工作的准则，这是他生命的最后十五年在宁静的特格尔潜心研究的领域。在做这些研究的过程中他一直遵循这个理念，这个理念是他在与歌德、席勒和亚历山大的谈话中形成的。

威廉用他的语言观[62]来理解有机整体和塑造性力量的思想，所有人都是因为康德而熟知这种思想的。威廉·冯·洪堡把这种思想从自然研究运用到语言研究并从中得出结论："有机生物的直接的气息在感官和思想上发挥作用，语言与所有有机体的性质相同，自然中的每个东西只有通过其他的东西、所有的东西又只有通过贯穿整体的力量而存在。"（G. S. Ⅳ，3）

这个理念显现的具体结果是威廉·冯·洪堡专注于语言结构的研究，无论是个别语言的独特性还是人类语言多样化的构成可能性。他试图用那种歌德在解剖学里设想过的双重方式来解释清楚这种他偶尔称为结构的构成：一方面他看重用专著来阐释个别语言的内在关联，在这个过程中他把每种语言，甚至"最原始民族的方言"（G. S. Ⅳ，10）都看作有机的作品，这个作品不是绝缘的片段似的被分割的东西，他看重的是在个别语言内部找到相似性，即相似的可以系统组成一个整体的部分。这些个别部分之间有序的连接就是语法上的句子结构，句子结构是每种单个语言的特征。另一方面他又专注于所有语言中某些特定部分具有的重要意义。1823 年 6 月 3 日他在柏林科学院用美洲语言中动词的语法形式来解释这个观点，这对于"存在的概念"起着语言密码的作用 [63]。1827 年 4 月 26 日在柏林科学院他又阐述了自己的比较语言观《论双数》。

威廉·冯·洪堡从语言历史的角度由闪米特语和梵文推导出双数，在双数中两个人作为一个整体来看，这种奇特的语法的多数形式和威廉·冯·洪堡的语言观相对立。个别时候他可以在它们身上清晰地看到"所有语言的原始类型"（ G. S. Ⅵ，26 ）。在双数里显示出基本的称呼和回答的二元性，就是说话者和听者对对方的称呼。这种不容更改的双重性是存在于语言的本质中的，在语言中交流的倾向也起着作用。因此在双数中就显示出，双重性和单一性是如何关联的，分离的部分为了能组合起来，整体又是如何被分离的。完全如威廉·冯·洪堡在第一部人类学著作《论两性差异及其对有机自然的影响》中指出的那样，现在他关注的是对语言本质的影响。我和你在双数中的互相融合是性的基本结构在语法中的表现。"以最普遍和最有思想的形态被理解的两性差异导致人们意识到一种片面性，这种片面性贯穿人类思想和感受的所有关系且只有通过相互补充才能得到治愈。"（ G. S. Ⅵ，25 ）

威廉·冯·洪堡关于分离的结合的基本主题不仅在双数的特殊形式中找到语法上的表达，千差万别和相互依赖的共同作用也统治着他的基本语言观，他的语言观在广泛的语言研究过程中越来越清晰。语言的本质是通过双重的分段原则来确定的：在所有的语言中存在着思想的统一和发音形式，它们共同构成《一般语言类型的基本特征》（ G. S. Ⅴ，364-475 ），它们也是作为语言理论上针对性别差异的相似性而设计的，正如男性和女性一样，思想上的映射和语音的发声构成双重的存在。它们互相分离又属于一个整体，它们共同使语言思想的产品成为可能并给出原因："语言不仅仅是那些独立于自己而形成的思维的所指，而且也是思维的形成器官。"（ G. S. Ⅴ，374 ）

威廉·冯·洪堡成功地用自己关于语言的研究和理念找到解决问题的方法，这

个问题从大学时代就困扰着他：感性和思想如何关联？现在他可以解释为语言的
语音和智力活动的相互切合格式，这种格式贯穿语言的整个结构并证明：语音的
表达不仅仅是纯粹的声音，思想也不是纯粹的只存在于个别头脑中并不能被告知
的幻想。它是富有生机的语言的全部，把外在的感性材料和内在的思想意义和谐
地连接起来，用康德的话说，所有的部分互为原因和结果。"这样人真正理解一
个词，不是仅仅作为纯粹的感性的动机，而是作为有声的指代一个概念的发音，
语言必须完全并且关联地存在于这个词中。语言中没有任何单独的东西；它的每
一个元素都只是整体的一部分。"（G. S. Ⅳ，14f）

尾 注

1. 伊马努埃尔·康德《判断力批判》，见6卷本作品集，W.魏舍德尔出版，第4卷，威斯巴登1957年，第488页。

2. 同上书，第489页。

3. 参见阿尔图尔·O.洛费耶《伟大的生物链：思想史》，法兰克福（莱茵河畔）1985年。

4. 格奥尔格·福斯特《自然整体一瞥》，见格奥尔格·福斯特作品集，第8卷，柏林1974年，第77—97页。

5. 约翰·戈特弗里德·赫尔德《人类历史哲学思想》（1784—1791），达姆施塔特1966年。

6. L.S.利希滕贝格和F.克里斯出版，《格奥尔格·克里斯多夫·利希滕贝格的物理和数学文集》，第4版，哥廷根1806年，第142页。

7. 格奥尔格·克里斯多夫·利希滕贝格《自然学说讲座》，见总集，第1卷，哥廷根2005年，第892页。

8. 路德维希·盖格尔出版，《歌德与威廉及亚历山大·冯·洪堡的通信》，柏林1909年，第1页。

9. "94团体"这个说法来自莱奥·克洛伊策尔《亚历山大·冯·洪堡与94团体：自然科学与另一种现代派项目的自然美学》，见魏尔芬加尔滕（1994），第78—96页。

10. 思想史上喜欢把自然的整体和统一的理念刻画为"浪漫主义的"，在1790年左右受到启蒙哲学的强烈影响并在歌德、席勒和洪堡兄弟等人那里获得了"古典"的形式。

11. 席勒给费尔迪南·胡贝尔的信，1790年1月13日。引用自阿尔伯特·莱茨曼出版，《格奥尔格和特蕾泽与洪堡兄弟》，波恩1936年，第62页。

12. 弗里德里希·席勒《论审美书简》，见总集第19卷《理论文集》，第3部分，慕尼黑1966年，第5页。

13. 席勒给克里斯蒂安·戈特弗里德·克尔纳的信，1794年10月25日。同上书，第227页。

14. 见注释12，第45页。

15. 雅各比给歌德的信，1789年2月15日。引用自阿尔伯特·莱茨曼出版，《格奥尔格和特蕾泽与洪堡兄弟》，波恩1936年，第61页。

16. 阿尔伯特·莱茨曼出版，《威廉·冯·洪堡给弗里德里希·海因里希·雅各比的信》，哈勒1892年，第34页。

17. 歌德给威廉·冯·洪堡的信，1823年6月3日。见路德维希·盖格尔出版《歌德与威廉及亚历山大·冯·洪堡的通信》，见注释8，第257页。

18. 席勒给克里斯蒂安·特弗里德·克尔纳的信，1789 年 2 月 2 日。引用自吕迪格尔·萨弗朗斯基《席勒或者德国理想主义的发明》，慕尼黑－维也纳 2004 年，第 302 页。

19. 约翰·沃尔夫冈·冯·歌德《幸福事件》。见总集第 39 卷《植物学和学术理论文集》，慕尼黑 1963 年，第 176 页。

20. 约翰·沃尔夫冈·冯·歌德《新哲学的影响》，同上书，第 184 页。

21. 约翰·沃尔夫冈·冯·歌德《直觉判断力》，同上书，第 186 页，涉及康德的《判断力批判》第 77 页。

22. 参见贝恩哈德·费舍尔《弗里德里希·席勒和出版商约翰·弗里德里希·科塔》，关于《时序》的创建史见《德国哲学杂志》125（2006），第 499—517。恩斯特·奥斯特卡姆佩《新时代：新杂志——1800 年左右的出版项目》，见《思想史杂志》1/2（2007）第 62—78 页。

23. 席勒和歌德之间的通信。第 1 卷《1794—1797 年间的信件》，西格弗里德·赛德尔出版，慕尼黑 1984 年，第 8 页。

24. 关于席勒和歌德碰面的《幸福事件》参见曼弗里德·盖尔《伟大哲学家之间的小事情》，汉堡 2001 年第 19—47 页。瓦尔特·米勒－赛德尔《自然研究和德国古典主义：1794 年 7 月耶拿对话》，见文森特·J. 京特出版，《文学当做历史的研究》，柏林 1973 年，第 61—73 页。

25. 注释 19，第 177 页。参见约斯特·席恩《直觉判断力：歌德自然科学认知的方法和哲学基础》，杜塞尔多夫－波恩 1998 年。

26，27. 见注释 23，第 9 页。

28. 约翰·沃尔夫冈·冯·歌德《自然科学文集》，德国自然科学家学院版，第 2 卷 9A.《对形态学的补充和说明》，M.139，第 228 页。

29. 席勒给克尔纳的信，1794 年 9 月 12 日。引用自卡尔·布鲁恩斯出版，《亚历山大·冯·洪堡》，莱比锡 1892 年，第 205 页。

30. 约翰·沃尔夫冈·冯·歌德《作为我的其他认知的补充的日记和年鉴》，见歌德作品集第 35 卷，魏玛 1892 年，第 32 页。

31. 同上书，第 33 页。

32. 约翰·沃尔夫冈·冯·歌德《"形态学"文集的附录》，见《自然科学文集》，德国自然科学家学院版，第 1 卷，9，第 179 页。关于《类型》参见多罗特阿·库恩《类型和变形：歌德研究》，内卡河畔的马尔巴赫 1988 年。

33. J. G. 赫尔德《人类历史哲学思想》，达姆施塔特 1966 年，第 77 页。

34. 引用自多罗特阿·库恩《实证和理念的现实》，格拉茨－维也纳－科隆 1967 年。参见赫尔曼·布罗伊宁－奥克塔维《从切牙骨到类型的理念：1780—1786 年歌德作为自然研究者》，莱比锡1956年。

35. 约翰·沃尔夫冈·冯·歌德《比较解剖学导论的初步设想》，见《自然科学文集》，德国自然科学家学院版，第1卷，9，第119–151页，第121页。关于"类型"的长期影响见曼弗里德·盖尔《从原始植物到拟像》，见《思想史杂志》II/3（2008），第71–87页。

36. 见注释35，第122页。

37. 洛德尔给歌德的信。见《自然科学文集》，德国自然科学家学院版，第2卷，9A，第437页。

38. 亚历山大·冯·洪堡《敏感的肌肉和神经组织实验》，第2卷，柏林–波兹南1798年第285页。参见伊雷娜·科尼希：《性的思想的起源：威廉·冯·洪堡的美学编年史与系统发展》，埃格尔施巴赫–科隆–纽约1992年。

39. 亚历山大·冯·洪堡《生命力或罗德岛的天使：短篇小说》，见亚历山大·冯·洪堡《自然景观》，法兰克福（莱茵河畔）2004年，第426页。

40—44. 同上书，分别见第427页，428页，429页，429页，9页。

45. 洪堡用神秘的分离的"天使"的形象突出了"恶魔（不可抗拒的力量）"，这种力量是詹姆斯·C.麦克斯韦设计的。正如麦克斯韦把气分子分为快分子和慢分子，洪堡的守护神把人分为男性和女性，后来他拒绝接受这个虚构的代表生命力的生物是为了强调整体的有生命的自我组织系统的形象，这是绝对现代且强调了最近这些年所发展的思想：生物是开放的系统，这个系统本身试图通过和周围环境的持续的物质和能量交换远离热平衡以及与此有关的衰败。这就使作为秩序创立人的天使或者恶魔（不可抗拒的力量）变得多余。

46. 戈特霍尔德·埃夫莱姆·莱辛《古代人是如何看待死亡的》，见作品集10卷本，第5卷《古代文集》，柏林1955年，第683页。

47. 格奥尔格·福斯特《下莱茵河风光》，格奥尔格·福斯特作品集，第9卷，柏林1958年，第44页。

48. 见注释8，第289页。

49. 亚历山大·冯·洪堡《敏感的肌肉和神经组织实验》，第2卷，柏林–波兹南1798年，第285页。

50. 5月14日的信，见亚历山大·冯·洪堡《我的生活》，慕尼黑1989年，第2版，第180页。

51. 阿道夫·迈尔–阿比希《亚历山大·冯·洪堡对歌德形态学的完善》，哥廷根1970年，第38页。

52. 亚历山大·冯·洪堡《宇宙：物质世界概要》，法兰克福（莱茵河畔）2004年，第40页。

53. 见注释 8 ，第 297 页。参见皮埃尔·哈多特《关于自然的秘密：对洪堡的"植物地理学"赠言研究》，威斯巴登 1982 年。

54. 亚历山大·冯·洪堡《植物地理学》，由毛利茨·迪特利希出版，莱比锡 1960 年，第 23 页。

55. 亚历山大·冯·洪堡《自然景观》，法兰克福（莱茵河畔）2004 年，第 248 页。

56. 约翰·沃尔夫冈·冯·歌德《关于亚历山大·冯·洪堡植物相貌学思想的谈话》，见《自然科学文集》，德国自然科学家学院版，第 1 卷，10，第 199 页。

57. 见注释 55，第 7 页。

58. 阿道夫·迈尔－阿比希《后记》，见亚历山大·冯·洪堡《自然景观》，斯图加特 1992 年，第 158 页。

59. 见注释 52，第 37 页。

60. 见注释 8，第 2 页。

61. 同上书，第 254 页。

62. 于威廉·冯·洪堡与康德有关的语言观参见恩斯特·卡塞尔《威廉·冯·洪堡语言哲学中的康德元素》（1923 年），见作品总集，第 16 卷，汉堡 2003 年，第 105—133 页。

63. 威廉·冯·洪堡《论美洲语言中的动词》（1823），见威廉·冯·洪堡《论语言：科学院的演讲》，于尔根·特拉邦特出版，图宾根－巴塞尔 1994 年，第 82—97 页。

第八章

如此享受！

最达从哥哥怎样，大到及哥回，山何以给发，历如洲洲廉的，亚终美美威样——亚历山大最终如何到达美洲，以及从美洲给哥哥威廉发回了怎样的报道当威廉 1830 年公开自己与席勒的通信时，他利用这个机会写了非常详细的前言。在这份前言中（G. S. Ⅵ，492-527），他描述了席勒的性格并回忆了席勒的思想发展历程。他回忆了 1794—1797 年和席勒度过的美好岁月，回忆中充满了感激。他的回忆使那段岁月变得鲜活起来，在那段他俩亲近的时光里为了"用伟大的形象来理解一切有限的东西并把无限和有限结合起来（G. S. Ⅵ，508）"，他们研究抽象的理念，特别是康德的伟大的批判促使他们共同思考思想和天性、形式和内容、理想和生活。

在威廉·冯·洪堡看来，这些年是席勒思想发展最重要的阶段，但同时也是巨大的"危机"时期，因为席勒没进行文艺创作而只是专注于"强烈生长的理念研究"（G. S.Ⅳ，492）。但威廉自己在1795年7月1日离开耶拿之后也遇到了难题。他和歌德、席勒共同研究、思考和讨论的快乐日子一去不复返。他和妻子及两个孩子回到特格尔（1792 年 5 月 16 日女儿卡萝莉内出生，1794 年 5 月 5 日大儿子威廉出生），他得待在母亲身边，因为玛丽·伊丽莎白·冯·洪堡病得厉害，她一天天衰弱起来，她认为自己冬天就会死去，她因为痛苦而变得忧郁，这种情绪传染给了威廉，虽然他想尽量通过刻苦的研究来逃避母亲家压抑的气氛，只有当他思考伟大的计划时他才获得片刻的宁静：刻画希腊精神的类型学并试图描绘自己所处的时代——《18世纪》（G. S.Ⅱ，1-112）。

他越来越没勇气了。他思念和席勒在一起时富有创造性的谈话。他给席勒写了很多信，在信中他详细描述了自己的状况和心情。在特格尔和 1795/96

年冬天的柏林他感觉了无生气、无所事事。风湿病困扰着他，妻子也因为痉挛病得厉害，只有孩子是开心快乐的，他们可以给父母及祖母带来些快乐。1796 年 7 月 16 日威廉还待在柏林，他抱怨说觉得自己陷入了"令人难受的空虚"[1] 中，他先前的朋友也没法把他从这种空虚中解放出来，即使是放荡的弗里德里希·根茨也无法使他快乐。

亚历山大 1796 年春为了生病的母亲也到了柏林，他同样度过了令人压抑的五个星期。他非常难过，以至于写下遗嘱并存放在柏林市法院。他给弗莱贝格的弗赖斯勒本写信道："我可怜的母亲的命运如此可怕，她得了可怕的乳腺癌，不仅没有救治的办法，减轻她痛苦的方法都没有。我想，到秋天她就会去世。"（Jbr. 503）因此他没打算进行长时间的旅行，虽然他非常想去远方。一段时间以来他都计划着和朋友莱因哈德·冯·黑夫滕去意大利。他知道，哥哥也有相同的想法："他和妻子、孩子一起去，他依恋我比我依恋他多，即使他自己对你没兴趣，那么他也知道，没有你我也不会留在他身边，他会感激把他和你拴在一起。"（Jbr.，479）还有原来充满幸福地期待的伟大的"美洲之旅"的计划，但只要母亲还活着，所有这一切都得推迟。

回到拜罗伊特，亚历山大得了荨麻疹并发起了高烧，几个星期后他又痊愈了。为了保持普鲁士在维滕堡及弗兰肯地区政治上的独立，他成功地和越过莱茵河的法国人进行了谈判。他精神饱满地专注于学术研究：写关于肌肉和神经刺激的物理、化学著作，记录用光速进行的实验、新的气体类型及生理学上的植物反应。他研究空气的组成以及计划写一本伟大的地理学著作《论中欧地球球体的结构》。

他不无骄傲地告知弗莱贝格矿业学院的老师亚伯拉罕·戈特洛普·维尔纳："我可以向您保证，我从来没像现在这样勤奋，因为我现在完全生活在科学中，我能分配我的闲暇时光。"（Jbr. 561）

与此同时哥哥威廉陷入了深深的创作危机，他感觉思想僵化，常常"被一种令人害怕的、绝望的感觉困扰，即觉得自己写出来的东西没用，我动弹不得"[2]。席勒虽然无法直接帮助他，但他至少可以简单告知自己是如何看待威廉这个朋友的问题的。威廉·冯·洪堡作为概念型的人因为"判断能力的优势大于自由形成的能力"而束缚了自身[3]，他的批判性判断破坏了发明的创造力。因此，他应该增加自己的天性所倾向的东西，即敏锐的判断力和深刻的享受能力。

威廉一读到席勒的信就决定带着夫人和孩子去旅行，他在母亲身边待了一年多，令人痛苦。现在他终于可以看到大海，可以拜访朋友和熟人，可以获得新的启发，也能稍微享受一下生活了。1796 年 8 月初母亲的状况稍微好些了，威廉并不想远离母亲，因此旅行从德国北部开始，这个小小的旅行团主要在波罗的海活动，他们在海边待了几个星期。回到柏林后威廉立刻写信给席勒"我在旅行中享受了很多乐趣"。[4]旅行日记（G. S. XIV，258-352）显示出他在美学和性格学上高超的判断力。他生动地描绘了旅途中的自然风光，特别是吕根岛的风光，他犀利地描写了在旅途中拜访的人，其中有约翰·海因里希·福斯（Johann Heinrich Voß）、约翰·格奥尔格·施罗塞尔（Johann Georg Schlosser）、弗里德里希·戈特洛普·克罗普施多克（Friedrich Gottlob Klopstock）、马蒂亚斯·克劳迪乌斯（Matthias Claudius）和在汉堡与之见面的弗里德里希·海因里希·雅各比："他身上的主要特点显然是高贵伟大的，但有时候也许退化得有点骄傲和浮华虚荣了，还有某种精神性，对物质和仅由智力概念化的东西都不屑一顾，这可能是他在感情上，特别是在表达感情上有一些奇怪的东西，乍一看有点儿不自然的东西。"（G. S. XIV，347）

这次旅行增强了他对自己思想创作的自信，但很快看上去又变得糟糕了，卡萝莉内生病了，一次放血使她变得更加虚弱。"医生建议她尽快回到耶拿，因为她不能待在这里。"[5]威廉·冯·洪堡 10 月底与家人离开病重但还未有生命危险的母亲。经历 15 个月的危机之后他于 11 月初又回到了耶拿。

两个星期之后，1796 年 11 月 14 日，母亲在特格尔去世，享年 55 岁，她第二次婚姻所生的两个儿子都不在身边，他们也没参加在法肯贝格乡村教堂举行的葬礼。兄弟俩对她的去世有所准备，似乎还因为她的离世感到解脱，他们并不特别难过，也没受到打击，而是感到更轻松，母亲的不幸终于结束了。"你知道的，我的好朋友，"亚历山大写信给弗赖斯勒本："我的心受这件事影响不大，我们一直都是陌生人，但谁不应该被不同的不幸的无尽痛苦所感动呢？"（Jbr. 553）威廉的感受和弟弟一样，母亲的感情世界早就对他封闭了。

母亲的去世激发了两兄弟旅行的兴趣，没有家庭的羁绊让他们留在普鲁士，亚历山大决定"生活在研究自然中"[6]并全心全意准备伟大的科学旅行考察。1796 年底他离开政府部门搬到耶拿的哥哥那儿，很快他陷入了财务危机，因为还要等上几个月，直到忠诚的昆特像父亲一样分配他们的遗产，这些遗产要分给两兄弟和同母异父的哥哥，特别有争议的是计划卖掉特格尔，最后特格尔落到威廉的名下。歌德在经济上帮助两兄弟，"这样我们才无忧无虑"（Br. II，71）。歌德非常愿意帮助他们。接着一切尘埃落定[7]，两兄弟富裕起来并终于能够毫无牵挂地实施魂牵梦萦了好一段时间的伟大旅行了。

威廉想和家人（1797 年 1 月 19 日第三个孩子台奥尔多出生）去意大利，以便跟随歌德意大利之旅的足迹去感受古典时期，尤其是罗马。他希望能在那里创造出一些符合自己想象的古典和谐著作的东西。歌德考虑同行，亚历山大也想去，但意大利的火山比罗马的建筑和纪念碑更强烈地吸引他，他计划了很长时间，打算长时间离开欧洲去美洲进行科学考察，但在此之前为了能够获得火山自然力量更清晰的画卷他想近距离研究西西里岛的埃特纳火山、施托姆波利岛和维苏维火山，他也想在实践中继续学习天文学，尤其是用六分仪来确定更准确的地理位置，六分仪是他日后肯定需要用到的仪器。"我的旅行肯定是确定无疑的了，我还要准备几年，收集一些仪器，为了更好地观察熟悉火山，我会在意大利待一年或一年半，然后经过巴黎去英国，我可以轻轻松松在英国又待上一年（因为我不用着急，要做好准备），然后坐英国的船去西印度，如果我不能完成整个计划，至少我已经开始行动并利用这个使我幸福的机会。"（Jbr. 560）

但与亚历山大·冯·洪堡计划的不同：他并没去意大利和英国，他最终到达了旅行目的地"西印度"。他的"西印度"不仅是加勒比海的岛国世界，还有中南美的热带和亚热带地区。尽管走了无数不可预测的弯路，但最终在1799年7月到达。

亚历山大有针对性地准备这次西印度冒险旅程并以此来实现自己童年的梦想。1797年春他就开始作准备：他首先完善物理和化学方面的测量技术，然后学习使用六分仪。在耶拿他去洛德尔那继续学习解剖学，学习如何解剖和如何制作标本。一对可怜的被闪电击中的农民夫妇也成为他解剖的对象。"我亲自解剖这个男人的一部分，很奇怪的是骨头多么强烈地导电，后腿被闪电击穿就像被铅弹击中一样。12小时之后就腐烂了。"（Jbr. 580） 为准备伟大的旅行和研究计划，他不知疲倦地工作着。"毫无疑问不做试验我就活不下去，但现在我内在冲动的原本目的不是做实验。"（Jbr，579）

1797年5月底，亚历山大和嫂子从耶拿出发到德累斯顿和哥哥威廉汇合，然后一起去意大利。这是一次奇妙的陪伴，卡萝莉内给正在柏林处理遗产事务的威廉写信："旅行非常顺利，亚历山大坐在我的车里。因为黑夫滕比我们少一个孩子，却需要有三倍多的地方来放行李，他们有那么多巨大的包裹，以至于没有空地给亚历山大了。你喜欢这样吗？将来他们肯定还有其他安排。"（Br. Ⅱ，72）威廉肯定不喜欢这种奇怪的关系，而弟弟深陷其中。莱因哈德·冯·黑夫滕离开军队，娶了和瓦尔登菲尔斯离婚的克里斯蒂娜，他们夫妇和两个孩子一同旅行。[8]

但威廉应该采取什么行动来反对弟弟的依恋呢，这种依恋完全变成了危险的依赖，而目的只是为了看到所爱的莱因哈德幸福？最后他自己也了解了这样的安排：自从他深爱的丽娜爱上第三者以来，这个第三者也同样陪伴他们去南方旅行。多年前他对福斯特说过，他永远不会破坏或玷污妻子的幸福和感受，一旦她不再爱他而是爱上另外的人并且在另外那个人身上找到她心之归处 [9]。现在是考验他实现诺言的时候了：洪堡夫妇 1796 年在柏林的一次沙龙上认识了弗里德里希·威廉·冯·布格多夫（Friedrich Wilhelm von Burgsdorff），一位有魅力的勃兰登堡贵族，他介入了两人世界并在耶拿长期成为威廉夫妇的座上客。威廉也知道卡萝莉内 1796 年 12 月 1 日给女朋友拉尔·莱文（Rahel Levin）坦白的事情："您一定知道，在我看他和待在他身边时，我觉得如此亲密，对我来说再见他时如此充满幸福和活力……我的甜心，请保守这个秘密，我那么爱他，我感觉和他联系如此紧密就像和我身上最美好的东西一样。" [10]

　　这个奇特的组合出发去意大利，因为卡萝莉内又生病且必须要在德累斯顿休养，亚历山大和黑夫滕一家先去维也纳。威廉、卡萝莉内及三个孩子，在布格多夫及其朋友画家和雕刻家克里斯蒂安·弗里德里希·蒂克（Christian Friedrich Tieck）的陪伴下晚些时候出发。布格多夫对亚历山大和黑夫滕一家的友谊表示惊讶，这种友谊似乎向他证明了这个自然科学家多么不了解人。卡萝莉内不仅"完全，像您认识的她那样，情感丰富" [11]，而且还在感情上游离于丈夫和朋友之间，亚历山大嘲笑嫂子和轻率的布格多夫之间的亲密关系。威廉研究维也纳的民族性格，这个民族强烈的吸引力给他留下了非常舒服的印象。他也没错过有趣的经历。维也纳的男女更开朗、更幽默，他们比德国北部的人更容易结交也更亲近。他遗憾的是自己的情绪，因为第三者的长期存在让他情绪不好，这个第三者和孩子们也建立了非常友好的关系，"他们跳舞、蹦跶，和他一起骑马，随意地挂在他身上"（Br. Ⅱ，43）。

　　一行人本来只打算在维也纳短暂逗留，但现在必须等待意大利的政治局势明朗，意大利对他们关闭了大门，野心勃勃的拿破仑和法国军队占据了意大利北部和中部的大部分地区，民众骚动不安，威廉不想带家人去这种动荡的地方，到罗马的旅行特别不安全，无法想象在意大利的中心会有宁静的地方。9月5日威廉写信给歌德："路途非常危险，逗留也将非常困难，享受完全被破坏了。"[12] 亚历山大也知道不能再继续前行了。"意大利的战争和革命局势断了享受学术旅行的念头。"[13] 他利用这段时间做生理学上的植物和动物实验，拜访著名的医生和自然研究家，完成了第二卷《敏感的肌肉和神经组织实验》，他在邻近的美泉宫温室里研究了大量的西印度植物，这更激发了他去热带地区的渴望，他着手准备美洲之旅。

　　威廉决定和家人不去罗马，而是去巴黎，这没什么危险，因为普鲁士和法国签订了和平条约并且普鲁士新国王弗里德里希·威廉三世是坚定的反战者，他最看重的是和平和安宁。10月11日威廉一家在布格多夫和蒂克的陪伴下从维也纳出发，亚历山大还想在奥地利多待些时日，他希望意大利的战争状况平息下来。分离使兄弟俩都非常难过，母亲去世后他们互相觉得更亲近了。威廉才离开几天，亚历山大就给卡尔·弗赖斯勒本写信说："我又和威廉分开了，我哥哥、嫂子、布格多夫和雕刻家蒂克4~5天前经慕尼黑、沙弗豪森、苏黎世、巴塞尔去巴黎，他们11月26日到达巴黎。对威廉来说这个决定是明智的，现在意大利乱糟糟的，也不通邮，没有人可以到达那里。他打算在巴黎住一到两年，然后从法国南部去意大利。黑夫滕一家和我还在观望，等暴乱过去，冬天多半就待在萨尔茨堡了。"（Jbr，592）

　　10月26日亚历山大到达萨尔茨堡。接下来的几个月黑夫滕一家过自己的日子，对亚历山大·冯·洪堡来说另一个人变得重要起来：莱奥波德·冯·布赫（Leopold von Buch），他俩是弗莱贝格矿业学院的同学，都上过亚伯拉罕·戈特洛普·维尔纳的课。布赫来拜访他，他们就共同研究阿尔卑斯山，时间长达几个月：他们漫步在奥地利陶恩山脉高高低低的山峰中，绘制奥地利盐矿储量的地表概览，测量山的高度，研究观察气象，勘探确定地理位置以及对空气进行分析等。5个月的时间里，"他们生活在孤独的隐士般的寂寞中，但比以往任何时候都勤奋、幸福地做研究……我收集了很多新数据，不断地写作"（Jbr. 629f.）。但这并不是幸福的时刻，即使是在寒冷的阿尔卑斯山，亚历山大也在为热带做准备，他想去热带地区，可他如何达成目标呢？

亚历山大在萨尔茨堡逗留期间，"年老的、优秀的布里斯托勋爵（Lord Bristol）"（Jbr. 661）提出，让亚历山大陪他去埃及。他是第四任布里斯托伯爵和德里① 主教，一位富有的、喜好享受的奇怪的人。亚历山大没有想到，他竟然同意了。他对不断推迟去西印度的旅行厌倦了，此外他也希望，在东方也能找到自己渴望的椰树气候，但此次旅行也未能成行：拿破仑的军队打到埃及阻止了这次旅行，布里斯托勋爵在米兰被捕，罪名是他为了英国的政治军事利益想去埃及。亚历山大·冯·洪堡失望之极并伤感道："什么都被阻止了，世界都封闭起来了。"（Jbr. 631）

亚历山大不但没被打倒，而且采取了行动。1798年4月底他出发去巴黎哥哥家，5 月 12 日到达巴黎。他知道利用时间：他和最重要的科学家建立联系，他们相处得非常好；他扩充了植物学、化学、解剖学和天文学方面的知识以及完善了仪器收集方面的工作。在法国民族学院他做了几场学术报告：论气体分析，植物化学方面的生理学研究，伽伐尼电流方面的实验。很快他就得到法国学者精英的赏识。然后他在"波士顿酒店"的门厅里经历了一生中最幸福的事件之一：他遇到了比他年轻四岁的医生和植物学家艾默·波普兰特（Aime Bonpland）。"他曾在海军服役，身体非常健壮，很有勇气，人品也好，熟悉解剖学。"（Jbr. 662）波普兰特本来应该陪同海军军官托马斯－尼克拉斯·鲍丁（Thomas-Nicolas Baudin）进行法国五人执政内阁计划的环游世界之旅，但由于缺乏资金考察旅行被推迟了。"这对波普兰特和我就像被闪电击中一样，我立马想起我的非洲项目，

---

① Derry，北爱尔兰郡名。

我想可以经埃及到东印度，因为我不能指望政府负担研究之旅，所以我决定，我自己承担费用，我请求波普兰特先生陪伴我。"[14] 波普兰特加入了这次冒险，一艘停留在马赛的瑞典驱逐舰可以把他们带到阿尔及尔，他们想从阿尔及尔跟着商队穿过沙漠到达开罗。

1798 年 10 月 20 日亚历山大和波普兰特离开巴黎，分别又一次让兄弟俩难过。他们这次共同生活了 5 个月，也共同分享了巴黎的文化和学术生活并获得了很多乐趣。离别非常令人感动，当嫂子把最小的台奥尔多抱起来和亚历山大告别的时候，他差点儿失去离开的勇气。他看着将要和自己进行长途旅行的波普兰特：他是正确的旅伴吗？在困境中能信赖他吗？两兄弟长久凝望，亚历山大高兴的是，哥哥情绪很好并鼓励他说：亚历山大天生是要进行这次旅行的，他非常肯定，他们会再见面的。然后亚历山大和波普兰特坐着邮车出发去马赛。

两天后的 10 月 22 日威廉写信给弗里德里希·奥古斯特·沃尔夫（Friedrich August Wolf）："遗憾的是弟弟前天离开巴黎了，他的离去带给我无尽的痛苦，过去几个月我们住在同一所房子里，中午都一起吃饭，常常一起参与社会活动，能够互相理解地生活在一起，天下没有不散的宴席，在我们尽情享受共同的快乐时光之后，显然分离就不再是短暂的了。"[15]

在马赛，亚历山大和波普兰特经历了最初的失望，期待中的驱逐舰并未到来，他们被困在了普罗旺斯。他们觉得那儿的风景优美，天气舒适宜人，但看到大海就提醒他们不断地想起破灭的希望，他们必须临时安排。"我们非常懊恼地决定去西班牙，搭上了一艘从卡塔赫拉①去突尼斯的货船，我坚持这个非洲项目。"[16]

去马德里的决定是幸运的：亚历山大·冯·洪堡 1790 年和福斯特旅行到伦敦的时候，认识了当时的西班牙特派秘书唐·马日阿罗·路易斯·德·乌尔库吉（Don Mariano Luis de Urquijo），现在他是西班牙的首席国务秘书，他把亚历山大介绍

---

① Cartagena，西班牙港口城市。

给西班牙国王卡尔四世，国王热情地接待了这位年轻的普鲁士人并准许他以个人的名义获得在西班牙殖民地做科学考察的权利。亚历山大获得了通行证，通行证规定："根据国王的决定，准许亚历山大·冯·洪堡，尊敬的普鲁士国王的矿业大臣，在他的助手及秘书亚历山大·波普兰特的陪伴下去美洲以及帝国其他的海外殖民地，继续其矿业研究以及为自然科学的进步收集宝贵材料、观察研究和进行探秘活动。" 前进的道路上毫无障碍了，相反人们还应该"尽力帮助他及其同伴，给他们提供各种援助和保护"[17]。

从马德里出发他们到了拉科鲁尼亚[①]，他们想从那里坐船去古巴岛。1799年6月皮查罗号出海把邮件送到古巴和墨西哥，船入港推迟了10天，天气不好，加上为了阻断西班牙和海外殖民地之间的联系英国战船在海岸边时常出没。亚历山大和波普兰特利用这个间歇给德国和法国的朋友写信。"在人们第一次离开欧洲的时候有一些令人愉快的东西。"[18]亚历山大·冯·洪堡童年时代就渴望的、在遥远陌生的自然中进行伟大的冒险即将成行，他能胜任吗？他拥有足够的知识和能力来研究整个大自然的所有力量的内在关联和相互作用吗？他进行自我批评："我自己知道，我可能无法胜任我的伟大的关于大自然的著作的撰写，但我身上这个永恒的冲动（似乎有1万头母猪）因为追求伟大和存在而得以保持。"（Jbr. 657）

但这种怀疑并没抵消他此刻感受到的巨大快乐，他充满希望地写信给亲爱的青年时代的朋友卡尔·弗赖斯勒本："在我面前是怎样的幸福呀！我因为快乐都头晕了，我将乘西班牙的驱逐舰皮查罗号出发，加那利群岛和南美的加拉加斯[②]岸边……我将能够收集到多少通过观察研究获得的宝藏呀，不仅只为我关于地球结构的著作。还有更多，我的好朋友，人必须要设想美好的和伟大的东西，余下的就交给命运吧！"（Jbr. 680）

---

① La Coruna，西班牙西北部港口城镇。
② Caraccas，委内瑞拉首都。

1799 年 6 月 5 日晚，亚历山大离开了古老的大陆，他在欧洲最后见到的是一所渔夫的小茅屋发出的灯光，融合着越来越远的从地平线上升起的星光。"一个人永远不会忘记这种景象，这个人到了其感受拥有深度和力量的年纪并且踏上遥远漫长的海上之旅。什么样的回忆会在想象中觉醒：当闪亮的光在黑暗的夜晚慢慢地从移动着的波浪中发出光芒并照耀着家乡的海岸！"[19]

5 年零 2 个月后的 1804 年 8 月 3 日，亚历山大在波尔多再次踏上欧洲的土地，我们无法陪伴他进入"新大陆热带地区之旅"，他自己非常生动地描述过这次旅行同时也被其他人详细地复述过[20]。我们要看看他在旅途中给哥哥威廉写了 6 封《美洲通信》的内容[21]。威廉那时住在巴黎，去西班牙进行了两次长途旅行，从 1802 年开始在罗马梵蒂冈任普鲁士特使。

特内里费岛①，1799 年 6 月 23 日晚："昨天晚上我从火山山顶回来，景色多美呀，多么享受呀，我们深入到了火山口，也许比任何一个自然研究者都走得远。"（S. 22）

恶劣的天气和海边的浓雾帮助船只突破了英国战舰的封锁。10 天后皮查罗号到达摩洛哥海岸，然后还有一小段航程就到了加那利岛。"我无法形容到达非洲土地上的幸福之情！"（S. 21）亚历山大非常正确地从这个地理位置上给哥哥写信。一路上他并非无所事事，虽然美丽的月夜令他着迷，他也几乎无法让自己的目光离开海的光芒和星光。但他也做了很多科学观察和测量：空气的质量、海水的温度和流向、星辰的位置等。他和波普兰特一起研究水母，给一种特别的圆形的软体动物做伽伐尼电流试验。"我试图给这些软体动物做电流试验，它们没有出现萎缩现象。"[22] 他们从 100 米深的海底打捞上一种不知名的如葡萄叶一样的绿色植物。

在特内里费岛他们受到了热烈的欢迎和友好的款待，国王的通行证产生了奇

---

① Teneriffa，西班牙加那利群岛最大岛屿。

迹，但他们不想进行娱乐活动，而是一定要登上巨大的火山皮克·德·泰德（Pic de Teide），它的景色"真的太伟大了"[23]。6 月 21 日他们开始登山，在登山过程中他们断定，这次登山将使亚历山大植物地理学方面的研究收益颇丰：在山的垂直面植物呈阶梯状，在地球的水平山谷中呈分散状延伸。温度、空气密度和可用水资源的减少导致了不同的植物区域，这些植物像楼层一样重叠开来：从藤蔓植物到月桂树、松树、灌木带再到草地。

最后他们抛开植物学，在大约 3000 米的高空中于两块突出的岩石下度过了一个异常寒冷的夜晚，最后到达山顶。时间是 1799 年 6 月 22 日。火山口边缘的景色让亚历山大·冯·洪堡震惊，他立刻在一块突出的岩石上找到一小块空地并坐下来用画笔记录下自己看到的一切：《特内里费火山口内部景观》。这幅画后来作为插图收录到《科迪勒拉山系风光》里，因为这幅画很适合热带之旅的"风景如画的地图集"[24]。景色使他兴奋，为此他甘愿冒险，他忍受着高山上刺骨的寒冷和火山口的酷热："在火山口上，硫黄气体把我们的衣服烧出不少洞。"（S. 22）旁边冒出滚烫的熔岩，亚历山大从矿物学的角度认定这是熔化了的玄武石。也许相对水成论者，火成论者是正确的，如果追溯玄武石产生的原因就是火山活动的结果！

"上帝呀，在这种高度上是怎样的一种感受呀！"景色如此美丽：身处高于海平面 3738 米的地方，头顶是深蓝色的天空，脚下是制造出一片荒漠的熔岩流，直到山下开始出现森林和藤蔓植物，最后是"我们下面如地图一般"（S. 22）的广阔的海洋，以及加那利群岛所属的 7 座海岛。亚历山大·冯·洪堡测量了空气压力和温度，分析了气体和岩石的组成。但让他幸福的是自己的感官感受：他被伟大的大自然及其如画般的、无法测量的、丰富的魅力深深地震撼了。

"怎样的享受呀！"他写信给威廉，在他给威廉描述火山山顶的危险之前，他想让威廉有点小怕。他有意选用的这个词并且带了点小心思。他用这种美学的品位判断来针对且反对哥哥，因为他了解哥哥，知道威廉是个懂得珍惜感官乐趣的享受者。但他也知道，威廉对美有着特别的偏好，正如康德在《判断力批判》中分析的那样。美是舒适的不需要特别的爱好就让人普遍和必然喜欢的事物。美是形式和内容共同和谐作用而形成的美好的形象。康德赞美不知名的人，这人首先恰如其分地"以美丽的性的名义"了解女性，并且他也观察到，"性爱"主要是本身就具有美的特征。[25]

亚历山大也读过康德，但比美更强烈吸引他的是崇高，崇高虽然和美的感受相对，但也能带来享受。康德列举典型的例子来说明崇高，尤其是出自动态的、崇高的自然王国的例子：崇高是广袤无垠的宇宙；未塑形的野性地叠加在一起的山体，它白雪皑皑的山峰伸向云端；天空中夹杂着怒吼着的雷电的乌云；无边无际的波涛翻滚的海洋；荒芜的沙漠和一望无际的草原；突兀的危险的山崖；深渊和崖谷中流淌的河水；一落万丈的瀑布和激流；比所有这一切都震撼的是"拥有毁灭性力量的火山"[26]。

亚历山大倾向崇高的美学，他享受看到的自然景观。自然的力量和伟大是没办法用仪器来测量的，而是迎合了敏感的人的美的感官，即使它具有战胜人的感官的危险。从这个意义上说亚历山大遵循康德的《崇高的分析》。但他比柯尼斯堡的哲学家走得更远：康德几乎没离开过家乡，在他晕船之后也自愿放弃波罗的海的帆船之旅。康德为了强调人的精神的伟大而只是想象大自然的崇高。作为思考崇高感情的哲学家，他自己处于安全的港湾中，他认为大自然是可怕的，但不必害怕它，他把对崇高的美感和具有活力的生理上的人的直接的享受或恐惧区分开来。[27]

与康德完全不同是亚历山大·冯·洪堡。虽然亚历山大赞同康德对崇高的分析，并且人们常常有这种印象，似乎亚历山大描写自己的感受和经历出自康德对崇高感情的研究，但事实上亚历山大享受着康德只是纸上谈兵的这些危险。他让自己置身于危险当中，没有保险措施，也不用保持距离，但他有意识地保持自己的界限。必须要离开了特内里费火山山顶了。"暴风雨来了，在山顶上咆哮。我们必须牢牢抓住火山口的边沿攀爬，山谷间的风呼呼作响，一块乌云似乎要把我们从这个活生生的世界中撕裂出去，我们孤零零地在云雾中沿着尖锐的山崖向下爬。"（S. 22）

库马纳 [①]，1799 年 7 月 16 日。"我们像傻子一样逛到现在。"（S. 26）刚一到达南美海岸，亚历山大就向哥哥谈到自己经历的幸福。历时三个星期他们平平安安穿越大西洋，7 月 4 日到 5 日夜晚他第一次看到童年时代就魂牵梦萦的"南部之角"。因为船上突然爆发了令人紧张的高烧，亚历山大和波普兰特就没继续前往古巴，而是在港口城市库马纳下了船，库马纳属于（西班牙）代理王国新 - 格拉纳达（今委内瑞拉）。库马纳的行政长官对自然科学也非常感兴趣，他热情地接待了客人。亚历山大和波普兰特想待几个月，大部分时间在加拉加斯，从库马纳坐船出去进行了两次旅行。附近的雪山让人期待着凉爽。他们认为自己待在"一个最神圣和最完美的地方"（S. 25）。他们觉得仿佛被丰富的、奇妙的、令人惊叹的大自然施了魔法。

"那些树呀！"（S. 26）有 20 米高，灌木被最漂亮的花朵装饰着，树木有着巨大的叶子。"那些鸟、鱼甚至螃蟹（蔚蓝和黄色）的颜色呀！"（S. 26），他们看到了猴子、画眉和自由自在的小鳄鱼。亚历山大·冯·洪堡觉得，他在这里会非常幸福，看到这里的植物和动物世界时产生的印象会让他常常心情愉悦。他还几乎不能理解自己看到的东西。"迄今为止我们像傻子一样到处走走看看。头三天我们无法确定，因为人们总是抛出一件东西，为了去看另外的东西。波普兰特保证说，如果奇迹还不停止的话，他要灵魂出窍了。但比这些个奇迹还要美的是那种有力的、茂密的，但又轻盈的、令人开心的、温和的植物自然世界引起的整体感觉。"（S. 26）

因为亚历山大了解哥哥的人类学研究兴趣，所以他也简单说了说印第安人的

---

① Cumana，委内瑞拉北部苏克雷州蒙特斯市的首府。

生活，他们中的很多人还是"真正的半野蛮人"。"一个非常美、非常有趣的人种。"
（S. 25）他们中的大部分还生活在城市之外，他们住在竹子做的茅屋里，屋顶用
可可树的叶子遮风避雨。男人们几乎都赤裸着身体，这位普鲁士贵族好奇地走进
一所茅屋，母亲和孩子们坐在珊瑚桩上，这些珊瑚是被海水冲上岸的。他们从椰
子壳碗中吃鱼，一切都散发着自然天成的魅力，人们为什么需要精美的衣服、椅
子和餐具呢，如果大自然提供了人们需要的一切！

接下来的几个月，亚历山大和波普兰特都在库马纳或者附近活动。他们拜访
了城市南部印第安人的外交使节，参观了一些种植园，这些种植园"和真
正的英国花园类似"。（S. 26）他们登上内陆山脉中的图米里基里①。1799 年 9 月
18 日他们站在了夜行鸟类居住的巨大山洞的入口处，他们进入山洞，这个山洞里
居住着百万只像鸡那么大的猫头鹰。亚历山大给这种特别的鸟类画了一幅画，后
来他称这种猫头鹰为"胖鸟"。一切都让亚历山大·冯·洪堡和波普兰特非常开心。
"人们必须享受近在咫尺的东西。"（S. 26）但他们并未忘记自己的研究。他们采
集、解剖、测量和分析。当亚历山大在出租房的平坦的楼顶上进行天文测量时，
好奇的人们聚集在街上，惊讶不已。常常有些有教养的女士拜访他们，她们想通
过显微镜看看各种各样在她们卷曲的头发中活动的小虫子，因此他的仪器使用频
率很高：为了研究自然的全貌，从遥远的星辰到小虱子。

库马纳，1800 年 10 月 17 日。"命运不想我们在这不毛之地丧命。"（S. 78）
1799 年 8 月 6 日，威廉从巴黎写信给歌德，在巴黎他和家人享受着文明和文化带
来的乐趣。在这封信中威廉给歌德谈到亚历山大在新世界的旅行。他认为弟弟是
非常幸运和值得羡慕的人："很少有命运如此眷顾一个人，让他成为他的天性想
他成为的那种人，更少见的是，一个人很早并且全然认识到自己的这个使命。"[28]

---

① Tumiriquiri，委内瑞拉的库马纳南部称为 Cocollar 的山脉峰顶。

亚历山大从来没让自己偏离最喜爱的研究，从来没让自己在生活的道路上受到迷惑。从早期的童年时代起，威廉就跟踪了解兄弟俩不同的性格特点。

亚历山大还在库马纳，直到 10 月底他才决定继续长途旅行，这次旅行将他带到还没开发的处女地。最初他们坐船去加拉加斯，他们在那儿待了几个星期，他们住在城市最高处一幢巨大的、独立的房子里，从房子里可以看到他们在 1800 年 1 月 2 日登顶的高高的希拉山。一个月后他们开始大胆地继续伟大的冒险，他们想逆向行驶巨大的奥里诺科河流，目的是在源头找到和亚马孙河之间不为人所知的连接点。计划不如行动。2 月 3 日他们向南深入内陆地区。当他们离开高高的山脉之后，他们必须穿越一片广阔的无人居住的拉诺斯大草原。他们缺水，吃了很多灰，"为了找到些腐水"（S. 79）他们常常得绕道。当东风掠过滚热的地面时，带来的不是凉爽，而是新的酷热。他们受着饥饿和口渴的折磨，数以万计的成群的野马、野牛和野驴在身边转悠。

亚历山大·冯·洪堡和波普兰特终于到达了阿普雷河，他们乘大约 12 米长、1 米宽、用树干打出的洞做成的独木舟顺流而下朝着奥里诺科河驶去。这条河流像巨大的水平面一样崇高地在他们眼前舒展开来。他们大约跟着水流行驶了 800 千米，独木舟就像监狱一样，他们得弯腰坐着通过低矮的树木，赤身裸体的印第安船夫在独木舟前部对抗着水流匀速前行。

1800 年 4 月 6 日发生了不幸，亚历山大一生都要感谢同伴波普兰特的行为。"我永远不会找到如此忠诚、勇气可嘉的朋友了，在我们的旅行中他显示出令人惊讶的勇气和听天由命的态度。我永远不会忘记他高尚的、对我亲近的态度，这是他于 1800 年 4 月 6 日在奥里诺科中途遇到的风暴中向我证明了的。我们的独木舟有三分之二的部分都进水了，我们身边的印第安人为了游到岸边都开始跳入水中，我勇气可嘉的朋友请我模仿他们，他自己也准备救我，命运不想我们在这不毛之地丧命，这附近 10 里之内没有任何人会发现我们沉没或者找到一点儿我们的痕迹。我们的情况真的非常糟糕。"（S. 78）河岸太远了，亚历山大不会游泳，鳄鱼顺着水流游来了，幸运的是，这时一阵风吹动了小船的桅杆并"以令人费解的方式救了我们"（S. 79）。当他们晚上登陆的时候，他们觉得非常幸运。漆黑的夜晚，月亮偶尔从被风吹散的云朵中露出脸来，两位旅行家陷入沉思并且不安地想到：未来还会遇到什么呢？第二天天气很好，"在整个自然界中弥漫着的宁静和欢乐又回到了我们心中"（S. 79）。

5月7日他们到达旅行的最南端，临近西班牙和葡萄牙的殖民地交界处圣·卡洛斯·德·里约内格罗。他们穿过奥里诺科、亚马孙、波帕扬和圭亚那之间的陆地。"这是一片1766年以来欧洲人就再没进入的土地"，这里居住着大量的印第安人。"他们中的大部分人还没见过白人，他们说着不同的语言，教育水平参差不齐。"（S. 78）在回程途中，里约内格罗和奥里诺科的水流加快了行程。最后他们又要穿越拉诺斯大草原。但这次是雨季，迎接他们的不再是尘土飞扬的酷热，而是大量被水淹没的土地，他们艰难地前行，8月27日，大约7个月之后，他们又回到了库马纳，在那儿他们一直待到11月中旬。

威廉很长一段时间都没收到弟弟的来信，现在经历了这么伟大的研究和冒险之后有太多可说的了。亚历山大一再重复，他在这部分世界中感到多么幸福。在这里他发现自己的天性要他做的事情。他可以观察、研究大自然，大自然"丰富、多样、伟大和崇高"（S. 77）。他还可以研究各种各样不同的混合居住的人种。"没有哪儿比这儿更值得研究和学习，在这里我真实地存在。在文明国家因为社会交往出现的娱乐消遣无法让我放弃这里，相反大自然给我提供无穷的、新的、有趣的对象。在这里的寂寞中唯一使人遗憾的是人们对欧洲的启蒙和科学进步一无所知，且失去了在获悉思想时产生的优势。"（S. 77）但亚历山大并不深受这种匮乏之苦。因为他常常感觉，似乎在新大陆的居民中比在人们称之为文明的民族中存在着一种更伟大的人性和更真实的哲学。亚历山大从库马纳写信给在巴黎的哥哥，表示在这里自由的崇高的理念似乎不仅仅是美丽的哲学表达方式，而是作为一种存在形式。"因为这些原因我觉得很难离开这里而去到更富裕、更多人居住的殖民

地。"（S. 77）

卡塔赫纳·德·拉斯印地阿斯，1801 年 4 月 1 日。"如果你收到我从哈瓦那寄出的最后一封信……" 这是亚历山大下一封从哥伦比亚海港城市卡塔赫纳寄给哥哥的信的开头，威廉没有收到哈瓦那的信。1800 年 12 月 19 日到 1801 年 3 月 15 日，几乎 3 个月时间，亚历山大都在"安第斯山的珍珠"——古巴。他利用这段时间绘制奥里诺科的地图（他确定了其中 50 多个地方的长度和宽度）、写旅行游记，给收集的石头、植物和动物分类。他给西班牙、伦敦和柏林寄了植物标本，副本留在哈瓦那。

在古巴，他仔细研究气候、地理、农业和居民结构。第一批匹配《古巴》的绘画作品也在这里产生，《古巴》在他用法语写的游记《历史学》（巴黎，1825）的第三卷中出版。他自己 1827 年在给歌德的信中称之为"我关于古巴岛的黑皮书"[29]，这不只是针对主要内容说的：来自非洲的黑色居民的一部分，他们的生活条件，大部分还是奴隶制，在种植园里工作。书是黑色的也指政治内容，它描绘了可怕的有关社会弊端的画卷。在启蒙运动思潮中成长起来的亚历山大·冯·洪堡认为奴隶制是野蛮的歧视，也是对人的天性的践踏。"毫无疑问，奴隶制是所有使人性受折磨的弊端中最大的。"[30]奴隶制是对人的自由理念的绝对否定，而自由的理念是亚历山大·冯·洪堡奉为座右铭的指导思想。

康德规定人是在无他人指导下成年的生物。亚历山大作为康德意义上所指的被启蒙的人拒绝奴隶制。在古巴，奴隶制到了真正让他厌恶的程度，后来他也反对殖民制度："道德的缺乏来自哪儿，这种痛苦，这种每个在欧洲殖民地（生活）的敏感的人感受到的不舒服的状态来自哪儿，因此殖民这个思想本身就是非道德的思想。"[31]

本来亚历山大·冯·洪堡打算从哈瓦那出发经北美的美利坚合众国南部地区到墨西哥，然后从那里穿越太平洋去菲律宾。出现了新情况。当他得知，托马斯-尼克拉斯·鲍丁船长在去智利和秘鲁海岸途中，他改变了计划，他希望能参与鲍丁的环游世界之旅。亚历山大和波普兰特乘坐一艘小船从古巴出发渡过加勒比海回到南美海岸，他们想去卡塔赫纳。"为了从这里走陆路到基多和利马。给你完整讲讲促使我这么做的原因，可能会扯得有点远。"（S. 92）威廉接到这个消息的时候，一定被吓着了。他弟弟如何克服困难到达 3000 公里之外的秘鲁首都，要越过无路可走的拥有世界上最高山峰的安第斯山脉中巨大的高耸入云的科迪勒拉山？

就是讲讲从哈瓦那到卡塔赫纳的短途旅行都让人害怕。要经历巨大的危险。加勒比海的风暴"和不信神也不相信我的天文钟的船长"（S. 92）把船远远地驶向西边进入达瑞恩港湾，他们现在必须迎着龙卷风似的东风行使，这是特别困难和危险的。船行进非常缓慢，最后在卡塔赫纳西南部 100 公里处的一个大港湾里约热卢下锚，"可能从来没有观察者上过岸"，洪堡和波普兰特在岸边收集了大量不知名的植物。此处自然风景漂亮无比，大量的椰子树，具有野性的美。宽阔的河流中有大量的龟类闲庭漫步，他们碰到的达里安印第安人生活得"自由自在、无拘无束"（S. 92）。

继续前行去卡塔赫纳的旅途中又发生了一起危及生命的事情，时间是 1801 年 3 月 29 日，船长想竭力迎风进港，大海狂风怒号，小船不受控制倒向一侧，一个大波浪试图吞掉小船。"现在我们都认为船要沉了。"（S. 92）幸运的是小船在新一轮波浪的推动下摆正了，船终于驶入一个小小的因为突出的岩石而不受风暴摧残的港湾中。

"但新的更大的危险在这里等着我。当时正值月食，为了更好地观察月食，我让一艘小船带我去陆地，可我和同伴刚下船，就听到铁链叮叮当当地响个不停，从卡塔赫纳监狱里跑出来的身强力壮的黑人拿着匕首从灌木丛中冲出来，冲向我们，他们可能想抢我们的船，因为他们看到我们没有武器，我们立刻逃向大海，几乎没时间上船，逃离岸边。"（S. 92）（他劝）威廉不要担心。"我的身体状况一如既往地好。"（S. 93）如果一切照计划进行，两人都希望三年后再见。

孔特雷拉斯[①]，1801年9月21日。"我在科迪勒拉山脚下写这些文字，3天后我将登这座山。"因为亚历山大不知道这封信是否能到达欧洲，他又给哥哥讲述从奥里诺科到"未知的、独立的古埃卡斯印第安人居住地"（S. 99）的旅行，他提到在哈瓦那的日子以及在到达卡塔赫纳之前陷入的巨大危险，然后开始讲美洲之旅的第二部分，这次旅行持续了一年半，从卡塔赫纳开始（出发时间是1801年4月19日）到代理王国秘鲁的首都利马（到达时间是1802年10月23日）。

是"那种登安第斯山巨大的科迪勒拉山的渴望"（S. 100）让亚历山大和波普兰特完成这个超人的创举。安第斯山之行的第一段里约·马格达莱纳已经被抛在身后了，几乎有两个月的时间他们都乘船航行在这条巨大的河流中。20个船夫与因为强降雨造成的洪水做斗争。"我不再给你说更多的危险的激流、蚊子、暴风雨和恶劣的天气，闪电几乎就没停过，每个夜晚都会让天空燃烧起来。"（S. 100）亚历山大在途中画了里约·马格达莱纳的地貌图，他想把它献给代理国王。通过气压测量他确定了高度，分析了很多地方的空气状况。他很高兴的是"几乎没有一件贵重的仪器坏掉"（S. 100）。

走完大约1000公里的水路之后，他们终于在洪达登陆了。他们去看植物和矿山，爬了1949米，登上小小的嵌入岩石的梯坎，这些梯坎非常狭窄，马只能困难前行，最后他们终于到达山顶的平台，这个平台在2600米的高空像大海一样在他们面前延伸，没有一棵树。"这个平台是封查海被风干的地基，封查海在姆伊斯卡斯印第安人的神话中起着重要的作用。"（S. 100f）1801年7月8日他们到达桑塔·菲·德·波哥大。他们受到热情接待，犹如凯旋。城里最有教养的人用主教的车接他们，代理国王也在自己的庄园中接待他们。最重要的是和著

---

① Contreras，美国地名。

名的几乎 72 岁的植物学家唐·约瑟·策勒斯蒂诺·穆迪斯（Don José Celestino Mútis）会面，穆迪斯进行了大量的植物学考察，拥有大量的、丰富的植物标本，他雇了 30 位画家，他让他们完成两到 3000 种"波哥大植物的绘画工作"。"看起来就是一个小型画廊。"（S. 101）

因为可怜的波普兰特在马格达莱纳河中被大量的蚊子叮咬而发起了高烧，他们在波哥大停留的时间超出了预期。在波普兰特慢慢恢复过程中，亚历山大·冯·洪堡就去探究周围的环境，他惦记着附近的山脉，去看近处的海和瀑布，还去参观盐矿。

1801 年 8 月 4 日亚历山大开始写《我关于我自己》，其中他谈到《1769—1790 年间走上自然科学家和研究旅行者的道路》。他自己也想了解，为什么小时候他就被推动着"去遥远的世界看看热带地区的产物"[32]。他回忆起自己喜爱的并且常常手牵手在柏林动物园漫步的卡尔·维尔德诺夫，回忆起和施特文·扬·法·格乌恩斯和格奥尔格·福斯特的旅行。"我制订了更长远的计划。"[33] 那是 1790 年。亚历山大用这句话结束了自白。现在他正把计划变为现实。那时的他经常哭泣，但他并不清楚自己为什么哭并且一天天变得不可理喻，现在他非常幸福并且清楚地知道自己想要什么。

> "一旦波普兰特活蹦乱跳，我们就离开了桑塔·菲，现在在去基多的路上。我们想经过伊巴格和科文丢雪域地区穿越安第斯山。我现在在科迪勒拉山下写这些文字，三天后我登科迪勒拉山，我们更多的是走路而不是骑马，但这种旅行方式让我们非常开心，我们也配备了必要的装备。"（S. 101）

利马，1802 年 11 月 25 日。"我们达到了可怕的高度，在山上待的时间很短，非常荒凉，让人害怕。"亚历山大和波普兰特在波哥大待了两个月，在这个纬度上三个独立的山系形成安第斯山，他们在最东边的那一座，他们必须先越过最高的山峰，目的是向西接近并到达太平洋，即"南洋"（S. 149）。他们选择越过科文丢要道，公牛驮着他们的行李，他们自己走路穿越这一片高山荒凉之地，"没见到人走过的痕迹，也没迹象显示有人居住"（S. 149）。在科迪勒拉山中间最西边的山崖上他们陷入了深达膝盖的沼泽地。雨下个不停。"我们的靴子都没用，脚受伤了，我们赤脚走到卡塔哥，但收集了很多新的植物，我带回好多并为它们画像。"（S. 149）

1801 年 11 月他们登上了南美的第一座火山，他们到达了海拔 4870 米高的普拉斯山的火山口边缘，火山怒吼着喷出硫黄一样的蒸汽，他们收集了火山矿物质：斑岩、浮石、玄武石、硫黄石、绿石等，把它们全部装在盒子里拖着带走。最大的困难是去厄瓜多尔的首都基多，路途遥远，危险重重：他们必须穿过茂密的森林和泥泞的沼泽地，马一走到沼泽地中身子就陷进去一半；要经过深深的峡谷，峡谷的地上都是动物的骨头，这些动物因为寒冷或筋疲力尽在这里终止了生命。"经过两个月日日夜夜的大雨浇灌，我们浑身湿透，在伊巴纳附近因为地震涨水，我们又差点被淹死。1802 年 1 月 6 日终于到达基多。"（S. 150）他们在这个赤道附近的城市待了 5 个月，塞尔瓦·阿雷格尔侯爵（Marquès de Selva Alegre）给他们布置了一所漂亮的房子，他们认识了卡洛斯·蒙图法·拉瑞（Carlos Montúfary Larrea），亚历山大让他进入科考小组，他将陪伴亚历山大回欧洲。

基多坐落在高山上，城市周边有各种各样的灰岩洞，这些洞都朝向同一个发源地，地下的火一会儿从这个洞口一会儿从那个洞口冒出来，人们都习惯把它们看作互相独立的火山。为了证实地底是互相连接的猜想，亚历山大、波普兰特和蒙图法又"去看那里的每座火山，我们一个接一个地研究这些山峰：皮钦查山，科多帕希火山，安提萨那山和伊利尼扎山。我们在每座山峰上停留大约两到三个星期，中途不断地返回到基多"（S. 151）。

不仅仅是学术问题促使亚历山大·冯·洪堡到达五六千米高的火山上，他于

1823 年 1 月 24 日在柏林科学院给出了这些问题的答案：《论地球上不同地区的火山结构和作用方式》[34]。人们在他给哥哥的信及日记中还发现他崇高的感情得到了升华：似乎正是山峰之巅的巨大危险给予他最高级的享受。

基多城被皮钦查山环绕，亚历山大登了三次皮钦查山，他虽然害怕，但没被吓倒，他经过火山口边上一座积雪的桥，爬上岩石顶端，岩石顶端没有冰雪覆盖，因为积雪被炙热的火山喷出的硫黄蒸汽不断融化，岩石就像令人头晕目眩的深渊上的阳台。"我在岩石上蹲下来，观察研究。"（S. 151）但一会儿强烈的震动就逼使他离开了这个危险的位置，他趴在地上，为了能够从边上再看一眼火山口的内部。"我不相信，可以想象出一些可怕的黑暗的令人惊骇的东西。"（S. 151）在这里崇高的美感真的上升到了最高的境界[35]。黑色的洞口那么巨大，里面有许多突出的尖角，让人根本看不到火山口的地面，无法想象地深。硫黄像从地狱里喷出，来回闪烁的蓝色火焰发出幽灵般的光芒。

1802 年 3 月 16 日他们登 5707 米高的安提萨那山，亚历山大生动地给哥哥描绘了这次危险的旅程。他和波普兰特及蒙图法到达 5405 米高的地方，如此之高，之前都没人上去过："稀薄的空气让嘴唇、牙龈甚至眼睛渗出血来。我们觉得非常虚弱，一个同伴晕倒了。"（S. 152）

6 月 9 日他们离开基多到达 200 公里以南的里奥班巴高原，他们到达了旅行的最高点：雄伟的火山克洛斯－钦博拉索，那时人们认为它是世界上最高的山。亚历山大、波普兰特、蒙图法以及一个来自圣胡安的当地导游勇敢地"尝试登钦博拉索山"[36]。这成了一个神话。

这是 1802 年 6 月 23 日，在登特内里费火山 3 年之后。那天天色阴暗，雾气沉沉。人们偶尔透过散开的云雾看到钦博拉索白雪皑皑像教堂尖顶样突出的山峰。这座巨大的山峰给人严肃、伟大的印象。亚历山大的仪器测量出它的山顶高于海平面 6530 米。迄今为止没人到达过这个高度。

亚历山大·冯·洪堡自己后来确定，这个高度远远超出雪线，人们只能稍作停留，到达这个高度"没有太多学术价值"[37]。他认为从研究的角度来看登顶没啥收获，虽然登顶非常吸引观众的注意。无论如何钦博拉索以它的高度让人看到了"崇高的景色"，这种景色只有从美学的角度值得一提并因此在《科迪勒拉山脉风光》（第25幅插图）中占有一席之地：《从塔皮亚高原上看到的钦博拉索》，"第25幅插图描绘的钦博拉索就像我们在下了大雪之后看到的样子。1802年6月24日，我们游览后的第一天。"[38]亚历山大也多次强调这个说法：登这座崇高、安静、雄伟的巨峰只是一次尝试。他们没到达山顶，不值得讴歌。

但也许正是因为这次失败使登钦博拉索山成为一个神话。山顶的风暴达到了极限，他们也无法越过一个巨大的"裂缝"。这个裂缝大约20米宽、175米深。"这是我们的海格力斯石柱①"[39]，它阻止他们前行。还差390米就到达山顶并回答这个"有趣"的问题："钦博拉索山是否有火山口？"[40]

哥哥威廉是第一个知晓这次身体极限尝试的人。"一条没有积雪覆盖的火山石痕迹引导着我们，减轻了登山的困难。我们登到4000米的时候就觉得像在安提萨那山山顶那样虚弱，甚至在回到平原两三天后我们都还不舒服，我们只能归因于这个高度的空气作用：空气中只有20%的氧气。陪伴我们的印第安人在到达这个高度之前就离开我们了，因为他们说，我们打算杀死他们。我们孤零零地留在那儿，就是波普兰特、卡洛斯·蒙图法、我和一个扛着部分仪器的仆人。尽管如此，我们继续登顶，如果不是那个巨大的、无法逾越的裂缝阻止我们的话。它也阻碍我们下山。回程时下好大的雪，导致我们辨认方向艰难。在这样的高海拔地区，因为没有做好御寒措施，我们忍受着彻骨的寒冷，尤其是我，因为几天前摔了一跤，一只脚受伤了，这使我在这样的路上行走特别艰难：随时都会踢到尖尖的石

---

①　在西方经典中形容直布罗陀海峡两岸边耸立的海岬。

头，每走一步都得小心翼翼。拉孔达明 ① 发现钦博拉索山有 6269 米高，我进行了两次山体测量，6367 米，我可能更相信自己的数据。这个完全无法测量的庞然大物（像所有其他安第斯山的高山一样）不是花岗岩，而是由斑岩组成的，从山脚到山顶，斑岩在 3703 米高空都很硬。我们在那样的高度待了很短的时间，非常令人害怕。我们在一片浓雾中，慢慢地雾让我们偶尔快速看到我们周围可怕的悬崖。没有活的生物，甚至没有兀鹰在空中飞翔，在安提萨那山顶时兀鹰一直在我们头顶盘旋。低矮的苔藓是唯一的有机生物，它使我们记得我们还待在有人居住的地球上。"（S. 152f）

他们筋疲力尽、伤痕累累地回到人群中，他们经历了旅行中的高潮，随后他们又继续旅行了两年，其间走过无数无法预料的行程和弯路，这里给出一些简短的信息。

1802 年 10 月 23 日他们到达利马。他们想在这里和船长鲍丁汇合，但鲍丁改变了航线，没在南美的南洋海岸登陆，于是他们越过瓜亚基尔（厄瓜多尔）到了墨西哥的亚卡布鲁哥（新西班牙的代理王国），亚历山大·冯·洪堡利用在船上的时间测量海水，他确定一条特别的洋流的温度更低，后来这条洋流以他的名字命名：洪堡流。1803 年 4 月 12 日他们到达墨西哥城，他们几乎用了一年的时间在墨西哥进行地理、植物、解剖学、经济、政治和语言学研究。然后他们再次回到哈瓦那，从 1804 年的 3 月 19 日待到 4 月 29 日，亚历山大继续写自己的古巴著作：《古巴政治》。

最后他们又从北美的东海岸向上航行一直到特拉华河的入口处，他们去了费城和华盛顿，多次和总统托马斯·杰弗逊（Thomas Jefferson）及其内阁成员会面。在亚历山大看来，在美利坚合众国度过的日子如美梦一般，他享受着这个自由民

① Charles-Marie de La Condamine，1701年1月28日—1774年2月4日，法国旅行家、数学家、百科全书者、天文学家，以 1735—1745 年进行的南美之旅闻名。

族呈现的精神和政治气氛。6月7日他写信给杰弗逊："在完善社会状况方面取得了巨大的进步。"（S. 227）他只是对奴隶制不能苟同。从经济学的角度看也许奴隶制是有用的，但违背他最基本的对平等的看法："对民族的富裕和对个人是一样的，这只是我们幸福的一个方面，在人们获得自由之前，人们必须要平等，没有平等就没有长久的幸福。"（S. 225）

1804年7月9日他们乘"最爱"号离开美国，8月1日他们回到欧洲，在波尔多附近的海岸登陆并在船上被隔离了两天。

1799年6月4日，在亚历山大离开欧洲之前，他满心喜悦地写信给最好的朋友弗赖斯勒本："我是多么幸福呀！"他想获得美好和伟大的东西并且为自己关于地球的著作收集各种"研究的宝藏"，"余下的取决于命运"（Jbr. 680）。命运对他是慷慨的，现在，1804年8月1日，刚到达伽罗那，他还在船上就又给弗赖斯勒本写信。一切都如他所愿。他再次谈到幸福："离开五年之后，我终于幸福地回到欧洲的土地上……跨越两个半球、行程9000英里的科学考察前无古人。科考是幸福的。我从未生病，还更健康、更强壮和更勤奋了，甚至比以前更开心了。"（S. 229）他带回大量装满矿物、植物和动物宝藏的箱子，他要将它们写入伟大的著作中。他认为自己需要几年时间（持续了30年，游记最后有34卷）。

亚历山大·冯·洪堡不否认，他原本的幸福是在过去：旅行是令人幸福的，对他来说"离开印第安人的伟大的世界"是非常困难的，热带地区符合他的天性。在北方寒冷的家乡他会怎么样呢？"我害怕第一个冬天，我是新来的，因此必须先找到方向适应一下。但知道自己被救这个想法还是有点安慰的。"（S. 229）鉴于他在旅途中甚至在有巨大生命危险时体会到的享受，这不过是软弱无力的安慰罢了。

亚历山大最后一封有关长途旅行的短信是写给昆特的，时间为1804年8月3日，那时他还在"最爱"号船上。昆特作为朋友和家庭财产管理人已经在普鲁士管理部门任职，领导商业、制造业还有经济部，成绩斐然。"我尊敬的朋友，离开欧洲六年之后我又回来了，逃离了长途旅行不可避免的危险，到达的第一时间我就告知您我还活着的消息并向您表达我的爱意。"（S. 231）但比这个还重要的是有关财产的信息。这虽然只是有关自己幸福的一件小事，但他想知道，他到底有哪些财产，以便决定他将来如何以及在哪里生活。"我请求您，在下封信中给我一份目前财产和收入的概况，简单明了，用法语写，一张单独的信纸（不要有其他备注）并有您的签名。"（S. 232）因为这次旅行是他私人出钱，没有政府资助，因此供他支配的钱严重缩水了。他对昆特说："我比以前有劲了，胖了，也比以前更忙了。顺便说一下，您和我，我亲爱的朋友，我们都老了。"（S. 232）亚历山大·冯·洪堡马上就要庆祝35岁生日了。

尾 注

1. 弗里德里希·席勒和威廉·冯·洪堡的通信。西格弗里德·赛德尔出版，柏林1962年，第2卷，第78页。

2—4.同上书，分别见第79，84，91页。

5. 威廉·冯·洪堡给弗里德里希·奥古斯特·沃尔夫的信，1796年10月22日。引用自鲁道夫·弗雷泽编辑出版，《威廉·冯·洪堡：他的生活和作用，同时代的信件、日记和记录》，柏林1955年，第264页。

6. 亚历山大·冯·洪堡《我的生活》，慕尼黑1989年，第2卷，第94页。

7. 威廉·冯·洪堡成继承了柏林城里位于耶格尔大街的房子以及特格尔老屋和庄园。亚历山大获得了有价证券、现金以及在1793年卖出的林恩瓦尔德庄园和特格尔的抵押物。在德累斯顿时他在日记中写道："我的现金及保险的有利息的财产在1797年6月16日时有85379塔勒，其中每年的利息有3476塔勒。"引用自卡尔·布鲁恩斯出版，《亚历山大·冯·洪堡》，莱比锡1872年，第242页。参见约翰内斯·艾希霍恩：《亚历山大·冯·洪堡的经济状况》，见《亚历山大·冯·洪堡：100年忌日纪念文集》，柏林1959年，第181—215页。

8. 克里斯蒂娜，和瓦尔登费尔斯离婚，娘家姓克拉蒙，在1795年10月29日嫁给莱因哈德·冯·黑夫滕，但在1794年1月27日就非婚生了第一个儿子弗里德里希·古斯塔夫·亚历山大，洪堡当他的教父。这个孩子

的出生很长时间都是个秘密。相关信息参见年鉴640，注释。

9. 威廉·冯·洪堡对格奥尔格·福斯特谈《第三者》，参见给福斯特的信，第247封信。见格奥尔格·福斯尔特作品集，第18卷，柏林1982年，第382页。

10.阿尔伯特·莱次曼出版，《卡萝莉内·冯·洪堡与拉尔和法恩哈根之间的通信》，魏玛1896年，第9页（1796年12月1日的信）。

11.布格多夫给布温克曼的信，1797年8月30日。见注释5，第292页。

12.路德维希·盖格尔出版，《歌德与威廉和亚历山大·冯·洪堡之间的通信》，柏林1909年，第44页。

13.亚历山大·冯·洪堡《我的生活》，见注释6，第95页。

14.同上书，第58页。

15.威廉·冯·洪堡给弗里德里希·奥古斯特·沃尔夫的信，见注释7，第263页。

16.见注释6，第59页。

17.洪堡去美国旅行的护照。附件见，卡尔·布鲁恩斯出版，《亚历山大·冯·洪堡》，见注释7，第457页。

18.亚历山大·冯·洪堡《新大陆热带地区游

记》，奥托玛·埃特出版，第1卷，法兰克福（莱茵河畔）–莱比锡1991年，第62页。

19. 同上书，第65页。

20. 维尔纳·比尔曼《我一生的梦想：洪堡的美洲之旅》，柏林2008年。

21. 乌尔里克·莫艾特出版，《梦想美好和伟大的东西：亚历山大·冯·洪堡的美洲信件》柏林1999年，下面用页码标注。

22，23. 见注释18，分别见第83，105页。

24. 亚历山大·冯·洪堡《科迪勒拉风光及美洲土著居民的纪念物》，巴黎1810/1813，德文版由奥利弗·卢普利希和奥拓玛·埃特写了后记第一次出版，法兰克福（莱茵河畔）2004年。

25. 伊马努埃尔·康德《对美的和崇高的感受的研究》(1764)，见6卷本作品集，由W.魏舍德尔出版，第1卷，法兰克福（莱茵河畔）1960年，第850和830页。

26. 伊马努埃尔·康德《判断力批判》，B 104.见6卷本作品集，第5卷，威斯巴登1957年第349页。崇高是18世纪下半叶美学的中心概念。在后现代派中获得新生，参见克里斯蒂娜·普利斯出版，《崇高》，曼海姆1989年。

27. 参见曼弗里德·盖尔《康德、弗洛伊德、金:

三次经受惊吓的实验》，见魏尔芬加尔腾（1990），第164—183页。

28. 见注释12，第93页。

29. 同上书，第312页。直到1992年才出版完整的德文版的洪堡的"黑色"古巴著作（研究版第3卷），由汉斯·贝克出版，达姆施塔特1992年。

30. 同上书，第156页。

31. 亚历山大·冯·洪堡《独立战争前夕的拉丁美洲》，由玛尔戈特·法克编著，柏林1982年，第65页。

32，33. 见注释6，分别见第32，40页。

34. 亚历山大·冯·洪堡《自然景观》，法兰克福（莱茵河畔）2004年，第391—421页。

35. 自然的崇高的美学受到法国和英国哲学家的鼓励。

36. 亚历山大·冯·洪堡《尝试登钦博拉索山》，由奥利弗·卢普利希和奥托玛·埃特配散文出版，法兰克福（莱茵河畔）2006年。

37. 同上，第131页。

38. 见注释24，第241页。

39，40. 见注释36，分别见第96，97页。

第九章

在世人面前必须尊重祖国：

———

为什么威廉为德国制定政策，而亚历山大越来越法国化

1804年8月3日亚历山大·冯·洪堡还在"最爱"号船上的时候就写信给昆特说，他自己最迫切的愿望就是见到哥哥威廉。"我想他在罗马，我可能会在罗马过冬。"（S. 232）他不是很清楚，威廉到底在哪里，他自己的计划也不明朗。他应该在哪儿生活？从1797年开始，弗里德里希·威廉三世为普鲁士国王，他希望这位著名的旅行家及其丰富的博物收藏最好留在柏林，并且在亚历山大不在德国期间就任命他为柏林科学院的编外成员。这个消息并未使亚历山大兴奋，他对法国的天文学家让·巴普蒂斯特·约瑟夫·德拉姆布瑞（Jean Baptiste Joseph Delambre）抱怨到，他想找到避开柏林和普鲁士的办法。他并不想回家乡，而更愿意生活在欧洲的学术中心巴黎。"周围都是重要的人物，我很荣幸和他们交往，他们也能促进我的知识增长。"（S. 182）

　　但罗马也有它的魅力，他早就想去意大利了，当然也因为那里的火山，他刚一踏上欧洲的土地就写信给1802年起在罗马作普鲁士特使且在梵蒂冈从事外交工作的哥哥：他也想像旅伴波普兰特那样，一上岸就去附近的拉罗谢尔见家人。"他马上就要见到他爱的人了。"（Br. Ⅱ，232）威廉被弟弟的依恋所感动，他们上一次见面是1798年10月20日，在巴黎他们互相拥抱然后道别。但亚历山大没法像波普兰特那么快就见到家人。

　　亚历山大拟定了一个时间表，首先他想去巴黎，年末去马德里，目的是向西班牙国王汇报自己的旅行并对国王表示感谢。再从马德里去罗马，他想在罗马多待些时候，最后不得已才去柏林。威廉立刻回信说自己不同意这个计划。相反他建议弟弟尽快去柏林并满足国王的愿望。"遗憾的是他没重视这封信。"威廉给昆特抱怨道："我听说，他已经请国王恩准他先到罗马。"威廉觉得最糟糕的是亚历山大提出申请的理由："他习惯了热带气候，害怕柏林的冬天。我不喜欢他在给国王的信中写的真正诗意的热带。我早就看到了这个变化（真够傻里傻气的）并且警告过他。这很难让人喜欢。"[1]国王可能有点不满，但这似乎一点儿也不影响亚历山大，这和他经历过的大自然的暴力比起来又算得了什么呢？

当亚历山大到达波尔多的时候，他还不知道困扰哥哥和嫂子的问题。他也没想到，他离卡萝莉内和孩子们只有几天的旅程。嫂子和孩子们住在巴黎。卡萝莉内给他写了一封信并寄到拉罗谢尔，起初这封信丢失了，后来他才从这封信里得知他们在巴黎。他想去看他们，然后和他们一起去威廉所在的罗马。

他要到巴黎的消息被人知晓之后，卡萝莉内的屋子从早到晚都被好奇的拜访者团团围住。所有人都想一睹美洲旅行家的风采。"在这儿，亚历山大会生活在蜜罐里。"卡萝莉内1804年8月14日写信给罗马的丈夫，彼时亚历山大坐着邮车行驶在波尔多和巴黎之间。她很高兴马上要见到小叔子了，但她不希望"亚历山大今天或者明天到达，我不想在所有这些日子里遇到真正令人高兴的事，因为命运让我们在这些天里感受了生活中最深切的痛苦"（Br. Ⅱ，220）。威廉和卡萝莉内在最近这些天经历的悲伤不应该破坏见到亚历山大的欢乐。1804年8月中旬提到的是什么打击呢？为什么洪堡夫妇要分居呢？

简短回顾一下。威廉·冯·洪堡于 1791 年从外交部请假之后，他毫无任何工作上的羁绊，只专注于自己精神上的自我教育和文化及语言学研究。10 年之后他回到外交部工作。1802 年 11 月他和家人到达罗马，外交上的工作主要是负责普鲁士和梵蒂冈之间一般的宗教事务，特别要厘清普鲁士天主教国民和教皇皮乌斯七世（Papst Pius Ⅶ）之间的关系。不只是普鲁士外交部的职务吸引他到罗马，他把意大利看作古典文化的代表，他向往意大利。罗马对他来说是可以把整个古典文化都融入的一个地方，尽管罗马的人们很贫穷，城市也很脏，但高贵和崇高的过去依然保留到现在。此外还有经济上的原因。威廉的家庭规模迅速增长，普鲁士之外的私人旅行费用巨大，卡萝莉内已经生了 5 个小孩：1792 年出生的卡萝莉内，之后是生于 1794 年的威廉，台奥尔多生于 1797 年，接着是阿德尔海德出生于 1800 年和加布里拉生于 1802 年。一切看起来都很好，在梵蒂冈做普鲁士特使收入不错。家庭是幸福的，他们在罗马的房子也成了居住在罗马的艺术家和科学家聚会的社交中心。

命运的打击发生在 1803 年 8 月。为躲避罗马的酷热，卡萝莉内和孩子们去往附近风景优美的山城拉里塞阿。刚到城里，9 岁的威廉突然开始抱怨头疼，在父母看来威廉最漂亮、最温柔、最强壮和最有希望，很快他就发高烧，开始说胡话，流了很多血，他想见父亲，父亲因为脖子发炎及高烧留在了罗马，那是 1803 年 8 月 15 日："'亲爱的妈妈，爸爸，爸爸，爸爸'，他叫道，四肢开始抽搐，他开始发出呼噜声，他的头深深地垂到我胸口上，三四秒后他死了——几分钟后威廉赶到了……我可怜的洪堡找不到他了，小男孩再也看不到父亲了，父亲也看不到孩子了，尤为痛苦的是，威廉是他最爱的小孩。"（Br. Ⅱ，119f）

以上内容是卡萝莉内 1803 年 9 月 2 日写信给自己的父亲——年老的达谢尔奥顿的。小威廉被葬在罗马非天主教的凯厄斯-凯斯提乌斯（Cajus Cestius）的金字塔之下。同时她还告知第二个儿子台奥尔多的情况，台奥尔多也得了严重的伤寒，常常看起来像死人一样，医生已经放弃全部希望进行治疗，最后女儿卡萝莉内也发起了高烧，她几乎抬不起头来。

　　幸运的是两个小孩在这次谜一样的疾病中幸存下来，但这无法减轻威廉夫妇因为失去小威廉而感受到的巨大哀伤。特别是常常看上去冷淡而无所谓的威廉难以克服内心的痛苦，死亡的想法牢牢占据了他的头脑。他伤心地给席勒写信：这个"不幸"给了他沉重的一击。"这次死亡一方面掠夺了生活的保障，我不再相信自己的幸福，不再相信命运，不再相信事物的力量了。如果强劲有力、美丽的生命可以一下子失去的话，还有什么是确定的呢？另一方面我一下子又获得了无限的保障，我从不害怕死亡，也从来不会孩子气地留恋生命，但如果一个人们热爱的生命死去，那么感受是绝对不一样的。人们会偷偷地相信有两个世界。"[2]

　　出于对孩子的担忧，加上自己也深受南方的天气之苦，卡萝莉内决定和儿子台奥尔多及女儿卡萝莉内先去埃尔富特的父亲那儿，然后再去巴黎。1804 年 3 月初她刚离开罗马，威廉就写信给她："我知道，我们的生活从现在开始也许不可能那么幸福了，它从内部被破坏掉了。但，亲爱的，人原本就不取决于幸福的生活，而是完成自己的使命并以自己的方式创造一切人性的东西。"（Br. II，134）

　　还有没说出来的话：威廉是否把卡萝莉内和伯爵古斯塔夫·冯·施拉普伦多夫（Gustav von Schlabrendorff）的亲密友谊也算在这个人性里。施拉普伦多夫来自西里西亚，当时住在巴黎，他和威廉夫妇在 1798 年客居巴黎期间经常见面。威廉认为这个思想上完全自由、物质上无忧无虑的单身汉是自己见过的最奇特和最特别的生物。他有着稀奇古怪和野性的外表，留着杂乱的络腮胡，像"巴黎的第欧根尼"[3]一样离群索居。他是卡萝莉内不想待在图宾根父亲那里而要去巴黎的原因吗？无论如何她从埃尔富特写信给施拉普伦多夫，她希望见到他。"啊，我不是在你这儿寻找快乐，我也没给你带来快乐，但你是我渴望的那个人，加上你所有的独特性，没有什么能平息你在我心灵深处留下的渴求，除了你本人！"[4]

　　这种关系不是没被注意到。有传言说，早先的朋友弗里德里希·威廉·冯·布格多夫也想去巴黎和卡萝莉内会面。威廉建议妻子，为了让不安的老父亲满意，她要暗示他，她去巴黎只是因为亚历山大要去巴黎。"去巴黎旅行是很平常的事，你是自由的，你不必对任何人交代什么。"（Br. Ⅱ，16）她不应该听那些在德国流传的"荒谬的闲话"，"我们在一起生活厌烦了，自然可能要分开"（Br. Ⅱ，244）。甚至比较了解她的昆特听到流言都比较震惊。威廉很难过，这些"愚蠢的流言蜚语"伤害了自己最爱的李，他试图不停地用爱的宣言来使流言不攻自破。"我们以前是如何生活在一起的，亲爱的，现在还要这样生活，我们从来没像不是一个整体那样，那些最无耻的人要理解的东西，一个理智的人从来不相信那样幼稚的谣言。昆特也肯定不会……我的理解是，本来了解你和我的人就不多，因为我们很难被了解，加上我们也从来没努力展示自己，这样了解我们的人就更少了。"（Br. Ⅱ，256）

当亚历山大经历伟大的研究之旅重新踏上欧洲的土地时，威廉的家处于令人伤心的、困难的状况中。命运眷顾了亚历山大，他身体强壮，心灵幸福，他经历了所有的危险。但现在他看到要面对哥哥和嫂子最深的痛苦。正好又是孩子的忌日。他也没弄明白，所有人都在猜测威廉夫妇的分居意味着什么。接着又发生了不幸的事：他在威廉写给他的信中读到两条可怕的消息，一是威廉最爱的儿子去世，二是他的朋友莱因哈德·冯·黑夫滕突然在1803年1月20日去世，而黑夫滕只有30岁！

　　在亚历山大看来：死亡在欧洲等着他，而在热带地区他以最强劲的力量享受生活。他真不知道应该对伤心的人说些什么，他只能试图用一般的与犹太教和希腊哲学家有关的想法来安慰克里斯蒂娜·冯·黑夫滕（Christiane von Haeften），"5年来我非常愉快地进行科学考察，我一直很高兴的事就是我很健康，所有的计划都成功了……我应该具备更多的生活智慧而预感到：巨大的不幸等着我。人天生是为了工作并承受痛苦的，他们越觉得幸福，就越接近深渊"[5]。

　　亚历山大也给在罗马的威廉寄去这封信的副本，威廉又转寄给在巴黎的卡萝莉内并在信的末尾补充道："他写得非常感人，但是是以他的方式写的。他给黑夫滕夫人的信是用法语写的，可她一个单词都不认识，他在这封信中谈得更多的是希腊人甚至犹太人（特别值得尊重）关于死亡和不朽的观点，而不是她可怜的死去的丈夫和他们的孩子。人们由此看出，如果人走出文明世界，人并没更接近天性。"（Br. Ⅱ，183）

　　但威廉和亚历山大之间还有更大的问题，这个问题是第一次提到并在其后的20年里困扰着兄弟俩的关系：亚历山大的"德国化"怎么样？这是威廉和卡萝莉内期待亚历山大回来后回答的大问题。他们不无担忧地发现，亚历山大不想回到家乡普鲁士。因为在他最后一封从"美洲"寄出的信中（这封信是他1804年3月28日在哈瓦那写的），他特意请求哥哥，威廉应该尽一切努力帮助他，"我永远不需要再看到柏林塔了"（Br. Ⅱ，182），他没有需要再次看到柏林的塔楼。为什么他用法语写作，他开始看不起在长期旅行中完全没被使用的德语了吗？ 5年来他大部分时候说西班牙语，写游记他偏爱用法语。

　　卡萝莉内等着亚历山大：他没有来。卡萝莉内搞不清楚他在哪儿待了那么久，每天她都去看从邮车上下来的乘客，"但总没见到亚历山大"（Br. Ⅱ，225），她在8月22日告诉丈夫。她通过一封亚历山大写给年轻的科学家波马尔特（Pommard）的信才了解其想法。在这封信中亚历山大说，他明年要去意大利"见家人"，然后想在巴黎定居稳定下来待上几年，目的是发表自己的游记。所有这一切真让卡萝莉内郁闷。像威廉一样，她也认为，亚历山大不应该绕道柏林，最后也有经济上的考量：因为国王想表示好意并慷慨大方地奖赏美洲旅行家。"出于各种原因我也希望，你，我亲爱的善解人意的威廉，用你温和的、委婉的、优秀的感性给他写一封严肃的关于保持他的德国化的信。在这里，它将是徒有其表的荣耀。如果他主动投怀送抱的话，最后这里的人会笑掉大牙。"（Br. Ⅱ，226）卡萝莉内担心，她的小叔子会陶醉在巴黎等待他的荣誉中并因此毫无理智地失去他的德国化。同时她又高兴地期待着他的到来。

威廉和卡萝莉内同呼吸，共命运。他弟弟和妻子即将会面，这让他快乐无比，她应该全心全意享受这次会面。在巴黎见到亚历山大一定非常棒。亚历山大会被看作一种 "神奇的动物"，他也会为了自己的目的聪明地运用这个机会。但威廉也担心，亚历山大会很粗鲁地回应柏林的期待。"这不是聪明之举，在世人面前必须尊重祖国，即使祖国是一片沙地。"（Br.Ⅱ，232）因此，威廉在给卡萝莉内的信中也附带给亚历山大写了一封，卡萝莉内应该在亚历山大到达巴黎时把这封信交给他。他建议亚历山大向国王弗里德里希·威廉三世请假，请求国王同意他在巴黎和罗马待一段时间。"在这里拥有亚历山大，将会是无限的享受。"（Br.Ⅱ，233）

期待亚历山大到达巴黎又给予哥哥威廉再次研究他们俩不同性格类型的机会。在分开的这几年里他们俩分别发展得如何？亚历山大能了解哥哥在"内在经验王国里"（Br.Ⅱ，234）取得了哪些进步吗？尤其是在不幸的死亡事件之后，这个事件强烈地影响了威廉内在的命运？兄弟间性格的基本模式并非新近出现的，而是早在童年时代就显现出来了，1790年左右威廉就给未婚妻明确指出：亚历山大因为小小的虚荣心作祟，勇往直前追求外在的世界，追求外在的公众的承认。他自己则相反，首先是向内对自己的性格发生作用，因为他认为人本身是什么才是有价值的。现在就简单明了，"从童年时开始我们就是相对的两极，走向不同的方向，虽然我们始终相爱甚至互相信任。他很早就开始追求外面的世界，我也是很早就完全选择了内在生活并且相信，一切都在于此"（Br.Ⅱ，260）。

在孩提时代两兄弟就感觉到了这种双极性。现在它有了新的范畴并超越了私人关系和生活方式，且在"民族的文化问题范围"[6]中变得重要了，是有关法国和德国的问题。

8月27日亚历山大终于到达巴黎。卡萝莉内惊讶地发现，他几乎没什么变化。"他基本上还是无法描述的同一个人，无论是行为举止、表情、姿态和手势都和以前一样，以至于我认为，他昨天才离开我们去旅行。"（Br. Ⅱ，231）他只是"胖了许多"。接下来的几个星期正如预料的那样：亚历山大受到巴黎社交界的热烈欢迎。他享受着这种声誉并且"一直忙碌着"（Br. Ⅱ，237）。每个人都想见见这位著名的研究者和旅行家。他只有早上有点时间和嫂子及孩子们一起吃早饭。"他对我无比温柔。"（Br. Ⅱ，238）但这无法驱散卡萝莉内的忧虑，亚历山大心神不宁，他不断地计划新旅行，他想去希腊和科孚，彼得堡也吸引着他。"所有的欧洲国家都萦绕在他脑海中。"（Br. Ⅱ，231）最好他同时哪儿都去。

亚历山大应该保持他的"德国化"！这是卡萝莉内最强烈的愿望，因此她认为小叔子在巴黎和她会面是很大的幸运。卡萝莉内认为，如果没有自己亚历山大可能还会深深无法自拔地陷入法语文化圈，"他可能永远都出不来了"。（Br. Ⅱ，249）她希望丈夫支持她，威廉应该给弟弟写严肃的信件从而把他引导到德国这边来。这事不那么简单，因为亚历山大在读到哥哥关于要尊重祖国的警告时就扮鬼脸。

威廉建议要小心翼翼，不要匆忙行动。他自己的德国化也不像妻子那样强烈，9月11日威廉写信安慰妻子说，巴黎热情洋溢的声誉很快就会烟消云散。"提醒他德国化，让他的虚荣心作祟回归到严肃，还需要一点时间。我还比较确定，没那么担心。他有真正的野心。他一定感觉得到，如果他没在德国获得声誉，那么在德国之外什么都不是。如果他自己不幸未重视现在在德国才是最好的，那么他自己将敏锐地注意到目前的状况是怎样的。"（Br. Ⅱ，248）一个星期后他再次强调自己相信亚历山大的辨识力，他还是"真正德国化的"。"但人们不能说，他被想产生影响的愿望所驱使，这只是内心深处的躁动的外在表现，而这种躁动走向更美好和更高级的状态，从这方面看他还是真正的德国化并值得尊重的。"（Br. Ⅱ，252）

威廉和卡萝莉内理解的"德国的"和"德国化"是什么？什么在德国现在是"最好的"？不是政治或国家范畴，对他们来说德国还不具备民族意义，1804年还谈不上德意志民族，德意志神圣罗马帝国是多种形态、数量众多的王国，有选帝侯国、大公国、公爵领地、大主教区、主教、侯爵、直辖市和拥有特权的诸侯国，王国处于分裂状态，普鲁士也无足轻重。

离开普鲁士政界之后，威廉·冯·洪堡与家乡的联系就变得松散了：他更喜欢住在岳父位于图宾根的庄园里，然后为了离席勒近一些就住在耶拿。从 1797 年开始全家就住在国外。1795 年普鲁士和法国在巴塞尔签署的和平条约使普鲁士在政治军事上保持了 10 年的中立，也使威廉从 1797 年开始毫无困难地在巴黎居住。巴黎比柏林给人更辉煌和更优越的感觉。即便在反对法国的第二次联盟战争期间，喜爱和平的国王威廉三世也没参与这次战争，威廉和卡萝莉内也喜欢生活在法国的中心。"巴黎包含太多形态各异的元素，这些元素组成一幅彩色的画卷，也为各种兴趣爱好提供原材料。"威廉在给席勒的一封信中赞美这个美丽无比魅力非凡的城市。在巴黎陌生人受到最友好最人性的对待，"并且真的具有生机勃勃、真情实意的对科学和学识的兴趣爱好"。[7]

值得一提的是在这封来自巴黎写于 1797 年 12 月 7 日的信中第一次谈到"德国的本质"。威廉·冯·洪堡在陌生的文化中才意识到自己想念的是什么。"事实上我把这算作是我待在这里的优点之一：我是在这里才真正意识到德国人天性中的高贵和卓越。"[8]"德国化"是一种文化、文学和语言的品质，让威廉·冯·洪堡感到幸运的是，德国意识"最好的东西"在很大程度上与他自己的关系相吻合。对他来说，德国的就是康德的批判哲学，他试图给法国朋友介绍康德形而上的深度和概念上的犀利，结果是徒劳的；德国的就是席勒的《华伦施坦》，在这部作品中"通过自由给予自由"的想法因真正的历史状况而失败。威廉·冯·洪堡近距离关注这部古典作品的诞生，巴黎的人们完全不了解这部作品的伟大之处；德国的就是歌德用六音步诗行写成的仿古的《赫尔曼和多罗特阿》，这部史诗反映了在对法战争期间德国人的生活和爱情，结局是幸福的，最后赫尔曼对新娘说道："我知道因为你，房子和慈爱的父母都得到照顾，哦，朝敌人挺起胸膛，每个人都像我这样想。那么强权对强权，我们都会享受和平。"[9]

对此洪堡于 1798 年 4 月在巴黎写了内容丰富的美学尝试："被描述的对象简单质朴，由此产生的效果伟大而深刻，这两者在歌德的《赫尔曼和多罗特阿》里最强烈地和最无意识地引起读者的惊讶。"（G. S. Ⅱ，124）这不是偶然现象，当威廉在法国读歌德的史诗并从美学上对此进行思考时，他正专注于"研究法国民族性格并与德国民族性格进行比较"。他在 1789 年初写信给歌德：在法国人的性格中"比起精神，更多的是智力。比起实际内敛和艺术性的想象力，更多的是走出自己，走向生活。比起感性，更多的是激昂和激情"[10]。

威廉·冯·洪堡谈到法国和德国时犹如谈到弟弟和自己，他逐字逐句地引用特蕾泽·福斯特在1790年谈到亚历山大时说的话："这个人具有更多的智力，比精神多"（Br. Ⅰ，342），他那时觉得这句话非常独特，或许有点夸张，但并非不真实。在给歌德的信中他把这种兄弟间的性格刻画引申到了民族性格中，在向外和对内、强烈的生活能量和艺术想象力之间的两极化原本是对家庭的亲密关系进行的剖析，只有在给家乡朋友的几封信中才具有了超越个人的含义。

看起来似乎两兄弟是不同民族性格典型的形象。无论如何威廉是这么认为的，尤其是他在法国意识到自己的"德国化"时。在遥远的地方他学会了赞美自己的幸福机遇："同时和您及歌德生活在一起，拥有您和您的爱"，他写信给席勒，"我忠诚的朋友，请不要嘲笑这种德国化使我产生的心醉神迷"[11]。当他和夫人极其投入、极其享受地阅读约翰·海因里希·福斯（Johann Heinrich Voß）翻译的奥维德和荷马的作品时，他写信给弗里德里希·奥古斯特·沃尔夫，"您，幸福的人啊，在德国的中心，在纯粹的德国人中您没法感觉：如此有力、高贵和令人兴奋的语言给予一个人多少东西，这样的画卷对感官意味着什么，这样的思想对精神和心灵意味着什么"[12]。他又给弗里德里希·海因里希·雅各比写信道："我们德国人总是区分两个仿佛完全不同的世界——不可见和可见的世界，内在的和外在的存在。我们常常忘记，我们通过说话、写作和行动而走出第一个（世界）。因此，我们是深沉的，常常（因为我们经常只以自然的方式展示自己）不那么细腻并且几乎总是不拘礼节随随便便的。而法国人恰好相反，他们一切都看效果，这就在大小事上赋予他们政治和社会生活方面优于邻居的优势。"[13]

　　现在亚历山大在巴黎，他做一切事情都像典型的法国人。他身上的一切都追求向外。他追寻生命的足迹，他享受成功并计算着自己做每件事情的效果。在公众社会生活中他很灵活娴熟。拿破仑·波拿巴1804年12月2日加冕时他一定要在场，他花很多钱购买华丽的服饰并不无骄傲地对哥哥说："为了华丽的出场，我被迫花70路易做了条镶天鹅绒的裙子。经历了这样的旅行之后不能给人穷酸的感觉。"（Br. Ⅱ，266）外在的虚荣的东西在他看来比专注于自我和回归自我的性格塑造更重要。在他身上法国精神比德国精神体现得更明显。但还有希望，亚历山大深刻的内在的躁动"走向更美好和更高级的状态，从这方面看他还是真正的德国化"（Br. Ⅱ，252）。

　　担忧亚历山大还未发展的德国的民族性格，不过这种担忧并非无边无界。虽然有理由确定，亚历山大更看重的是"世界"而不是"祖国"，他因为强烈的热情向外发展而不是情感丰富地自我沉思。威廉断定："他不容易因爱而享受。"（Br. Ⅱ，252）很快卡萝莉内就伤心地提到，亚历山大缺乏体会他人痛苦的敏感。在黑夫滕和小威廉去世时他觉得很难找到合适的语言安慰死者的家人，现在他的同情心又受到了新的考验。

　　1804年6月2日卡萝莉内在巴黎又生了一个健康漂亮的女孩，她有着难以言状的漂亮的蓝眼睛、甜蜜的微笑和令人心醉的目光。母亲非常高兴有了第四个女儿（卡萝莉内、阿德尔海德和加布里拉），她给罗马的丈夫写信道："我看到她的时候总会产生奇妙的想法，你还不认识她。啊，如果不是小威廉给我们的幸福生活留下可怕的遗憾的话，人们看不到更幸福的家庭了。你不也想，我们应该让人在来年冬天给她画像吗？谁知道我们以后会遇到什么？"（Br. Ⅱ，243）亚历山大成为小侄女路易莎的教父，他自己更喜欢叫她马蒂尔德，威廉高兴地认为，这是亚历山大"欧洲事业"的美好开端。（Br. II，248）然而路易莎生病了，她注射了天花疫苗，接下来的几天都很开心，10月16日她看上去脸色苍白，一天后她开始尖叫，18日晚卡萝莉内把小小的只有三个半月大的小女孩拥入怀中，"呼吸越来越弱。七点半时，她没有抽搐，也没发出呼噜声就离开了人世，只是眼睛周围有抽搐的迹象，她就这样离开了我们，在我们周围留下了让我害怕的空虚寂寞"。（Br. II，272）

深切的痛苦几乎击垮了卡萝莉内，失去这位小天使之后巴黎在她看来毫无生气。"失去了美丽的路易莎，我的心完全碎了。"（Br. II，273）她对威廉抱怨道，威廉还没见过小姑娘也没能抱抱她。旧愁未去，又添新愁，他们的路易莎和死去的哥哥在一起吗？哥哥会照顾她，爱她吗？卡萝莉内常常梦见两个死去的孩子，看到两人在陌生的世界里，虽然他们葬在不同的城市。"他们在一起吗，死亡又会把我们所有的人重新联合起来吗？好好生活吧，亲爱的，我就写到这儿，没有力气再写更多了，我非常想念你们，只有在你们那儿才能再找到那种与宁静类似的感情。"（Br. II，272）

亚历山大做过路易莎幸福的教父，路易莎葬在巴黎近郊庄园一棵金合欢树下，他伤心地陪在尸体旁。但亚历山大永远无法感受到自己没有亲身经历的情感，卡萝莉内对威廉说，威廉和她一样不惜一切代价。嫂子断定亚历山大似乎对深刻的真正的感受是陌生的："亚历山大深情的话语更多的是表达一种感受而不是深刻的感情。"（Br. II，274）"我没法和亚历山大聊威廉和路易莎，他不能理解母亲的心。"（Br. II，287）

此外，亚历山大非常忙碌，他在活力十足的巴黎觉得快乐，而巴黎在卡萝莉内看来犹如荒漠。亚历山大给普鲁士国王写信并请国王准许自己"休假"，弗里德里希·威廉三世满足了他的愿望。让闻名世界的普鲁士人在法国发挥一段时间的作用没什么坏处，国王想和法国和平共处。为了打消威廉的顾虑，在路易莎去世前亚历山大就告诉哥哥："我最爱的比尔，国王终于答复了，对他的臣民来说，没有比这个写得更友好的了。所有的担忧，即我与法国的关系可能会伤害到祖国，都是多余的。"（Br. Ⅱ，265）

1804年10月14日他骄傲地对哥哥谈到自己永不停息的活动。他工作很多并且非常愉快，他在巴黎民族学院做了几场讲座，其中有关旅行经历的，有关安第斯山的地形的、有关植物地理的，有关地球磁场和各种各样的空气成分以及无鳞鱼身上的未知毒素，还有南美火山的地球史、志留系的构成等。"我一开讲，民族学院就拥挤不堪。"（Br. Ⅱ，265）所有的人都想听亚历山大·冯·洪堡的讲座。他作为独行侠，具备广博的专业知识，似乎就是一座学院。1804年10月28日在大庭广众之下他被介绍给拿破仑，12月2日他也参与了拿破仑加冕皇帝的仪式。"荣光更胜从前，是一种狂热。"（Br. Ⅱ，265）但他不想只为自己索取荣光，因此他还试图让哥哥参与进来，他知道哥哥对追求名望的顾虑。"你看到的，波莫瑞的后代因你我变得闪亮起来。这里的人也会越来越普遍地想到你。"（Br. Ⅱ，266）

势不可挡的社会认可帮助了亚历山大，他想保证忠诚的旅伴、勇气可嘉的同伴艾默·波普兰特的生活。几个月以来他致力于给波普兰特争取一份可以作为固定生活保障的政府退休金。他对法国内政部秘书让·马瑞·热朗多（Jean Marie Gerando）承认，他把法国当作"我的第二个祖国"，伟大的引起公众兴趣的美洲科学考察是"由来自两个不同民族的两个个体完成的，这两个民族长久以来就因为密切的政治联盟结合在一起"[14]。因为这份友谊他不得不一再推迟从巴黎到罗马的旅行，他想去罗马看望哥哥。直到1805年3月初他才成功地为波普兰特争取到每年3000法郎的退休金。他并没浪费这段等待的时间，因此3月13日威廉写信给为此担忧的昆特，其时亚历山大正在去罗马的路途中："在巴黎，亚历山大不可思议地忙碌，他已经完成了些手稿，真的，一些手稿正在印刷，其他的我想也在做最后的修订。"[15]

威廉指的是亚历山大庞大游记的第一卷，这卷不是按计划好的年表形式写的，

亚历山大后来把这卷放到第五部分中去了。他先写的《植物地理学》，已于 1805
年在巴黎出版。因为他特别明确地指出，他最在乎的是什么：他的工作应该研究
所有现象的整体作用并说明整个地球上形态各异的植物的分布情况。在青年时代
他就设想"植物地理"的理念，这个理念是他自己最独特的想法之一。他对卡
尔·维尔德诺夫第一次提到这个想法。他给朋友格奥尔格·福斯特看过最初的构
想，席勒在 1794 年 8 月也了解到他的这个想法，当时他邀请亚历山大参与《时序》
的工作。亚历山大在 1794 年 11 月对植物学家约翰·弗里德里希·普法夫（Johann
Friedrich Pfaff）预告过，"我正致力于研究目前不为人知的普通世界史的一部
分……书应该在 20 年后以这个题目出版：植物的未来历史和地理或者关于地表植
物分布和它们最普遍的地球成因状况的历史消息"（Jbr. 370）。那时在他看来想描
述与整个大自然有关联的植物似乎还是一个庞大的计划。10 年后，因为美洲之旅
收集到的植物学材料丰富了他的思想，他在巴黎将这些想法公之于众。

　　1805 年 4 月 30 日亚历山大带着用法语写的论文手稿到达罗马，兄弟俩整整分
开了六年半，在罗马的重逢是愉快的时光，亚历山大关于旅行的讲述让威廉的思
想见证了新世界的奇迹。他特别高兴的是弟弟从美洲带回丰富的外语材料。他以
后将从语言学的角度对它们进行分析研究。他很满意地感觉到弟弟"深深的内在
的躁动"，他帮助弟弟把论文翻译成德语。他从 1807 年在图宾根出版的《植物地
理学》中感觉到，亚历山大是如何"走向更美好和更高级的状态的"。在 1805 年
7 月写于罗马的前言中他用歌德的话把这本书称为"总的图景"，这不是对实证性
的事实的收集，而是"以似乎更高级的方式从自然哲学的角度来阐述"[16]。这是个
美好的标志，亚历山大把这部作品献给歌德，是对耶拿岁月的美好回忆，在那些
日子里他对典型的自然风光的"整体感觉"被唤醒。他像歌德一样尝试把博物学、
哲学和文学描述结合起来。最后威廉也很高兴亚历山大提到弗里德里希·威廉·谢
林（Friedrich Wilhelm Schelling）的哲学体系，谢林"德国化"的形而上学在这
个阶段也激励了他自己。[17]

能够感觉到哥俩在罗马共同度过的岁月中威廉对亚历山大的影响，对此威廉写信给昆特："我们在这里非常愉悦，他特别友好和可爱，只是比以往严肃些。"[18]几个月后，亚历山大即将结束旅行回到柏林，威廉充满爱意地补充道："他对我有着无限的爱，现在让我觉得痛苦，因为过了这么多年才和他相聚，更多的时候和他处于分离状态。他用一种真正感人的方式总是向我证明他对我坚固、忠诚的依恋之情，这属于他身上最美好的特征之一，过于让人感动的时候有时甚至显得有点轻率，人们几乎不能指望任何人像指望他那样多。"[19]威廉因为亚历山大缺乏"德国化"的坏情绪似乎消失了。阔别家乡九年多之后普鲁士游子亚历山大于1805年11月16日再次回到家乡柏林。

像在巴黎一样，亚历山大在柏林也受到热情款待。他出名了，他刚到柏林就被授予各种荣誉。首先他成为皇家普鲁士柏林科学院的正式会员，因为国王的赦令他每年获得2500塔勒的年薪而不必履行特别的义务。最后像父亲一样他获得了"皇家侍从官"的头衔和职位。

但这些荣誉似乎并未让他特别开心，在柏林他感觉孤独而陌生。1805年12月底他得了麻疹，发着高烧，他在原始森林中、在草原和高山上从来没生病。现在他的身体起了反应，因为他待在了错误的地方。1806年2月6日他给歌德抱怨："我的健康深受欧洲天气之苦，在这里我感觉非常逼仄，感到窒息得要死。"对他来说现在在柏林过着令人讨厌的生活，多数人的情绪在他看来都是令人反感的，甚至"比植物荒原和柏林上空灰蒙蒙的天空更无趣、更令人讨厌"。[20]甚至拜访柏林的老朋友亨利艾特·赫尔茨、拉尔·莱文、拉坦·门德尔松（Nathan Mendelssohn）、卡尔·维尔德诺夫和其他人都无法代替美洲的冒险经历或者在世界大都市巴黎感受到的活跃的社交和学术气氛。于是他专注于自己的研究工作，开始整理从旅行中带回来的材料并构思游记的提纲。

亚历山大在柏林科学院做了几场讲座，尤其是1806年1月30日有关"植物相貌学"的讲座引起了公众的巨大兴趣。在这个冬天他用典型的植物形态向大量的听众展现了热带自然界伟大的魔法世界。他知道，他只是以此激发了想象力，并为他用所有的感官在热带植物世界中享受到的东西提供一种苍白的替代品。像在安慰自己一样，他在讲座结束时说了振奋人心的话："在寒冷的北方，在荒凉的原野上一个孤独的人还可以把在地球上最遥远的地区做的研究据为己有，如此在他的内心就创造了一个世界，这个世界就是他自己的思想精神的作品，这个作品也如他的思想精神一样自由而永恒。"[21]

亚历山大把演讲的内容写成了文字，刚写好就寄给了歌德。如果歌德这位"最值得尊敬的人"要读他这篇小论文的话，他会很高兴。在这篇论文中他试图从美学的角度研究物理学和植物学的对象并想给听众和读者介绍他在长达五年的旅行中体会及感受到的。"花不到半小时，在寒风凛冽的冬天的夜晚，人们至少可以在美丽的、浓荫密布的热带森林中徜徉一下。"[22]歌德花时间看了这篇论文并且马上给"耶拿文学报"写了份热情洋溢的评论，在评论中歌德特别感谢这份"生机勃勃、独特的享受"[23]，这份享受是洪堡精神绽放并结出可口的植物学的果实提供给他的。

几个月之后洪堡对思想精神上自由的呼吁扩展到了政治范畴，自从和法国签署巴塞尔和平协议以来（1795年4月5日），长达11年之久普鲁士在欧洲、在革命的法国和英国、奥地利及俄国联盟的混战中都是和平之岛。弗里德里希·威廉三世在与邻居持续的和平中看到国家最大的幸福，他特别注意保持中立并让自己不卷入战争同盟。人们指责他持这种和平主义的保守态度，认为他软弱并且是非自愿偏向在拿破仑领导下节节胜利因而越来越强大的法国。恰好在1805年12月2日联盟的奥地利－俄国军队在奥斯特里茨（Austerlitz）经历了毁灭性的打击。

1806年普鲁士的外交政策开始快速曲线变化，因为拿破仑根本不像威廉三世期待的那样看重普鲁士的中立态度，他也多次不顾及普鲁士的利益，普鲁士国王在1806年10月陷入了和法国的一场特殊战争，没有联盟也没有清晰的政治目的一天之内就决定了战争的胜负。1806年10月14日普鲁士的两支军队分别在耶拿和奥尔施泰特（德国图林根州）两场战役中被摧毁。这完全是灾难。年轻的雄心勃勃的强权普鲁士完全失去了军事上的优势。10 月 27 日法国国王入住柏林，普鲁士国王逃到帝国最东边的角落。拿破仑和亚历山大沙皇于 1807 年 7 月 9 日在东普鲁士的蒂尔西特（ Tilsit ）决定了普鲁士政治和疆域的命运。普鲁士国王对此无异议。普鲁士的疆域减少到跟 1772 年的一样，也就是它之前的核心领土：易伯河以东的勃兰登堡，东西普鲁士。波莫瑞、石勒益和易伯河以西的所有地区以及一半的人口都失去了。[24]

当法国士兵进入柏林并抢劫特格尔的家族财产时，亚历山大·冯·洪堡是见证者，他不属于欢迎拿破仑的人。处于两个民族之间，他陷入了失败的情绪之中，他对哥廷根的教授克里斯蒂安·戈特洛普·海涅回顾道："回到德国，仿佛被葬在不幸的祖国的废墟中，我在这里度过了可怕的时光，我从来没感觉如此长时间的不快乐。"[25] 他逃避到自己的研究室，完成了《自然景观》的写作，他从美学的角度描述了一系列他在柏林科学院讲到过的伟大的博物学对象：草原和沙漠、奥里诺科的瀑布、植物相貌学。但普鲁士战败期间的政治体验也在这部作品中清晰可见。在前言中他直接影射自己和众多同仁所处的令人痛苦的情绪，这书首先是献给"苦恼的人"。"从生活的惊涛骇浪中自救出来的人"跟随我到茂密的森林中去，穿越那一望无际的草原，站在安第斯山高高的山脊上，对他说话的是统治世界的合唱团 ① ：自由在山岗上，墓穴的气息未进入纯净的空气，人的痛苦无法到达的地方均为完美之地。[26] 从席勒的《弥赛亚的新娘》中引用的诗句不仅是对过早去世的弗里德里希·席勒（1805 年 5 月 9 日）的纪念，也是写给哥哥威廉的，亚历山大把《自然景观》献给"在罗马的忠诚的哥哥威廉·冯·洪堡。柏林，1807 年 5 月，作者"。

---

① 这里指大自然。

威廉不可能忽视这个小小的、隐藏在友好献词中的忧伤。世界公民的弟弟在家乡知晓普鲁士的失败，而"德国化"的威廉远离灾难居于安全保险的罗马。但亚历山大更明确地强调，他多么反感欧洲列强之间政治军事上的敌对状况及谋杀般的战争。他试图从时代的风暴中自救。针对战场上的死亡气息及深受战争之苦的广大人民群众的痛楚，他想象一个自由的自然王国，这个自由的自然王国是可以通过山中纯净的空气，通过广阔无垠、一望无际的草原感知的。面对政治和社会的"苦难"，他没有提到政府的措施而提到自然景观。自然景观应使自由的享受成为可能，而自由对那些政治上苦恼的人来说是被禁止的。

最好又去远方旅行，深入亚洲内陆或去印度，去西藏和喜马拉雅山，喜马拉雅山应该比南美的科迪勒拉山更雄伟、更崇高。他在 1806 年 2 月 6 日写给歌德的信中第一次谈到这个计划：他生活"在过去，在您的文字和幼发拉底河及雅鲁藏布江的平原中，我想要去参观"。[27]但在去亚洲之前他想先处理自己的美洲之旅。

他担心，柏林并非合适之地：他缺乏能干的工作人员来完成这部伟大、要求颇高的作品。突然他意外地获得了一个去巴黎的机会，不是学术上的原因，而是政治任务：战败的普鲁士因为侮辱性的《蒂尔西特和约》背上了沉重的经济负担，法国人也想长久占有普鲁士，直到高达 12 亿法郎的战争赔款还完为止，不过所有的人都很清楚，普鲁士永远还不清这笔巨款。为了获得优惠，24 岁的普鲁士王子威廉，即国王的弟弟被送到巴黎，任务很棘手，年轻的王子毫无外交经验，为了能和拿破仑谈判，王子需要一个在巴黎享有巨大声誉并且懂得运用良好关系的人在身边，如此亚历山大·冯·洪堡就被派到了巴黎。

　　"法国占领柏林期间，当我在寂寞的花园里勤奋地研究磁场的变化时，非常意外地接到了国王的命令：陪威廉王子完成困难重重的任务，利用我和实力派人物的交往以及具有更好的与世界打交道的经验帮助他。"[28]

1807 年 12 月 8 日亚历山大·冯·洪堡到达巴黎，他竭尽所能为威廉王子打通社交途径。和拿破仑的谈判艰难异常，令人沮丧。谈判持续数月却一无所获，于是王子在 1808 年 9 月离开巴黎回到柏林，亚历山大·冯·洪堡的政治任务也随之结束，但他不想离开巴黎，巴黎的这一年加深了他和法国科学家的友谊，而且他也为"洪堡和波普兰特的旅行"找到了能干的工作人员。他该怎么办？他对国王抱怨道，德国的状况不可能出版这么浩大却没有政府支持的巨著，于是"我从国王弗里德里希·威廉三世那里获得了许可，他对我个人表示好感，我作为巴黎科学院八名外国成员之一而留在了法国"[29]。

他是多么幸运啊！差不多 20 年，准确地说：从 1807 年 12 月 8 日到 1827 年 4 月 14 日亚历山大·冯·洪堡都生活在巴黎，在巴黎他首先加工、设计、出版了自己的美洲游记，游记最后共有 34 卷，包括 1425 幅画作，有些是彩色的铜版画《亚历山大·冯·洪堡和艾默·波普兰特于 1799 年、1800 年、1801、1802、1803 年和 1804 年在新大陆的赤道地区进行的旅行。作者：亚历山大·冯·洪堡，1805—1834》。

当亚历山大·冯·洪堡在柏林近距离经历普鲁士的灾难时，哥哥威廉在罗马，他很想在罗马度过余生。他希望生活在"爱的氛围中，在宁静的屋子里"，希望葬在凯斯提乌斯金字塔旁边。他写了一首诗《致亚历山大》，在这首诗中他为幸福的游子感到高兴，命运将游子带回"故土"和"祖国"，他在这首诗的末尾写道："额头上戴着新桂冠。"[30] 首先是家庭的不幸使他陷入深深的忧郁之中，而此时弟弟在柏林享受着巨大的社会荣誉。因为不仅仅是他最爱的孩子威廉埋葬在凯斯提乌斯金字塔，还有不到两岁于 1807 年 11 月去世的儿子古斯塔夫，夫妇俩又失去了一个孩子，这个孩子是以朋友古斯塔夫·冯·施拉普伦多夫的名字命名的，卡萝莉内在 1807 年 12 月 5 日告诉施拉普伦多夫："啊，古斯塔夫，我非常不幸，这些伤心年月里唯一的幸福又离我远去了，并且是最痛苦的……内心如此分裂，外面的一切都那么黑暗！"[31]

对外是普鲁士的衰落：定格在 7 月 9 日的蒂尔西特。洪堡夫妇特别矛盾，卡萝莉内对儿子与死亡搏斗的痛苦记忆持续了许多天，又感受到在遥远的家乡发生的民族性的耻辱事件；威廉完全不知道他应该如何感受以及如何行动。他对耶拿和奥尔施泰特军事上失败的第一反应是沉默和压抑，他给曾在罗马拜访过自己的王储格奥尔格·冯·梅克伦堡 – 施特雷里茨（Georg von Mecklenburg-Strelitz），即王后路易莎的弟弟写信道：他非常喜欢罗马，他也没雄心壮志，但如果家乡有重要的位置需要他，他也愿意为公事献身[32]。他在罗马的这个职位怡然自得，却不能为危难中的祖国做点什么，这让威廉似乎有点尴尬。于是他继续翻译埃斯库罗斯的希腊悲剧《阿伽门农》，他又开始思考希腊罗马的古典文化，狂热地学习伟大的雅典演说家狄摩西尼（Demosthenes）的文章，这些文章促使他写出《希腊共和国衰亡史》（G. S. III，171-218）。他使自己置身于另一个时代，他认为这个时代是世界历史上的高潮和重点。他把与现实有关的思想和感受植入到过去的年代，"在过去那个年代，以不幸但光荣的方式进行了令人感动但总是有吸引力的更好的力量与反对强权之间的斗争"（G. S. III，171）。

他非常娴熟地把思想和文化史的研究兴趣与当前的时代史结合起来，他虽然以此让人感觉出这只是背景，但自己又与之保持着距离。《蒂尔西特和约》签署不久，他给 1799 年初在巴黎的家中做了几个月家庭教师的约翰·戈特弗里德·施魏克霍伊泽尔（Johann Gottfried Schweighäuser）写信说，他非常想待在罗马。政治上虽然没太多事可做，他的工资也可能会减少，但正因为如此他拥有更多的时间可以专心致志地研究古代史。"如果人们想不起普鲁士的没落，因为可能在回顾世界史时被其他东西代替，但想起德国的命运，那么一个德国人，还有普鲁士人只会认为这段时光是无限痛苦、无限悲伤的。我也一样，亲爱的施魏克霍伊泽尔，但我肯定比大多数和我有共同想法的人都幸运，因为我把自己的抑郁心情跟古代人及一个国家联系起来，这个国家温和、美丽、本身也有点忧伤。就我目前在这里的状况而言，我想，有更美好且并非毫无理由的希望。"[33]

威廉·冯·洪堡在阿尔卑斯山的那一侧培植自己的德国化，他用独特的方式把德国化和古希腊罗马人的文化连接起来。"德国精神深深地烙在您身上，以至于您在任何地方都不能停止德国化的感受和思考。"[34] 这是席勒在给威廉的最后一封信中说的（1805年4月2日），但这个"任何地方"一定不是普鲁士，没有什么东西吸引威廉回到家乡，他也不想离开公职从罗马被召回。最后是私人原因促使他1807年9月申请"回乡假"，他要处理岳父的财产，老岳父唯一的儿子，卡萝莉内的哥哥1806年1月去世，哥哥没有孩子。威廉要处理一些遗产方面的事情，也要管理一下自己家位于华沙公国的财产，自从华沙划归波兰以来，这部分财产就不归普鲁士管了。

但一年后，即1808年10月14日威廉才在儿子台奥尔多的陪同下离开热爱的罗马，他坚信自己很快就会回来。首先是因为席勒去世了，他想到魏玛看望歌德，他向歌德强调自己的这次旅行："我最好的朋友，这是我回国途中看到的唯一亮点，实际上我非常渴望与您谈话，和您待一个星期将唤醒、巩固和滋养也许几年后都不可能成熟的东西……我现在在来德国的路上，我身上会发生什么，还不确定。虽然到目前为止我还没收到有关改变我现状的通知，我的旅行只是纯粹的度假。只是谁获得幸福，谁就总是担心：幸福会溜走，什么是幸福——甚至在困境中——如果在意大利生活不是幸福的话？"[35]

威廉·冯·洪堡再也没回过意大利。在罗马6年的幸福生活逝去了，度假者在非自愿的情况下进入了文化政治领域，这改变了一切。威廉·冯·洪堡对德国做出的非凡政绩既非他所愿也非他所计划。这是他偶然进入的社会政治形势综合作用的结果。

1806/1807年战败之后，从内部对普鲁士进行改革和现代化已经非常必要了。

从这方面来看法国在欧洲作出了表率。于是在启蒙思想熏陶下并和法国革命共同成长起来的进步的官员获得进行深入改革的机会：在海因里希·弗里德里希·卡尔·冯·施泰因男爵（Heinrich Friedrich Karl Freiherr vom Stein）和卡尔·奥古斯特·冯·哈登贝格男爵（Karl August Freiherr von Hardenberg）的领导下设计出有关军事改革、农业改革（把农民从农奴制度下解放出来）、城市自治和行业自由的纲领。普鲁士要从一个残留着封建主义的"臣仆国家"变成一个以自觉自立和自我负责原则为基础的"公民国家"。中央行政机构也要有明晰而有效的部门结构，5位部长代替了国王的私人顾问，这5位部长分别领导他们的部门并直接对国王负责：内政部、外交部、财政部、军事部和法律部。

改革涉及的范围很广，其中很多还是纸上谈兵，而所有的改革只有在教育改革同时进行的情况下才能成功：人们必须要被教育成"民族的公民"，因此在内政部设立了"文化和公共教育司"，需要一名内阁大臣来做司长。

1808年10月施泰因开始找寻合适的人选来胜任这个职位，他和昆特通信，他想到了威廉·冯·洪堡，他想把威廉推荐给国王作普鲁士教育事业的领导者。威廉·冯·洪堡作为在罗马的部门总督对国家的贡献不大。威廉·冯·洪堡1808年11月到达岳父在埃尔富特的家时，知道了这个任命计划。可是他对能在普鲁士建立进步的教育体系这个光荣的任务并不欢喜，而是有点迷茫，有点恐惧。他不可以继续在罗马生活，在罗马他可以遵从自己内心的爱好，而在灰色的柏林或寒冷的柯尼斯堡作为官僚要深受构思计划和组织问题的折磨。威廉1808年11月12日从埃尔富特给还在罗马的妻子写信说这是"令人伤心的事"。"你可以想象，这事对我产生了怎样的影响，我感觉自己处在危机之中。你的幸福、我的满意以及孩子们的幸福取决于这个危机。"（Br. Ⅲ，17）

威廉·冯·洪堡怀疑着、犹豫着，他不想接受这个职位。这不有点荒谬吗，他作为不信教的无神论者要管理基督新教的文化（"所有传教士、教堂唱诗班领队等等，上帝呀"）（Br. Ⅲ，48）？他应该如何组织整个普鲁士的公共教育事业呢？

他自己一生都没上过一所学校或学院。① 他有许多理由反对这事，其中就有："现在在普鲁士能做什么，只有这么一点钱，指挥学者一点不比指挥一群演员好到哪里去。"（Br. Ⅲ，19）昆特和施泰因一再催促，威廉在奥德河畔法兰克福大学的老同学、内政部长弗里德里希·费尔迪南·亚历山大·多纳–施罗比滕伯爵（Friedrich Ferdinand Alexander Graf von Dohna-Schlobitten ）也想他任部门领导，国王的敕令推荐他任命。

1809 年 1 月 4 日威廉·冯·洪堡收到了官方关于"新职位任务"的正式通知。他冒险在两个星期之后拒绝了国王的提议并请求国王允许自己回罗马："如果我不揣冒昧，尊敬的国王陛下的财政部长和内政部长作出了对我有利的评价，我不能获得如此良好的评价：多年来我不仅远离祖国，也远离德国，因此我几乎完全不了解我们国家的情况和德国文学的状况（这是担任这个职位的人必须要了解的），在这种状况下我的情况必然具有非常大的危害，因为目前一切都那么紧急，需要马上采取措施进行组织工作及选拔人才。"[36]

国王没顾及威廉·冯·洪堡的想法。"我的希望，亲爱的李，绝大部分消失了。" 威廉遗憾地对卡萝莉内说，他感觉自己被迫待在祖国。他因此很不开心，国王允许弟弟亚历山大在巴黎生活和工作，他自己却不被允许待在罗马。

接着发生了值得考虑的转折，因为威廉知道并且常常深刻地感觉到"你是真正意义上的德国化"（ Br. Ⅲ，13）。他用民族责任感来向卡萝莉内论证他在普鲁士的工作："难过，亲爱的李，这一切都没个尽头。但我不相信我能逃脱这个发挥作用的义务，我们自己都可能会难过会后悔，如果我们待在罗马，这里的状况以某种方式变得糟糕，而我本可以对此有所贡献的。我们属于这个国家，我们的孩子也是，难以保持完全的悠闲自得，从这点来看我肯定能获得你的掌声，如果我采取另外的态度，我担心你可能会责备我。"（ Br. Ⅲ，87）

---

① 指洪堡兄弟没有上过公立的中小学。

1809 年 2 月 10 日国王发布赦令，任命威廉·冯·洪堡为内阁大臣和内政部所属的文化和公共教育司司长。2 月 28 日他接受任命并开始工作。洪堡对普鲁士教育系统的改革可以开始了。他花了 16 个月（因为在 1810 年 6 月 14 日国王就批准他辞职）时间实现自己独立设计的教育理念。

　　威廉·冯·洪堡不是宗教和教育事务方面的专家。迄今为止他和教会及学校机构鲜有交道。自从他1797年离开家乡以来，他也不熟悉普鲁士的学术和政治状况，也就是说他没以任何方式准备自己应该完成的这项伟大的任务。他应该组织一场广泛的教育改革，这场改革包罗一切：从地处最偏远角落的最小的小学到大学。他应该把教育事业看作一个整体，从内部结构上来进行论证并同时从外部组织上来使之成形。他将如何完成这个任务呢？威廉·冯·洪堡选择了双轨法。

　　一方面他自己寻找同事并和他们组成集体的工作和思想团队，他们必须是掌握专业知识的专家，而他自己缺乏这些专业知识，也应该是那些他能与之共同商量、互相信任而在一起工作的人，即他们要承认他的领导角色，同时他们要发挥自己的专长，独立完成专业任务。和内行的同事共同思考比自认为在专业中无所不能的个人独裁领导更有效。威廉·冯·洪堡设想并实施团队协作的基本原则，他为部门争取到4位国务委员：尼克洛韦乌斯（Nicolovius）、乌登（Uhden）、聚费恩（Süvern）和施默丁（Schmedding）。他们都是具有启蒙思想的人，尤其是格奥尔格·海因里希·路德维希·尼克洛韦乌斯（Georg Heinrich Ludwig Nicolovius），他曾经跟随康德学习，并和雅各比、歌德、拉瓦特和裴斯泰洛奇（Pestalozzi）都过往甚密。威廉·冯·洪堡身边有了这么一位优秀的人物。尼克洛韦乌斯负责管理宗教文化方面的事务。

　　另一方面威廉·冯·洪堡运用自己出色的能力，即他能发展、比较、吸收和领悟理念。他设想了一种教育理念，这种教育理念的重点不是国家利益或职业的有用性，而是"人本身"及人自身特有的体力、智力和道德力量。威廉·冯·洪堡在各种针对普鲁士教育事业改革计划中发展起来的想法要追溯到那些他自己早期因为康德、福斯特、门德尔松和恩格尔等人激发而变得清晰的理念。他继续贯彻自己1791年从人类学角度写的《论人的力量的发展规律》（G. S. I，86-96）中论证过的教育理论，同年他写信给格奥尔格·福斯特：没有什么比"个体最高级的力量和最多样化的教育"[37]更重要的了。一年后他在《论国家职能的界限》中断定："人真正的目的是对他的力量进行最高级和最匀称的培养以使之成为一个整体。"（G. S. I，106）现在他可以结合这种理念、继续发展并在实践中让这种理念开花结果。

写于1809年7月底的《柯尼斯堡学校计划》强调"学校课程要对思想精神的主要力量进行普通训练"。（G. S. XIII，263）他在东普鲁士的古门宾伦于1809年9月27日写的《立陶宛学校计划》中谈到"普通的人的教育"，通过这种普通的人的教育"力量，也就是人自身应该得到增强、纯洁和调整"（G. S. XIII，277）。在这个过程中力量以一种整体的关联性被促进发展，正如康德和歌德对此提出的关键词："因为在思想和科学上（从各个方面都被完整思考过的客体）每个单个的点都和所有过去及未来的点有关联，不是开端也不是结束，一切都互为目的和手段，也就是说每一步都是收获，即使后面紧接着的就是铜墙铁壁。"（G. S. XIII，279）

这种普遍的理念规定了所有课程的整体性及对人的一切力量进行和谐的培养。威廉·冯·洪堡把它细化为三个阶段。在小学阶段学生应该学习口头表达思想和理解思想，学会用文字表达思想及读懂思想。这样学生就打下能学习和跟上老师节奏的基础。在中学阶段学生首先是习得语言、数学和历史知识，同时训练"学会学习"，中学课程的目标是让老师变得多余，因为在中学课程结束时学生应有能力"自学"（G. S. XIII，261）。如果说小学课程使老师成为可能，那么通过成功的中学课程老师就没必要了。于是到达第三个阶段：大学。大学对威廉·冯·洪堡来说是整个教育过程的制高点，在大学课程中人的真正目的是能找到自己最高级的形象，大学里老师可以不再是老师，学生也不再是学习者，学生"自己做研究，教授引导他的研究并支持他，大学课程使学生有能力理解学术的统一性并创造学术，因此要求创造力"（G. S. XⅢ，261）。为此，威廉·冯·洪堡在回忆自己的大学学习时认为，有两样东西是必要和有用的：没有外在束缚可以发展力量的"自由"和"寂寞"。因为每个个体必须自我教育、应该形成自己独特的个性，但也要期待着在这个过程中"一个人和另一个人持续的、总是活跃但毫无束缚和没有目的的共同作用"（G. S. X，251）。

在威廉·冯·洪堡的教育理念中交织着他自己的思想发展，这个教育理念是他对自己一生中学习和研究过的内容以及如何学习和研究进行思考的结果，当他思考人的教育的时候，他就是在谈他自己，他宣布自己这些独特的原则为普通教育理论的基础。[38]

威廉·冯·洪堡了解实用主义者对自己的指责，他们认为他的理念对实际生活毫无用处，职业要求的能力是必要的，因此要求相应的职业培训。"商科"，比如财政学或国民经济学对达到普遍的富裕生活更重要，这是幸福生活的基础。也许最好就是像洪堡第一任家庭教师和他一起去巴黎的旅伴卡姆佩要求的那样完全取消大学："如我看到的，弊端无法整治。原因在于大学的根本形式，别无他法，只能取消大学本身。"[39]对研究工作来说科学院或者学者协会就够了，专科学校进行特殊职业培训，如柏林医学院、亚历山大曾经就读的弗莱贝格矿业学院和汉堡商学院。

1800 年左右，古老的大学机构声誉不佳。在 1792 年和 1818 年间德语国家的大学数量减少了一半，22 所大学关门。普鲁士的情况更糟糕，因为《蒂尔西特和约》哈勒、爱尔朗根、埃尔富特、明斯特、帕德伯恩和杜伊斯堡大学都不再属于普鲁士，最后只有陈旧的柯尼斯堡大学，它在 1804 年因为康德这位唯一具有世界声誉的学者的去世而渐渐衰落，还有完全无足轻重、地处偏远的奥德河畔的法兰克福大学。

威廉·冯·洪堡的大学理念因为上述大学戏剧性的衰落看起来完全是幻想，无法实现。正如他 1810 年初在《论柏林高等学术机构的内外组织》中所写，大学应该是这样一个地方：在大学里年轻人在学校和职业生活之间"可以自由和独立，没有束缚，不是悠闲自得或为了实际的生活，而是具有渴望，达到像在远处对他招手熠熠闪光的学术"（G. S. X，256）。威廉·冯·洪堡异常勤奋努力，他成功地在柏林建立了普鲁士的第三所大学。柏林大学是他教育政策的伟大成就，也证明他既是富有见地的思想家也是坚定不移的组织者。

成立柏林大学的初步计划并非出自威廉·冯·洪堡，其他人做过艰苦卓绝的前期工作，首先是曾经引导洪堡兄弟独立思考的老师：约翰·雅各布·恩格尔，他在去世前不久写出具有启蒙教育思想的"关于在柏林成立高等教学机构的备忘录"（1802 年 3 月 13 日）[40]。《蒂尔西特和约》缔结之后弗里德里希·威廉三世说过："物质上的损失必须要由精神力量来弥补"[41]，因此 1807 年 9 月 4 日的皇家赦令规定由内阁要员卡尔·弗里德里希·冯·拜默（Karl Friedrich von Beyme）负责在柏林成立一所普通教学机构之相关事宜。哲学家约翰·戈特利布·费希特（Johann Gottlob Fichte）和古典语文学家弗里德里希·奥古斯特·沃尔夫也思考过相关计划，神学家弗里德里希·施莱尔马赫（Friedrich Schleiermacher）1808 年也写出《成立德国新大学的断想》。

但只有威廉·冯·洪堡才大刀阔斧地把前期的工作总结起来，他厘清了财务和房屋问题，弗里德里希大帝的弟弟普鲁士王子海因里希（1726—1802）位于菩提树大街的辉煌的宫殿成为大学的主楼[42]。威廉·冯·洪堡制定了明智的集体性的委员会政策，他运用娴熟的外交策略聘用最优秀的人物到新成立的大学，不过这使他常常处于绝望的边缘，正如他给在罗马的妻子写信说的："学者是最不受控制和最难满足的人群，他们自己永远都搞不清的利益，他们的嫉妒心，他们的羡慕，他们的兴趣，他们片面的观点，每个人都认为，只有自己的专业值得受到支持和促进。"（Br. III，399）

　　一切进展得很快，国王和他的宫廷及一些政府部门撤退到了柯尼斯堡，威廉·冯·洪堡于 1809 年 5 月 12 日在柯尼斯堡写出第一份"成立柏林大学的申请"，一年后的 1810 年 5 月 30 日，一份赦令决定按威廉的意见成立柏林大学。10 月到 11 月中旬大学开始正式运转。[43]

　　和其他所有的作品相比，威廉·冯·洪堡把柏林大学的成立看作自己最个性化的作品，这所大学 1828 年叫弗里德里希·威廉大学，从 1949 年开始为纪念洪堡兄弟的成就改名为洪堡大学。这部作品给威廉·冯·洪堡带来很多快乐，他为之骄傲的是给自己的学术和教育理念创造了一个机构化的空间，在这个机构中教授和学生能自由而独立地工作。

　　值得一提的是他是如何对国王论证自己的申请的，他并没将普通的与人有关的观点或信念作为理由。作为教育政治家他从德国民族的角度来论证，他认为单单从理念出发，试图从根本的原则推导并导向一种理想的追求就是典型的德国化（的方式）。"德国人善于思考的民族性格本身就具有这种倾向。"（G. S. X，253f） 这种倾向对他来说属于德国化的最优秀的东西，德国化的模范就是康德、席勒和歌德。威廉·冯·洪堡提醒国王回忆启蒙哲学和古典的教养智慧，它们正是在困难和伤心的时代对"民族的教育和教养"具有重要的作用。"此外，整个德国以前都相信普鲁士会影响真正的启蒙和较高层次的思想教育，最近发生的不愉快的事件不仅没有消除人们的这种信念，反而使人们更加相信普鲁士在这方面的作用。"（G. S. X，139f）

　　一个国家不得不忍受侮辱性和约，深受法国占领之苦，也没有统一的国家制度，这时小学、高级文理中学和大学对国家最有用，尤其是大学"能够保证超越国界的影响并对整个说同一种语言的民族的教育产生影响。如果尊敬的国王陛下明确批准成立大学并保障它的实施，那么您就会在德国用最牢固的方式联合所有对教育和启蒙感兴趣的力量；会激发起新的对国家重生的热忱和激情；会在德国一部分地区受到战争的摧毁，一部分地区由说着陌生语言的陌生统治者占领的时候，给德国学术开放一个可能迄今为止都没有期望过的自由场所"（G. S. X，140）。

威廉·冯·洪堡谈到的是德国，不是普鲁士，谈到的是民族，不是国家。"德国化"对他来说是文化民族，民族的（东西）仿佛同时根植于个体和整个人类之间。从这个意义上说教育和教养，像洪堡理想中设计的那样，不是国家的事务，而是民族的事务。正如他在早年所著的《论国家职能的界限》中构想的那样，他现在作为高级国家官员也依然坚信，国家必须永远意识到：它不能对必要的启蒙和民族的教育在自由的精神上产生作用，"是的，一旦国家介入，相反它还总是有害的，事情本身没有它会发展得更好"（G. S. X，253）。

威廉·冯·洪堡需要普鲁士国王和国家权力机关给予他有关教育、纯粹学术、德语语言、德语文学和德语文化的理念一个创造性的自由空间，因此当他没成功地得到他追求的东西时从政府离职对他来说并不困难。1810 年 4 月 29 日当他还在全力以赴地推动成立柏林大学的时候，他就给国王弗里德里希·威廉三世递交了辞职信（G. S. X，244-250）。

他的理由是内阁成员和部门领导的权力受限，部门领导最初是改革者施泰因认为的国务委员，和部长们有着同样的决定性的投票权。在这样的前提下威廉·冯·洪堡才接受的这个职务。一条赦令使他从 1810 年 3 月 31 日开始"失去部门领导的影响"（G. S. X，245）。他像他的四个委员一样只有建议权并听命于内政部长。他失去了权力职责，这样的话，威廉·冯·洪堡不能也不想继续工作了，职权上的贬低使他个人"受到深深的伤害"，对他来说在这种条件下辞职是有关名誉和责任的问题，他希望最好重新回到之前在罗马的职位。

威廉·冯·洪堡等了几个星期。5 月底他又递交辞呈，刚被任命为国务总理的哈登贝格决定把洪堡调回外交部，但不是去罗马，而是去维也纳作普鲁士特使，在维也纳他可以全权代表部长。威廉·冯·洪堡同意了，但谁将成为他在文化教育部的继任者呢？他有个"大胆的想法"（Br. Ⅲ，432），他推荐弟弟亚历山大！这可能促进弟弟发展其缺乏的德国化，弟弟的德国化在巴黎已经接近零点。

哈登贝格询问了亚历山大，亚历山大坚决地回绝了，哥哥怎么会产生如此荒谬的想法：引诱他离开巴黎回到柏林，回到勃兰登堡的沙地！他认为哥哥的建议是"最令人伤心的事"，他用愤怒且痛苦的口吻回复哥哥。他"哭了整整一个晚上"，他告诉威廉，同时说出他对服务祖国的看法："外交职位现在是如此重要，只是对可怜的祖国来说不是。尽管你如此依恋沙地，但你还是去了绿色的多瑙河畔，却想让我回到沙地。你自己也承认，人们在阿尔卑斯山后面的时候最爱国。我回来后你在柏林待的时间真的和我一样长吗？"（Br. Ⅲ，433）

亚历山大假装出来的恐惧让威廉觉得好笑，威廉觉得自己被看穿了。他自己也用尽手段拒绝从罗马回到柏林，现在他又可以高兴地离开柏林和家人在奥地利的首都生活，那里的人们开朗而幽默，并且他只有在陌生的地方居住才感觉到真正的"德国化"。威廉把亚历山大的话抄下来寄给卡萝莉内，同时加以评论："为了不被折磨而回到沙地，他像孩子一样，似乎他无法做其他事情，除了做笨拙不堪的学者，简单地说，如果他不把这事看得如此悲惨的话，他会笑死。他当然不会来柏林，也没人会对他做什么，这是不言而喻的。我觉得遗憾，在这里他应该可以大力促进文学事务并且在其他很多方面也非常有用。在我看来，他在这里组织完成大学然后像他计划的那样去西藏，会是非常伟大且了不起的事。"（Br. Ⅲ，433）

1810年时兄弟间存在着一点互相不满的情绪，不过被诙谐地掩盖了。威廉觉得遗憾的是亚历山大一定要居住在战胜国和敌对国的法国首都，他对德国没一点兴趣，他宁愿去登喜马拉雅山，而不是关心祖国重要的任务和义务。

随后10年，兄弟之间的紧张气氛增加了。首先在威廉看来，这种紧张关系上升为兄弟间彻底的陌生化，从人性的角度来说他们还是很亲近，每次见面也都很开心，但他们之间插入了历史事件，特别是卡萝莉内和威廉越来越强烈地感觉及意识到，亚历山大越来越法国化，而他们自己却越来越清晰地意识到自己的德国化。长达10年之久，在兄弟之间的信任关系中存在着超越个人情感的对立情绪。"由于这种紧张关系绝不是个人之间的裂痕，就在它的内在深度和时间持续地增长时，它就失去了尖锐的锋芒。"[44] 为了能体会这种关系，必须要回忆一下威廉·冯·洪堡在 1810—1820 年从事的政治活动，布鲁诺·格布哈德（Bruno Gebhardt）和西格弗里德·科勒（Siegfried Kaehler）的专著中详细描述过这些活动。[45]

1810 年 9 月威廉到达维也纳，作为普鲁士特使他首先要做的就是拉近奥地利和普鲁士并组成联盟共同对付法国。1812/1813 年冬天拿破仑军队远征俄国，遭遇巨大失败，在欧洲针对法国至上进行伟大的民族解放战争的机会增加了，独立解放战争可以开始了，奥地利站在普鲁士、俄国和英国一边进行斗争，在为期 3 天、有 50 万士兵参战、从 1813 年 10 月 16 日—18 日的莱比锡大会战中拿破仑被彻底打败。

对威廉·冯·洪堡来说，是时候在 12 月给施泰因男爵写《关于德国宪法的备忘录》了。迄今为止他理解为文化民族的东西获得了清晰的民族国家的特征："德国必须自由而强大。"（G. S. XI，97）为了这个目的发展必要的力量，是时候认识到："现在德国在经历了时代变迁、经历了疆域的扩展或缩减之后，在自己的居民的感觉中、在外国人的眼中就是一个民族、一个种族和一个政府。问题只能是，人们应该如何从德国创造出一个整体呢？"（G. S. XI，98）

1814 年威廉·冯·洪堡作为普鲁士全权代表和哈登贝格的代理人参加了维也纳和平会议，在会议中他坚决为德国的统一做斗争，在 1815 年 7 月到 11 月举行的第二次巴黎和平会谈上也是如此。他的希望破灭了，没有出现"共同的整体"，而是一个由 38 个独立政府组成的松散的"德国联盟"，联盟的中央机构"联邦代表大会"只是各国特使大会。这是个"无聊的主意，不存在德国"。1815 年 10 月 28 日他写信给夫人，他同意夫人的观点："存在着不可见的'德国'，我和你一样相信，很快就会实现的。但人们为之准备的道路是坎坷不平的。"（Br. V. 106）他在美因茨河畔的法兰克福就德国的领土举行艰难的谈判，却未能成功地给予这个不可见的德国一个地理上的形象。他也只能在随后的驻英国普鲁士特使这个位置上梦想着有关一个民族、一个种族和一个政府的德国的伟大理念。他不想接受这个毫无影响力的职位，于是在寒冷的伦敦只待了一年多，从 1817 年 9 月到 1818 年 10 月。

最后他又作为部长被召回柏林，1819 年 1 月 11 日他被任命为"房产部部长"，他希望自己能够参与负责普鲁士宪法的工作，他构思了《普鲁士房产宪法备忘录》（G. S. XII，225-296）。

但国务总理哈登贝格自己负责内容广泛的宪法，他过多插手威廉·冯·洪堡部门的事务，他们之间产生了矛盾，威廉·冯·洪堡也不赞同普鲁士政府的复辟倾向，政府无情打压所有赞同自由和德国民族的倡导者。他在政府中的政治地位越来越有问题，他只待了一年。1819 年最后一天迫于哈登贝格的压力他收到国王让他从政府部门辞职的命令。他接受了，至少对外是非常平静地接受这个结果，他写信给施泰因说他现在可以从事自己的其他爱好了。"如果几年后情况发生变化，我老了，阁下了解我的想法，和您一样，人不必从档案桌蹒跚着进入坟墓。我衷心的愿望是，人们不再为我考虑一个职位，事情用其他人比用我可能进展更好，对我来说，我跟以前一样研究学术。"[46]

作为政治家的威廉·冯·洪堡试图德国化地思考，他似乎克服了年轻时极端的个人主义，他那时坚信，"伟大而完整的发挥作用"就是：自身对人类的特征发生影响。他放弃了这两个原则吗？这两个原则对他来说如此独特，以至于他从来没能和它们分离过，就像他在 1791 年对福斯特许诺的那样："教育你自己，通过你是什么对其他人产生影响。"[47]但洪堡从个人主义的世界公民到德国民族政治家的转变一直与年轻时的冲动保持一致。正如他的教育理论是他自己思想发展的投影一样，一个德国也是他自我教育 – 理念在一个民族 – 种族 – 政府上的体现。自我教育必须在"德国化"的标志下进行，德国化通过最好的东西对其他国家和民族产生影响。

威廉·冯·洪堡并非追求德国霸权地位的民族主义者，他认为自己是这样的德国人：他想给启蒙运动传递给自己的自由和平等理念创造一个德国化的政府空间，在这个空间里自由和平等可以不受阻碍且典范式地发展起来。德国"必须自由和强大，以便培养必要的自信心，即使它从未受到过考验，也能平静地、不受干扰地致力于民族的发展，以及能长久维持它在欧洲各民族中获得的舒适地位"（G. S. XI，97）。

亚历山大·冯·洪堡对所有这一切都是完全陌生的。他既不考虑德国的也不考虑民族的。他对哥哥威廉认为最有用的强化自我教育一窍不通。哥哥威廉认为在个体和民族性格上体现出来的伟大而完整的东西对他来说就是那个他试图广泛了解并试图把握的世界。世界意识代替了民族情感，因此他客居巴黎，在巴黎为了完成那部伟大的作品，他寻找学术气氛和最能干的同事。在这部作品中一切丰富多彩的可能的体验都应该有自己的位置：从天文学和地质学、植物学、动物学到代理王国新西班牙（墨西哥）和古巴各种各样的社会生活方式及政治局势。

威廉·冯·洪堡绝对有理由为异常勤奋、学术上有所成就并登上世界舞台的弟弟而骄傲。他也很高兴在政治上如此不安宁的十年中兄弟俩时常见面。在维也纳、巴黎、伦敦和亚琛，他们多次长时间生活在一起，要么是亚历山大去看哥哥，要么政治事件和会议把他们结合在一起。威廉在写给卡萝莉内的大量信中说，他和弟弟在一起多么开心，亚历山大拥有哪些美好的品德。"我是多么喜欢看到他。"（Br. VI，25）和"我多么爱他"（Br. VI，46）。当他们再次分离的时候，他总是很痛苦。"除了个人的喜好他总是给生活带来活力。"（Br. VI，64）威廉高度评价弟弟孜孜不倦的活力和迷人的可爱之处。亚历山大到伦敦看望他的时候，他被弟弟所展示的大自然的神奇形态所折服。他嘲笑亚历山大说的许多笑话，取笑他滑稽的能模仿他人特别之处的天赋。"我们相处得很好，他除了惯常的温和，还非常友好、温柔、伶牙俐齿和风趣。"（Br. Ⅵ，324）

但亚历山大不是德国的！他不熟悉家乡，不熟悉德国的精神世界及其代表人物，不熟悉那个"在智力和道德意义上存在的德国，这个德国不是普鲁士和奥地利"（Br. Ⅵ，129）。最初的责备听起来还比较有节制，可是这些指责一年比一年多，直到威廉抱怨："这真让人遗憾，他停止德国化，在所有的细节上都变得巴黎化。"（Br. Ⅵ，64）卡萝莉内同意他的观点："我能准确地想象你描述的亚历山大。法国的东西已经深入到他的个性中了，这解释了太多的内容。"（Br. Ⅵ，81）

威廉夫妇对亚历山大的责备真的有点多。当德国士兵在反对法国的解放战争中牺牲生命的时候，亚历山大生活在巴黎。"是的，我承认，我平时没说出来的话，我也不同意亚历山大待在巴黎。"（Br. Ⅳ，188）他和他的虚荣心依赖于法国人并试图接近巴黎社交圈那部分"闲聊，几乎从不行动"的人。（Br. Ⅴ，144）因此他甚至反对专制主义和战争的政治观点"都是最肤浅和最无聊的"（Br. Ⅴ，143）。威廉也不喜欢弟弟用法语写的游记。他阅读了已经完成的一些段落之后，提出了批评："当然有许多非常有趣的地方和重要的研究，但语言的影响人们也看得很清楚，书中有很多地方用德语根本不会那么表达，因为听起来太口语化了。对亚历山大来说非常遗憾，他发生了变化，这个变化只有这样才能被原谅和被理解：就是显然没有可能在德国出版这部带有铜版画和地图的作品。"（Br. Ⅵ，43f）卡萝莉内也只能强调此事："他彻头彻尾地法国化了，尤其因为感觉自己永远没有理解德国精神。他也不理解1813年的精神[①]。"（Br. Ⅵ，85）

---

① 这一年，盟军在莱比锡战役中取得了决定性的胜利，战胜了征服欧洲大陆的统治者拿破仑，德国寻求自由和统一。

兄弟间的这种陌生感，从德国人的角度看，在威廉于 1817 年 12 月 12 日从伦敦写给妻子的信中达到了高潮，当时亚历山大在他那儿。"你了解亚历山大的观点，这些观点永远不可能是我们的，即使我那么爱他，我们的交往真的很滑稽，我总是让他说并且不干涉他，争吵有什么用，所有原则的出发点都是不同的。亚历山大不仅仅是少见的博学，具有真正的全面的观点，他也绝对有好性格：温柔、乐于助人、具有牺牲精神、不自私自利，但他缺少一种对自己和思想的宁静的满足，而其余的一切都来自这种宁静的满足。因此他不理解人，即使他总是和他们生活在一起并且首先考虑研究他们的感受；他不理解艺术，即使他了解一切技术性的东西并且完全可以自己作画；（我）如此冷静、可怕地说出来，亚历山大不理解他每天都有所发现的大自然；关于宗教既没看见他信仰什么，也没见他缺少什么。他的智力和情感在做决定的时候似乎没有到达极限。因此他身上没有什么令人感动的关于人的最主要的事情，而是一切都像用铁柜隔离和束缚起来的样子。"

哥哥继续谈到，亚历山大特别缺乏对德国的家乡感情，"最后，当他长时间待在我这儿，我常常想到的是道德世界最神奇的现象之一：我父母只有两个孩子而且恰好是两个。虽然从整体上看，这两个孩子的方向相当一致，原本只是生活在思想和对事物的精神沉思中，然后突然就在所有方面以更大的差异和对比分道扬镳就像来自不同天体的人。基本上说亚历山大不是变成这样的，他一直以来都是这样的，外国并没有改变他，而是他寻找外国，因为对他来说在德国他没有家的感觉，虽然他比大多数德国人优秀"（Br. VI，46f）。

尾 注

1. 阿尔伯特·莱茨曼《威廉·冯·洪堡及其教育者》，柏林 1940 年，第 16 页。

2. 弗里德里希·席勒和威廉·冯·洪堡之间的通信。西格弗里德·赛德尔出版，第 2 卷，柏林 1962 年，第 250 页。

3.《论西诺普的第欧根尼的形象和生活哲学的原型》，参见曼弗里德·盖尔《聪明人笑什么？》，莱茵贝克 2006 年，第 86—109。

4. 引用自《威廉·冯·洪堡：他的生活和作用。同时代的信件、日记和记录》，鲁道夫·弗里泽编辑出版，柏林 1955 年，第 506 页。

5. 亚历山大·冯·洪堡致克里斯蒂娜·冯·黑夫滕。引用自乌尔里克·莫艾特出版，《梦想美好和伟大的东西》，柏林 1955 年，第 211 页。

6. 西格弗里德·科勒《拿破仑危机年代的威廉和亚历山大·冯·洪堡》，见《历史杂志》，第 3 系列，第 20 卷（1916），第 231—270 页。

7，8. 见注释 2，分别见第 130，141 页。

9. 约翰·沃尔夫冈·冯·歌德《赫尔曼和多罗特阿》，写于 1796 年 9 月及 1797 年 3—6 月，第 9 首歌，第 315—318 行。

10. 路德维希·盖格尔出版，《歌德与威廉和亚历山大·冯·洪堡之间的通信》，柏林 1909 年，第 51 页。

11. 见注释 2，第 150 页。

12. 威廉·冯·洪堡给弗里德里希·奥古斯特·沃尔夫的信，1798 年 10 月 22 日。见注释 4，第 34 页。

13. 阿尔伯特·莱茨曼出版，《威廉·冯·洪堡给弗里德里希·海因里希·雅各比的信》，哈勒 1892 年，第 69 页。

14. 亚历山大·冯·洪堡给约瑟夫·玛丽·格兰多，法国内政部长让·巴布蒂斯特·德·卡门帕格尼的秘书的信，1804 年 12 月 2 日后，见乌尔里克·莫艾特出版，《梦想美好和伟大的东西》，见注释 5，第 236 页。

15. 见注释 1，第 20 页。

16. 亚历山大·冯·洪堡《植物地理学》，毛利茨·迪特利希出版，莱比锡 1960 年，第 23 页。

17. 同上书，第 24 页，关于威廉对"德国人"谢林的欣赏参见弗里德里希·席勒和威廉·冯·洪堡之间的通信，见注释 2，第 239 页。

18. 见注释 1，第 23 页。

19. 同上书，第 24 页。

20. 见注释 10，第 298 页。

21. 亚历山大·冯·洪堡《自然景观》，法兰克福（莱茵河畔）2004 年，第 261 页。

22. 见注释 10，第 298 页。

23. 约翰·沃尔夫冈·冯·歌德《关于亚历山大·冯·洪堡植物相貌学思想的谈话》，见《自然科学文集》，德国自然科学家学院版，第1卷，10，第199页。

24. 因为协议普鲁士的人口从9.5百万降到了5.0百万参见克里斯多夫·克拉克《普鲁士：崛起和衰落（1600—1947）》，慕尼黑2007年，第360页。

25. 见注释5，第242页。

26. 见注释21，第8页。

27. 见注释10，第298页。

28. 亚历山大·冯·洪堡《我的生活》，慕尼黑1989年，第2版，第113页。

29. 同上书。

30. 威廉·冯·洪堡1808年写了首《致亚历山大》作为亚历山大把《自然景观》献给他的回报。参见17卷本总集，第9卷，第47—63页。

31. 卡萝莉内给施拉普伦多夫的信。见注释4，第563页。

32. 威廉·冯·洪堡给格奥尔格王子的信。同上书，第556页。

33. 威廉·冯·洪堡给约翰·戈特弗里德·施魏克霍伊泽尔的信，同上书，第561页。

34. 见注释2，第270页。

35. 见注释10，第201页。

36. 威廉·冯·洪堡的《致国王》，见注释4，第584页。

37. 给福斯特的信，第317封。见格奥尔格·福斯特作品集，第18卷，柏林1982年，第454页。

38. 关于威廉·冯·洪堡的教育理念见爱德华·斯普林格《威廉·冯·洪堡与教育改革》，柏林1910年；克莱门斯·门策《威廉·冯·洪堡的教育改革》，汉诺威1975年；迪特利希·本纳《威廉·冯·洪堡的教育理念》，魏因海姆1990年。关于目前对洪堡大学理念的争论，认为他的理念越来越不合时宜，参见于尔根·米特尔斯特拉斯《不合时宜的大学》，法兰克福（莱茵河畔）1994年；埃特蒙德·阿伦斯和于尔根·米特尔斯特拉斯《目前的思想：大学教育的未来》，卢采恩2003年；乌尔利希·西格出版，《目前的大学理念》，慕尼黑2005年；约亨·赫里施《不受欢迎的大学：拯救母校》，慕尼黑–维也纳2006年。

39. 约翰西姆·海因里希·卡姆佩《对实践教育家协会的学校和教育的修订》，第16卷，汉堡1792年，第164页。

40. 恩斯特·米勒出版，《大学断想》，莱比锡1990年，第6—17页。

41. 引用自布鲁诺·格布哈德《政治家威廉·冯·洪堡》，第 1 卷，斯图加特，1896年，第 203 页。关于威廉·冯·洪堡在成立柏林大学中所起的作用参见第 187—218 页；鲁道夫·科普克《柏林皇家弗里德里希·威廉大学的成立》，柏林 1860 年；马克思·伦茨《柏林皇家弗里德里希·威廉大学的历史》，第 1 卷，哈勒 1910 年，第 148—304 页。

42. 参见克劳斯－迪特利希·冈德尔特《从王子宫殿到洪堡大学》，柏林 1985 年。

43. 关于柏林大学的历史参见威廉·魏舍尔德出版，《大学的理念和现实：柏林皇家弗里德里希·威廉大学的历史文献》，柏林 1960 年；马克思·伦茨《柏林皇家弗里德里希·威廉大学的历史》，4 卷本，哈勒 1910—1918 年；赫尔穆特·克莱因出版《柏林洪堡大学：概况 1810—1985》；2010 年纪念大学 200 周年诞辰吕迪格尔·冯·布鲁克斯出版多卷本的《一个机构的自转》。

44. 见注释 6，第 17 页。

45. 参见布鲁诺·格布哈德《政治家威廉·冯·洪堡》，第 1 卷，斯图加特 1896 年；第 2 卷，斯图加特 1899 年；西格弗里德·科勒《威廉·冯·洪堡和政府》，慕尼黑－柏林 1927 年，哥廷根 1963 年，第 2 版。

46. 威廉·冯·洪堡给施泰因男爵的信，1820 年 3 月 22 日。见注释 4，第 865 页。

47. 威廉·冯·洪堡给格奥尔格·福斯特的信。见给福斯特的信件。格奥尔格·福斯特作品集，第 18 卷，柏林 1982 年，第 340 页。

第十章

我对自己的所作所为无怨无悔：

洪堡兄弟年老时还如何享受着幸福：共同生活在一个地方并完成自己毕生的著作

1820 年 1 月 1 日，威廉·冯·洪堡从政府部门辞职，之后他回归到自己最喜欢的生活方式。生命中的最后 15 年他作为私人学者在寂寞和自由中专注于自认为人类精神最高级和最普通的目的。他研究语言、语言与思维的关系，这些研究应该帮助"人类了解自己及自身与周围所有可见和不可见事物之间的关系"（G. S. Ⅵ，6）。因为这个高级的目的他把自己的政务活动看作是隶属的插曲，政务活动并非他的爱好。

对此他在普鲁士政府任职期间似乎就明白，无论如何他回复莎洛特·迪德的信证实了这点，他与莎洛特 1788 年 7 月在皮尔蒙特度过了愉快的 3 天。她令人意外地在 1814 年 10 月 18 日写信给在维也纳的他，他那时作为皇家普鲁士代表正参加维也纳和平会议并参与讨论建立欧洲各国新秩序："正如您告诉我的那样，因为您偶尔听到我的消息，那么您肯定知道，我在罗马做了几年特使，我接受这个职位只是因为这个国家的关系，如果不是这些不幸的事件，我是不会离开这个国家的，在这些事件中肯定要履行义务，因此我慢慢地陷入了复杂的状况，但这些事情其实不符合我的爱好，我更喜欢宁静、简单的生活。"[1]

那是 1814 年，现在他终于摆脱了义务，他觉得轻松愉快，生活状况简单明了。他可以做符合自己心愿的事情了，他可以思考自身和人类，思考语言和思维以及写作，可以过简单宁静的学者生活。他虽然才 52 岁，但心灵却具有老年人的沉着冷静，这种冷静使他屏蔽了一切杂事和热情。

他深入研究语言，在语言研究中世界和人类比现实的社交生活让他觉得更亲近。再也没有长途旅行和繁忙的公务干扰他深入思考。随着生活空间的不断缩小，他的思想却在专注的思考中继续发展进而达到无法估量的境界。他认为能不被打扰地享受审视性的、研究性的和反思性的存在是年龄的优势，这种存在对他而言是最高级和最人性化的存在。这种存在晚景符合自己的本性并且在日落时具有自然的特征："日落一直对我产生巨大的力量，无论我情绪如何，它总是让一切保持平衡。当太阳落山时，就像沉入不可测量之地，它显得如此遥远；夜晚来临，又让人觉得那么可爱、那么温暖。我认为，没有比在日落时让人更放松的时刻了。"（Br. Ⅶ，68）

为了能彻底感受内心的幸福，威廉·冯·洪堡与夫人回到童年的故乡。和柏林根达门市场附近、位于法国大街 42 号的宽大房屋比起来，他更喜欢特格尔庄园，冬天他们待在柏林城里，其余时间都在特格尔学习、生活。1820 年 7 月他和雕塑家克里斯蒂安·丹尼尔·劳赫（Christian Daniel Rauch）及建筑师卡尔·弗里德里希·申克尔（karl Friedrich Schinkel）开始计划改建古老的建筑群，改建历时多年于 1824 年 10 月结束。他又可以在种满葡萄的山间和蜿蜒至湖边的小路上行走，这些小路在童年时让他对远方进行思考，那时他的目光具有青年人的热情和渴望，威廉"充满了勇气和兴趣，要广泛地发挥作用，要完成伟大的创举"（Br. Ⅰ，460）。现在就是安安静静地散步，散步吸引他离开进行语言研究的书桌。

1822 年 7 月 10 日他从特格尔写信告诉女友莎洛特·迪德，他多么喜爱这个地方："这一片至少是柏林附近最漂亮的地区，一边是高大的森林，另一边是绿荫覆盖非常漂亮的山丘，从山丘上可以看见一大片几座小岛点缀其中的湖泊，房子周围以及附近几乎随处可见高大的树木，这些大树在我孩提时还是中等大小，现在和我一起长高了，我现在在这里修建一座新房子，快完工了，我会用我们的画和大理石物件来装饰屋子，它将变成一个很舒适的住地，我就很少离开这里去城里了。"[2]

威廉·冯·洪堡穿过种满橡树和柏树的沙地从宁静的特格尔出发去柏林有一个很重要的原因，就是他要定期在柏林科学院开讲座。他从 1808 年起就是柏林科学院的成员，在从事政务活动期间他免除了这个义务，作为私人学者他很高兴承担这个义务，目的是和大家分享并讨论材料丰富的语言研究及关于语言的创造性思想。第一次讲座是在1820年6月29日：论语言发展不同阶段的比较语言学研究（G. S. Ⅳ，1-34）。在这次讲座中，他谈到经过 20 年对人类丰富多彩的语言形态进行思考的结论，他把这些形态和历史发展的不同阶段联系起来并创造性地与千差万别的"世界观"结合起来。他设想了一种语言学和语言哲学的纲领，这个纲领以此为中心："思想和言语的相互依赖清楚地说明，语言原本不是用来阐述已知真理的手段，而是更多，是用来发现以前未认识到的真理。语言的千差万别不是声音和文字的不同，而是千差万别的世界观本身。这就是进行一切语言研究的原因和最终目的。"（G. S. Ⅳ，27）

"清楚地说明"并非理所当然，威廉·冯·洪堡用这个结论反驳那些扎根于哲学传统和日常语言意识中的观点和偏见：语言只是目的或工具，是用来说明事物和事实或者用来表达语前思想的；词汇只是任意的符号，对所指没有重要影响；语法结构是固定的机械物，总是可以以同样的方式被用来造句；语言的千差万别是需要克服的障碍。和这些"完全稀松平常的观点"相比，威廉·冯·洪堡的语言观是"吹毛求疵的，狂热的"[3]。他了解人们对自己的指责，但这一切都不能阻止他继续探索这种研究方法，他在科学院的第一次讲座中就描述过这种方法的原因和目的。

虽然很多东西都还模模糊糊并且没被充分地、实证性地论证过，但已经有一个相当牢固的基础，在此基础上可以继续研究。很早他就获得了很多语言的实际知识和语言能力：希腊语、拉丁语、意大利语、法语和英语。1788 年他就打下了对语言进行彻底思考的基石，当时他在哥廷根跟着古典语文学家海涅学习如何理解希腊语和拉丁语文章：把这些文章与古代世界的生活方式联系起来。时代精神作为生机勃勃的整体在这些文章中得到充分体现并和行为、思维及言语相互交织在一起。在两次西班牙之旅中（1799—1800 年和 1801 年）他了解了巴斯克语，这种语言中陌生的东西引导他探访西班牙原住民的足迹，弟弟亚历山大从旅行中给他带来大量"美洲语言"的材料，地理上来说从墨西哥到秘鲁。玛雅和阿兹特克的语言标记使他着迷并促使他从它们对思维和言语的关系上思考墨西哥象形文字的特点。印第安"野人"的奥里诺科语向他传达了另一种文化形象，这种文化是弟弟亚历山大近距离经历过的。他只能"完全进入他们的意识，当我努力摆脱那些每个欧洲人与生俱来的外在的观点，让自己和那些善良的人们一起置身于他们给人留下崇高天性印象的快乐的感情生活。语言在后来的发展过程中肯定丢失了最初很美和很崇高的东西"[4]。

在罗马的时候威廉·冯·洪堡就已经受到了启发、获得了相关信息，他尝试着把它们和自己有关人类学的思想结合起来，即人类的统一性表现在丰富多彩的民族性格中。1803 年 10 月 22 日他写信给卡尔·古斯塔夫·冯·布温克曼："我比以往任何时候都执着地研究语言，语言研究和所有那些想法巧妙地结合起来。所有语言内在的秘密的神奇的关联，尤其是那种高级的享受——和每种新语言一起进入一种新的思想和感受系统——无限地吸引我。迄今为止没有什么比语言更糟糕地被对待的研究对象了，我相信我已经找到了一把钥匙，这把钥匙使每种东西都很有趣并使通向所有的道路都变得轻松愉快。"[5]

显然威廉·冯·洪堡对语言的饥渴没得到满足，那些他不了解的语言，那些给他提供新鲜内容的语言，即关于各种语言之间和它们各自不同的世界观之间令人惊讶的内在联系。1820—1830 年他开始研究梵文，梵文为他打开进入印欧语系语言源泉的通道并使他能阅读印度原文教学诗篇《薄伽梵歌》，里面的宗教哲学智慧学说与他自己对世界的宁静感相吻合（G. S. V，190-232，325-344）。他研究汉语的语法结构，研究日语，开始考察南洋岛上居民的马来西亚 – 波利尼西亚语。法国东方学家让·弗朗索瓦·商博良①（1822）对古埃及象形文字的解密使他更加深入思考各种不同的文字形式和语言之间的关系⁶。他定期在柏林科学院宣讲自己的研究成果，第一次是 1820 年 6 月 29 日的《论比较语言研究》，最后一次是 1831 年 6 月 9 日《论爪哇岛的土著语》⁷。

作为学者，威廉·冯·洪堡越深入研究陌生的语言和文化，他的德国化就越弱化。他作为政治家在普鲁士政府中总是一再强调并反对弟弟的法国化，那么现在作为一个进行广泛研究的语言学家，他在判断上变得宽容仁慈多了。兄弟间的观点和生活方式有着很深的裂缝，但现在可以得到克服。1822 年 10 月当亚历山大告诉哥哥将去柏林待几个星期，威廉虽然再次从现代艺术的美学品位方面提到弟弟的"法国风范"（Br. Ⅶ，117），但他很高兴弟弟能来，亚历山大"非常温柔"地告知他这个消息。

几个月后事情成功了，亚历山大陪国王弗里德里希·威廉三世参加维罗纳会议，他 1823 年 1 月 3 日到达柏林。亚历山大在国外待了 15 年，没回过家乡，他是在 1807 年 12 月 13 日作为年轻的普鲁士王子威廉的代表团成员离开柏林的。正如预期的那样，亚历山大"在整个柏林掀起了波澜，给家族带来最美的欢呼声"（Br. Ⅶ，126）。他在科学院做了场讲座《论地球上不同地区的火山结构和作用方式》（1823 年 1 月 24 日）。在演讲中他试图给听众形象生动地描述来自我们星球内部通过裂缝和运动爆发出来的强大力量。科学院为他举办了丰富的盛大的晚宴，国王慷慨大方地奖励了他。亚历山大在特格尔和哥哥嫂子处待了 5 个星期，嫂子卡萝莉内对女儿阿德尔海德说："兄弟之间讨论各种各样的知识，真是绝无仅有！"

---

① Jean-Francios Champollion，1790—1832，法国著名历史学家、语言学家、埃及学家，第一位破解古埃及象形文字结构和罗塞塔石碑的学者，埃及学的创始人。

（Br. Ⅶ，126）

回归家乡的第一步完成了。亚历山大在家乡从来没体会到家的感觉，他再次归家是三年半之后，有以下两个理由：一是国王催促他到柏林和波茨坦，国王很喜欢这位到处旅行、世界闻名、学识渊博和风趣的侍从官，并想让他待在自己身边，从而使自己精神上得到愉悦。二是国王提供的薪水也吸引着亚历山大，他每年可以得到5000塔勒，这笔钱对他来说是必不可少的，因为他在经济上几乎破产，他需要钱。不仅仅是在巴黎的生活需要付出代价，而且为制作伟大的、附有大量插图的新大陆游记所需的高额成本使他继承的财产所剩无几。但亚历山大说他回德国最主要的原因是为了和哥哥生活在一起。"君主的愿望——把我留在他身边，让我回到祖国——1827年春天才成为现实。我放弃长期客居巴黎，取道伦敦和汉堡回到柏林，在柏林我终于可以享受长期渴望的幸福了：和哥哥生活在一个地方并共同进行学术研究。"[8]

为了准备最后的回归，亚历山大1826年9月底就和朋友及同事动物学家阿什利·瓦朗谢纳（Achille Valenciennes）离开巴黎，在回柏林的途中他会见了那些熟悉的可能使他在德国的生活变得有趣的科学家。在法兰克福他看望了友好的医学家和解剖学家沙姆埃尔·托马斯·瑞默恩，在吉森（德国黑森州）看望了化学家尤斯图斯·利比希（Justus Liebig），在哥廷根拜访了数学家卡尔·弗里德里希·高斯（Carl Friedrich Gauß），10月和11月他待在特格尔，他和国王约定，他的常住地虽然在柏林，但为了能保持学术上的联系以及完成规模庞大的游记，一年中有4个月他可以居住在巴黎。

他也利用机会在1826年12月回巴黎的途中拜访老朋友，这些人让他渐渐熟悉已经陌生的国家。在他就读过矿业学院的弗莱贝格，他和30年没见面的老朋友卡尔·弗赖斯勒本又去了他们于1797年7月4日共同探访过的涵洞。歌德和大公卡尔·奥古斯特在魏玛热情接待了他："歌德太神奇了，充满力量、亲切友好。"他告诉哥哥说[9]。歌德对埃克曼说道："这是怎样的一个人啊，我认识他很长时间了，但我依旧对他身上新的东西感到惊讶。人们可以说，没人和他一样拥有知识和生机勃勃的学问，如此丰富多样，就像从来没在我面前出现一样。他去到哪儿，哪儿就是他的家，他给予我们大量的精神财富，他就像一口井，有许多管道，人们只需要在下面放一个容器，宝藏就总是源源不断、永不枯竭地流向我们。他将在这里待几天，我已经感觉，似乎这些年我都虚度了。"[10]然后亚历山大还在卡萝莉内·冯·沃尔措根那里待了一天，她是席勒的姨姐，也住在耶拿，是亚历山大在青年时代通过哥哥的道德联盟认识的朋友。

离开19世纪的首都巴黎，必须在依然相当闭塞的柏林生活，经济上依赖于国王的慷慨大方，这一切都让亚历山大为难。但已作出回国的决定，他就要善加利用。亚历山大1827年2月16日从巴黎写信给哥廷根的高斯："这是个重大的决定，放弃一部分自由和我18年来获得的拥有美妙精神享受的学术地位。但我不后悔自己的所作所为，在我最后一次逗留德国期间，知识分子的生活对我产生了巨大的吸引力。促使我下决心的重要理由是在您身边、在那些和我一样惊讶于您的伟大天赋的人身边生活。我不缺乏良好的愿望——要发挥作用。我不断地希望得到您的建议——数学艺术伟大导师的建议。"[11]

1827年5月12日亚历山大·冯·洪堡到达柏林，他租了宫廷木匠格拉茨（Glatz）位于帕克霍夫4号的房子。他聘用约翰·赛费尔特（Johann Seifert）做佣人，赛费尔特余生都待在亚历山大身边并继承了亚历山大的遗产。亚历山大想马上发挥作用。他积极行动起来，立刻投入工作，把柏林变成研究自然科学的场所。他宣称自己一生的主要任务是促进学术，他要创造一种氛围，就像他离开巴黎时那样，他设想了一个学术组织纲领并竭力使它变为现实。"慢慢地柏林应该拥有第一座天文台、第一个化学机构、第一个植物园、第一所超验数学学校。这是我努力的目标和我努力勤奋的统一纽带。"[12]

他一到柏林就定期参加柏林科学院的会议，他自 1805 年 2 月起就是柏林科学院的成员。接下来的几年他像哥哥威廉一样做了几场讲座，这些讲座的结果是"因为学术团体引起了激动人心的幸福"[13]。公开讲座的第一场是 1827 年 7 月 3 日做的《地球温度千差万别的主要原因》。在导论中他清晰地了说明讲座的目的和方法论。他并不想罗列个别观察结果和堆砌零星的感性观点，而是深化一种整体的认知，认识到统一的大自然的普遍和本质的东西。他将对典型的东西进行加工。像哥哥威廉的"比较语言研究"一样，亚历山大的主要兴趣点是"比较自然研究"。"多少年过去了，自我从安第斯山脉回来后，我尝试着在科学院的公开集会中发展一些自然观，我希望，这种自然观通过伟大的对象，或许也通过细心提示所有现象的共同点来引起（人们）普遍的兴趣。"[14]

1828 年亚历山大·冯·洪堡没有开设科学院的讲座，他找到了更大的讲堂、更多的听众。普遍的兴趣超越了学术团体，整个柏林都想聆听洪堡对世界的看法。1827/1828 年冬季学期亚历山大在柏林大学开讲座，尽管他不是大学教师，但作为科学院成员他有权在大学开课，他讲了 61 场关于"对地球和世界的物理描述"的讲座。听者众多，场场爆满。他的讲座在新闻界也引起了巨大反响，因此他又于 1827 年 12 月 6 日到 1828 年 3 月 27 日在菩提树大街新落成的柏林音乐学院为广大观众做了 16 场公开讲座。这个柏林最大的、容纳约 800 人的大厅供他开"宇宙讲座"，这些讲座是学术推广史上的高光时刻。从泥瓦匠、艺术家和学者到国王弗里德里希·威廉三世及其宫廷人员，听众来自社会各阶层，其中还有很多妇女，颇引人注目。

亚历山大的哥哥和嫂子在女儿加布里拉的陪同下也到音乐学院听他的讲座。卡萝莉内常常抱怨亚历山大法国式的肤浅，现在她被深深地震撼了。她非常惊讶，亚历山大能非常清晰地讲解整个宇宙：从无法测量的宇宙空间到地球的碎化结构到植物、动物和人。所有的一切都融合到伟大的统一的自然整体中。但卡萝莉内也感觉到，亚历山大被一种"最深的痛苦"折磨着：他谈论的对象和他对一切都

持开放态度的思想喜欢拥有"对外和对内同样的无限性"。但——"啊，不幸福！"（Br. Ⅶ，325）

原因可能在于亚历山大在上次讲座中提到过的内容，在这次讲座中他没有谈论自然和人类，而是谈到他自己："如果我要指出，什么首先唤醒我对广阔的世界景观的渴望以及什么促使我进行伟大的旅行，那就是，格奥尔格·福斯特对南洋岛屿的描述、本地植物园高大的龙血树以及我早年去英国旅行时有机会欣赏到的霍奇①的优秀画作。"[15]最后他回忆起"高尚的大师（歌德）"，歌德的作品渗透着对大自然的深厚感情，比如在《少年维特的烦恼》中，在意大利的旅行中，在植物的形变中，处处都是这种激动人心的感情，犹如"从蔚蓝的天空吹来一股和煦微风"[16]触动着我们的心弦。

但一切都过去了！那是曾经。他在听众面前呈现的自然画卷不是他曾经全身心经历和享受的大自然。现在他在大厅里，站在成百上千屏住呼吸想听他讲座的听众面前。最初他完全放不开，这深深地触动了卡萝莉内，后来他的讲座越来越漂亮，越来越自如。哥哥威廉毫无嫉妒地承认，亚历山大获得了"许多掌声和真正的荣誉"。"也不可能读得更好了，人们喜欢看讲座或事物，就我所能听到的而言，这是普遍的评价。"（Br. Ⅶ，326）

亚历山大只是在自己常常感觉"不自然"的地方"读"。为了回避柏林和柏林附近令人痛苦的沙地环境，他必须在回忆中唤回椰树林、火山山脉和令人惊叹的巨流。他身上的渴望依然活跃着，这种渴望曾经促使他旅行。一年后他得到最后一个机会去做自己最喜欢做的事情：古老的梦想将成真。

早在1793年他还在弗兰肯地区做高级矿物师时，他就不仅计划去西印度，还计划去亚洲进行伟大的科学考察。从美洲回来后他想尽快继续旅行，像他1806年

---

① Hodge，1744年10月28日—1797年6月6日，英国画家，陪伴詹姆斯·库克在"决议"号上进行第二次南洋航行，包括前往塔希提岛、汤加群岛、新西兰、复活节岛和南极洲。

2月6日写信告诉歌德的那样最好去喜马拉雅山的最高峰。他在巴黎的时候也多次准备去俄罗斯—西伯利亚旅行，1812年他差点获得国王的许可，俄罗斯沙皇亚历山大一世注意到了这位著名的普鲁士自然研究者。亚历山大·冯·洪堡给在俄罗斯任职的亚历山大·冯·勒伦卡姆佩夫男爵（Alexander Freiherr von Rennenkampff）写了封长信（1812年1月7日），信中他介绍自己穿越亚洲的伟大科考计划："我的亚洲之旅的目的是高高的山系，从印度河的源头延伸到恒河的源头。我很想看看西藏，但这片区域不是我研究的主要目标。"[17]他想看一切：贝加尔湖、堪察加半岛上的火山、喀布尔以及克什米尔、帕米尔高原和戈壁滩，最后是锡兰、爪哇岛和菲律宾。他认为穿越亚洲境内的俄罗斯疆域会获得最有趣的自然体验，这次旅行应该持续七到八年时间，计划泡汤了：拿破仑的俄罗斯战争使计划变成了泡影。

两年后亚历山大尝试新计划，这次他希望获得英国的帮助穿过印度去喜马拉雅，东印度公司的反对又打乱了旅行计划，1818年他再次尝试，他想让普鲁士国王和总理哈登贝格出科学考察的经费，他给哈登贝格寄了一份详细的预算并写道："去新大陆热带地区长达五年的旅行耗尽了我的财产，但还没耗尽我的力量，我决定再次离开欧洲去进行一次四到五年的旅行，穿越好望角山麓去印度半岛和印度群岛。"[18]威廉1818年10月6日写信给夫人："他完全下定决心了。""大约一年后，他完成了他的著作，去东印度。去西藏可能比较难，因为中国人统治着西藏，他们不让任何人进入。"（Br. Ⅵ，334）但东印度贸易公司的反对比亚历山大的决心更大，在英国人看来，亚历山大·冯·洪堡值得怀疑：他是普鲁士人却得到俄罗斯的支持。

直到1827年夏天，亚历山大在柏林的时候获得了一线新希望。在新沙皇尼克劳斯一世和政府的委托下，俄罗斯财政部长格奥尔格·冯·堪克林伯爵（Georg Graf von Cancrin）请他评估引入一种铂硬币货币可能的用途，这种铂在乌拉尔只能限量开采。亚历山大·冯·洪堡答应了。同时他表示，他想看看乌拉尔和西伯利亚部分地区，他获得了许可，经过两年多的准备魂牵梦萦36年的"亚洲之旅"终于得以成行。

亚历山大·冯·洪堡1829年4月12日和贴身仆人约翰·赛费尔特，生物学家、医学家和植物学家克里斯蒂安·戈特弗里德·埃恩贝格（Christian Gottfried Ehrenberg）及化学家、矿物学古斯塔夫·罗泽（Gustav Rose）一起开始了俄罗斯—西伯利亚科考之旅。他们先到彼得堡的沙皇皇宫，从那儿出发去莫斯科，然后穿过乌拉尔和单调的西伯利亚草原到达白雪皑皑中蒙交界的阿尔泰山，中国没对他开放，在回程途中他们参观了里海，从那儿途径莫斯科和圣彼得堡，最后于12月28日回到柏林。

旅行持续了八个半月，行程15000公里。罗泽后来写了两卷本的《到乌拉尔、阿尔泰和里海的矿物：地球成因之旅》（柏林1837—1842）。洪堡写了第三本书《中亚：山脉和比较气候学研究》（巴黎1843）。亚历山大·冯·洪堡看了很多，测量和经历了很多，他在西伯利亚原野收获的大量丰富多彩的印象充满了记忆，但亚洲之旅跟美洲之旅完全不同。一切都是第三方准备好的：交通工具、吃住都得到保证，尽量避免危险的状况，缺乏冒险的刺激。亚历山大坐在马车里，还常常穿着燕尾服旅行，他从乌拉尔东部的叶卡捷琳堡（曾名斯维尔德洛夫斯克）给哥哥写信，信中他嘲笑道："政府对我们旅行的关照难以言表，永远都是欢迎；警察开道、带路；政府官员、哥萨克警卫跟随左右！遗憾几乎没有独处的时间，寸步难行，完全像个病人被夹在手臂下带着一样。"[19]

他们在叶卡捷琳堡地区待了一个月（1829年6月15日—7月18日），在乌拉尔北部进行大大小小的科考，他们参观金矿和铜矿、宝石和大理石峡谷、开采铂金和黄金的作坊，他们收集了大量的矿物，进行了大量的测量。当他们经过一次长途旅行归来时，亚历山大发现哥哥在此期间写了4封信。这些信件让他很开心，因为这些信是威廉写的。7月14日他回复哥哥，在信中他承认："在我生命中没有哪个时候让我比现在更感受到这种幸福。我们如此亲近，我完全认识到你的心灵充满爱意和美好。我无法向你描述我在这思想贫瘠之地得到你的消息时的喜悦之情，我忠实的朋友。"过些日子他又特别强调："在我生命中没有哪个时候让我比现在感觉你的存在对我更重要。"

亚历山大在这里表现出的是矛盾的转变，因为他谈到的幸福不是快乐的安宁，那种幸福的感觉建立在一种"无法代替的我们承受的损失之上"[20]。兄弟的存在是必要的，来自威廉的每条消息都让他高兴，因为两人都同时经历了巨大的不幸，在不幸中他们比以往任何时候都感到"如此亲近"。这种亲近感持续贯穿他们的余生。亚历山大深深地体会到哥哥内心深处的情感，他对哥哥许诺："世界上没有任何人像我这样温柔地爱着你，我的存在永远和你的存在连接在一起，我们从此再也不要长期分离。"[21]

亚历山大许下充满希望的诺言，和哥哥如此亲近恰如童年和青少年时期一样，原因在于惨痛的损失体验。这种体验比父亲去世时更强烈，父亲的去世让还是孩子的他们感到意外，而母亲的去世在他们看来是种解脱。1829 年 3 月 26 日在亚历山大出发去西伯利亚之前的两个星期，卡萝莉内·冯·洪堡去世了。亚历山大多么想待在哥哥身边和哥哥共同承担失去亲人的痛苦。那时，在威廉和卡萝莉内结婚之后，他写信给弗赖斯勒本说：他哥哥变得陌生了，他不能完全融入哥哥的家庭。"威廉肯定还爱着我，自他结婚以来，跟以前一样，但一个已婚的人总是一个迷失的人，人们只能用爱来拥抱一个人。"（Jbr. 280）现在他把哥哥找回来了并且只为他而存在。

卡萝莉内的健康越来越危险，生孩子不断地威胁着她的生命，在生命的最后几年痛苦接踵而来：她的胸口常常疼痛，深受高烧和头痛的折磨，痛风折磨着她的关节，尤其是在寒冷和潮湿的柏林她经常生病，以至于"我相信失去她的痛苦时刻不远了"。威廉 1829 年 2 月 12 日写信给歌德："和妻子的共同生活曾经是现在也是我生活的基石，因此我觉得内心深处备受打击和折磨。"[22]

他们并不总是生活在一起，威廉作为外交官从事外交工作的时候他们分开了很长一段时间，他们之间是一种自由的关系，他们之间也多次出现第三者并爱上别人，但这从来没威胁到他们之间独特的爱情，对此丽娜对她最爱、最好的比尔在 1788 年 8 月 24 日初次见面时就承认："人们能像我们这样相爱，这是上天最好的礼物，为此值得付出所有痛苦的眼泪。"（Br. Ⅰ，7）那是 1788 年 8 月 24 日他们在布尔克奥尔纳第一次见面之后。威廉也在 41 年前设想未来的生活并准备承受痛苦，但那种痛苦从未破坏他们之间的爱情。他用道德联盟成员青春的热情写了首诗给她：永远不会打破爱的纽带，被美德本身所环抱。你难道没有看到在星辰之国，当我们最终完成了这一朝圣的生活，哭出了每一个苦难，在那里坚定地团结起来吗？（Br. Ⅰ，6）他们面对命运的打击感觉到崇高，他们成功地让这个希望一直保持着活力，经历了时代的迷茫和对自身存在摇摆不定的迷惘。

最后他们常常谈到这个"星辰之国"，在这里他们相信的"不朽爱情"找到了象征性的表达。在去世前的几年里卡萝莉内理解了威廉 40 年前在诗里表达的想法。她也知道，彼岸的那个他们想象中进入并牢牢结合在一起的世界只是一种想象，在想象中忧郁的死亡预感和充满希望的期待都在增加。"啊，从那里可见的回归是不可能的，黑暗的预感王国，它越来越近，人们对此一无所知。"（Br. Ⅶ，260f）人们没法知道，但人们可以希望。死后的状况被包裹在不透明的面纱里。威廉用一幅画来答复她，他在这幅画中描绘出年轻时就思考过的内容："大地敞开胸怀让人安宁，天空开放空间让人无拘无束地奋斗。谁如此感受死亡，谁就会觉得死亡是生命突然呈现的温柔的解脱，生命需要解脱，因为生命是枷锁也是谜团。"（Br. Ⅶ，274）

1828/1829 年冬天，卡萝莉内越来越虚弱，1829 年 3 月时几乎没任何希望了，只要能够，亚历山大就去特格尔分担哥哥和嫂子的痛苦，也因为有他在身边痛苦也减轻了一些。他非常"有爱心和同理心"，卡萝莉内对女婿、阿德尔海德的丈夫奥古斯特·冯·赫德曼（August von Hedemann）说（Br. Ⅶ，342）。他们之间不再有分歧。他们之间在拿破仑危机时代产生的紧张关系因为死亡的危险在友好的信任中化解了。这就是亚历山大在遥远的乌拉尔谈到的"幸福"，兄弟俩从未觉得如此亲近过。

卡萝莉内去世的时候，亚历山大不在特格尔。时间是早上8点半，丈夫和两个女儿，阿德尔海德·冯·赫德曼（Adelheide von Hedemann）和未婚的卡萝莉内守在她床边。她很温柔、安静和毫无痛苦，呼吸渐渐停止，她死的时候意识清晰。威廉一早去她的房间，"她对我说：忠诚的朋友，请把手给我，我亲了亲她的面颊，'亲亲嘴吧'，她说道并拥抱了我。她的脸看上去非常平和。长眠中人们永远不会看得更美、更清晰和更宁静"[23]。

同一天威廉也给他们共同的朋友卡萝莉内·冯·沃尔措根写信描述了这个场景，同时他也回忆了他们共同度过的美好、幸福的青春岁月，其他1788年结识的女友都接到了他的信。他给莎洛特·迪德写信说自己在夫人身边多么幸福，未来他将带着回忆远离社交生活，他一直喜爱的寂寞孤独成为他的命，这种命运决定他的余生。"如果人们失去了自身原本最丰富、最美好的那部分原则，那么对他来说就开始了生命的新阶段。之前的经历被封存起来，人们可以把它看作一个整体，通过回忆固化到性情中并和它继续生活，对将来没什么愿望了。"[24]同时他也告诉她，他也失去了信任的朋友昆特。1777年昆特在洪堡家做家庭教师时，威廉才10岁，从此他们之间的友谊持续了一生。卡萝莉内死后他还抱着昆特大哭了一场，现在他最信任最长久的朋友也去世了。特蕾泽·胡贝尔，寡居的福斯特，洪堡曾认为她是"最美的女性"，也获悉了他的伤心事。她没法安慰他，但她非常了解人类的感情，她对他说："我们总是为身边的人哭泣，生存下去是痛苦的，悲伤是纯粹的利己，回忆思念是财富，互相理解是为了不分离，努力是为了保持团结。我是生存理论的老手。"[25]几周后她也去世了。

卡萝莉内去世后，威廉就避免和人打交道。他沉浸在回忆中，对寂寞孤独的赞美控制了他的思想和感情，但他也没放弃和妻子分享的希望，没放弃这个美丽的理念：渴望更高级的但在地球上无法达到的状态。他很早就通过柏拉图的哲学了解了这种理念，那时还只有20岁的他第一次出版《苏格拉底和柏拉图谈神性、天命和不朽》就谈到过这种理念。对卡萝莉内来说这个理念在罗马的时候变得鲜活起来，她常去死去的威廉和古斯塔夫在凯斯提乌斯金字塔的墓地。她在施佩让查①优雅的女性形象中看到希望，这个形象是威廉夫妇在罗马的好朋友来自丹麦的雕塑家贝尔特尔·托瓦尔特森（Bertel Thorwaldsen）根据古典的模板创造的。卡萝莉内喜欢这个简单、明亮、让人心安的大理石雕像，在她看来这座雕像表达了超越死亡而且无法被摧毁及永恒的爱的希望。1818 年她就表示希望拥有这个雕像的副本。

当威廉为妻子考虑墓地和墓碑的时候，他想起了这个愿望：在特格尔公园里，在古老的枝叶繁茂的橡树旁，人们可以从墓地看到特格尔庄园，但又保持一定的距离以满足墓地所要求的宁静。他让曾为他们改造房屋的卡尔·弗里德里希·申克尔设计墓地。在高高的细长的柱子上有托瓦尔特森的作品"希望"，这座雕像仿佛在天与地之间飘荡。

威廉·冯·洪堡的朋友和熟人担心，他会完全与这个世界隔离并把自己关在特格尔。因此国王任命他领导一个委员会，这个委员会负责布置柏林谐趣园附近的新博物馆，博物馆主要收藏皇家艺术品。威廉·冯·洪堡犹豫着，他不想再卷入事务工作中，最后因为普遍的催促，他做出让步并接受了这份委托。每周有一到两天他得离开特格尔到柏林市区完成自己在委员会的工作。"幸运的是工作虽然没那么重要，但总是占用我一些时间，迫使我离开这里并接触更多的人。"[26]

他也致力于聘一位能干的博物馆馆长，威廉想到正在俄罗斯西伯利亚旅行的亚历山大。1810 年威廉推荐弟弟为文化教育司司长并因此让亚历山大度过了几天无眠且整夜哭泣的日子。和那时一样，这次亚历山大又反应过度，他非常激动地从叶卡捷琳堡回信道："可能吗，你又想我接受馆长的职位，你说'我担心，你得接受这个职位'，这话吓着我了，我因此几乎不能入睡，我应该放弃在巴黎的

---

① Speranza，意大利语，希望的意思。

职位，应该回到家乡成为画廊的馆长，接受冯·佛尔比（ von Forbin ）先生的位置，和那些事物打交道，那些与给我创造世界声誉完全相矛盾的事物！这太让人沮丧了，我会平静地拒绝，即使人们不征询我的意见就任命我。你自己也认为我们在欧洲享受的外在的尊重足够了，这种尊重是我们共同的不可分割的财富，不要因为这个决定而责备我，我宁愿离开这个国家，因为当我回来的时候，我没有碰到（这种）危险，我不仅要拒绝馆长这个职位，而且还要拒绝每个领导职务和委员会的常务理事。"[27]

弗里德里希·威廉三世 1830 年 8 月 3 日过生日时博物馆隆重开业，国王利用这个机会授予威廉·冯·洪堡最高级的普鲁士奖章。他获得了黑色贵族徽章，他很高兴获得这个巨大的荣誉，尤其是"因为它给一切可能的野心都画上了句号，我达到了自己能力范围之内的目标，但还有一个作用：想完成很多的事情对我来说同样是陌生的。我很高兴让其他人去做，我从没想太多，只是利用了机会给予我的东西"[28]。同时他又被任命到政府内阁中去工作，1819 年底他彻底退出政界。他几乎没利用这个机会，虽然直到1834/1835 年冬天他都定期参加内阁会议。

生命的最后几年威廉·冯·洪堡从世界的外在冲动中退出，在宁静的特格尔专注于语言研究，重点是马来西亚群岛的语言，他特别研究了爪哇岛的土著语，他把这种语言和梵文做对比，目的是找出印度和爪哇之间的联系。1831 年他在科学院做了几场相关讲座，大部分时间他都在写土著语著作。亚历山大常常看望他，他们共同思考陌生的语言和文化，思考在各种各样的语言形式中表现出来的千差万别的世界观，也思考那种可能性：能否把语言结构的丰富多彩归结于"原型"，这种原型植根于人类的精神禀赋并有助于其形成。

卡萝莉内的死不仅破坏了威廉最内在的存在感，他的身体也对承受的痛苦作出了反应，他感觉自己的身体像超出自己年龄的老人，他 65 岁，一只眼睛视力模糊，另一只的视力也在减弱，他常常觉得站着都吃力，他的身体消瘦，日渐佝偻，双手发抖，吃东西也困难，他安慰自己说：幸好人们"思考的时候不需要双手，只有在思考中我才比以往任何时候都活泼，思考让我忙碌并给我带来快乐，即使有时是痛苦的"[29]。他狂热地专注于语言研究，1835年3月亨利埃特·赫尔茨在拜访这位老朋友之后写信给共同的朋友卡尔·古斯塔夫·冯·布温克曼："他并没生病，但越来越衰弱完全没有精神，他一直在工作，当然是口述，因为他既拿不动笔也没办法写东西了。"[30]

在一次拜访妻子的墓地之后威廉·冯·洪堡感冒高烧了，1835年3月底死神临近了，他平静地接受这个事实，他的三个女儿：卡萝莉内、阿德尔海德和加布里拉以及弟弟亚历山大在身边，后来小儿子赫尔曼和女婿赫德曼也到了，他给弟弟表述了最后的愿望以及如何设计墓碑，他希望很快和妻子在一起，如同在睡眠中一样。他4月2日对孩子们说："我不相信生命就这样逝去了，如果人们找到自己，那么我也将找到并获得你们的问候。"但他也承认，他弟弟在这方面和他想得不一样，并且对个人不朽这种理念是没感觉的。"亚历山大相信，我们死后是没有办法知晓永恒的世界秩序的，但我相信，思想精神是最高级的并且不会消亡。"[31]4月3日晚他让弟弟给自己朗读席勒的诗《泰克拉，一个幽灵般的声音》结合在一起的不能再分离，在那里你将又找到我们，如果你的爱和我们的爱一样（Br. Ⅶ，373）。

亚历山大感到没希望了，他把哥哥的最后时刻看作永别，他也对自己反应过激的程度感到吃惊："我不相信，我会老泪纵横，持续了8天。"[32]

1835年4月8日下午威廉让人给自己看妻子的相片，他朝照片看了最后一眼，然后出现了死亡的征兆，晚上6点，当夕阳的最后一缕光线照进房间时，威廉·冯·洪堡如他原来希望的那样去世了："我想没有哪个时候人们可以更轻松地死去。"（Br. Ⅶ，68）4月12日他葬在特格尔公园"希望"的雕像下、卡萝莉内的身边。

"我完成了严肃而伤心的义务。"这是1836年3月亚历山大在柏林出版哥哥威廉的语言学遗著《论人类语言结构及其对人类精神发展的影响》的前言里写的，这本著作由皇家科学院印刷厂印刷。这虽然只是威廉·冯·洪堡在卡萝莉内死后在特格尔专心研究的内容丰富的《论爪哇岛的土著语》的导论，却受到语言学家和皇家图书馆管理员约翰·卡尔·爱德华·布施曼博士（Johann Karl Eduard Buschmann）的支持，在有关土著语的三部主要著作中威廉不断地把这种语言的语法结构和其他南洋语言作比较，他在导论中解释了语言学的方法，这种方法以古典语言观为基础，而古典语言观是他在 18 世纪 90 年代与席勒、歌德和弟弟的谈话中发展起来的。

那时他在给席勒的信中（1795 年 9 月 14 日）确定这是其毕生研究的愿望："不仅语言本身是有机的整体，它还和说这种语言的人的个性有关，以至于绝对不能忽略它们之间的这种关联性。"[33] 这种愿望确定了他语言学主要著作的主题，弟弟亚历山大一直关注并支持这部作品的诞生，现在亚历山大赞扬道："失去他我们非常悲痛，由于他的智力和伟大的意志力，由于外在状况的厚爱，由于驻留地点及公共生活的变化而没有中断的研究，如果上天眷顾他让他更深入了解更多语言的结构，比之前任何人都了解得更多，那么我们可以加倍高兴地发现，我可以补充的话，这项涉及整个语言领域研究的最终和最高级的成果在导言中得到了发展。"[34]

对这个 40 年前就打下基础的成果我们只简单描述在语言学历史上与威廉·冯·洪堡名字密切相关的 4 个观点。[35]

整体的理念：威廉·冯·洪堡研究梵文、中文、土著语和大量的其他语言。名词化说明存在着作为整体的可以从概念上得到认同的语言，但也许它将只与作为"不存在的思想本质"的抽象概念有关？（G. S. Ⅶ，47）在研究个别语言的初期人们就碰到问题：语言作为大量的个体部分出现，如难以计数的单词、表达、单个的模板，所有这些内容也都有各种例外。近距离观察语言，语言似乎处于由语音、语义和语法这些无法看透的细节部分组成的令人迷惘和分散的混乱状态。

当语言研究者试图确定语言的结构并把它和其他语言进行比较时，常常陷入尴尬境地。但这种多样性并未阻碍威廉·冯·洪堡把每种语言理解为统一的整体。他努力把语言材料的大量的、散乱的细节部分组合成"有机整体的画卷"（G. S. Ⅶ，45）。这个整体认识论的主导思想是康德的范导性原则，这个原则是威廉在康德的《判断力批判》中认识到的。被组织和自己组织的整体作为那样的东西虽然不能被感知，并且可能永远也不会成功地把一种语言当作整体的特点来理解。但研究的可调节性，即把语言看作统一的整体来思考，指出了人们可以越来越深入认识语言的方法。这首先涉及"语言内在形式的"可认识性，威廉·冯·洪堡特别专注于研究这部分内容，对语言内在形式的研究和描述"永远不够完整，而总是到达一定的足够概览整体的程度。因此这个概念给语言研究者指明了一种方法，他用这种方法尝试探寻语言的秘密和揭示语言的本质"（G. S. Ⅶ，48f）。

言语和思维的统一：威廉·冯·洪堡并不只从语言个别因素之间的张力关系来看整个语言，还从它们和人的思维及感受能力的关系上来看。语言形式本身是干瘪、简单明了的结构，洪堡提出，从延伸的意义上看人的思维活动对语言的工作方式很重要。在《语言的本质和特征》这部分内容中有对这个观点最精辟和最流行的阐述："语言是思想的形成器官。智力活动，绝对是思想精神的、内在的，且一定程度上多数时候是无痕的，通过语音在说话中外显并且对感官来说是可感知的。智力思维活动和语言因此是同一个并不可分割。思维本身也有必要和语音联系在一起，否则，思维就不能达到清晰的状态，思想就不能成为一个概念。"（G. S. Ⅶ，53）随着威廉·冯·洪堡把语言的特征定义为"形成器官"，他又回忆起在与席勒、歌德的谈话中提到的康德读物。语言不是由单个因素组合而成的机械物，语言是一个有机体，在这个有机体中塑造性的力量发挥作用，这种塑造是一个开放的过程，在这个过程中人的思维在工作：一方面让发音的语音形式越来越能表达思想；另一方面给思维创造一个越来越清晰和明确的形式，在这种形式中思维可以成形并发展。相反这个观点就太简单：语言只是用来命名事物和行为或者只是用来表述独立于语言而形成的思想。威廉·冯·洪堡让我们注意到发出语音的感性材料和思维的思想行为之间、人的言语 – 思维的外在和内在之间不可分割的、动态的相互作用，人的言语–思维是矛盾的统一体。

灵活地运用语言：当威廉·冯·洪堡谈到整体的"语言形式"时，在这种形式中发音形式和思想一致并从属于共同的形成过程，那他指的不是纯粹的形式主义，这种形式主义确定一个句子的语义和语法结构时没顾及思想，这种思想在语言形式中找到自己的形态。威廉·冯·洪堡不想把语言拆分成个别形式化的因素和语法上的连接规则，而这样做就只能把语言看作"死的科学拆分的作品"（G. S. Ⅶ，46）。他不想暴露语言的死的结构，而是研究它们塑造性的力量，这种塑造性的力量贯穿在作为有机整体的语言中，这只有在他把生动灵活运用语言当作语言研究的重点时才能成功。语言是什么只有在说语言的过程中显现出来。每个单词和每个句子都是死的。只有在使用时语言才是活生生的并且呼吸着"生命的气息"（G. S. Ⅶ，49）。威廉·冯·洪堡谈到"活动、工作、实践"并且在追溯亚里士多德区分生机勃勃的行为（实践、能量）和被创造出来的产品（诗歌、史诗）时断定："语言，从它们真实的本质上来理解，是持续不断并且在每个时刻都是瞬间即逝的东西，即使通过文字保留它们也总是不完整的、木乃伊似的留存，而且也只有在人们试图使活生生的演讲变得感性时才需要语言。语言本身不是作品，而是一种活动，它们真正的定义因此只是一种基因的定义。语言就是永远不断重复的思维的活动，这种活动使语音能表达思想。直接和严格地说，这是对每次言语的定义，但从真正和本质意义上看人们似乎可以把全部的言语看作语言。"（G. S. Ⅶ，45f）

交际：属于言语的是几个人，没人喜欢自言自语。语言不是单个人的自由产品，语言的活动只能对话似地展开和构成，因为语言是有目的地针对有意义的相互理解。威廉·冯·洪堡自己也是对话大师，他多次指出，人的相互理解是语言使用最高级的目的（终极目标），有活力的语言实践不是个人的成绩。不存在私人语言，语言至少属于两个个体。在他的演讲"论双数"中威廉·冯·洪堡把这种相互对话的两面性确定为"所有语言的源类型"（G. S. Ⅵ，26），并通过人类喜爱交际的爱好来证明这个观点。在有关土著语著作的导论中他从语言理论的角度对此进行了详细解读："语言在社交中发展，人们只有通过尝试性地检验自己的话是否被他人理解才互相理解，因为当自己构思形成的话从别人口中得到反馈时，客观性才得到增加。没有什么能剥夺主观性，因为人自己总是感觉和人类是一体的，但主观性也会增强，因为已变成语言的思想不再只属于一个主体。变成语言的思想通过转移到另外一个人身上，它就把自己和整个人类共同的东西结合起来了，每个个体都拥有这个共同的东西，但这个共同的东西因为要求其他人理解而自身稍有所不同而已。"（G. S. Ⅶ，55f）

亚历山大·冯·洪堡太偏向自然科学并且非常熟悉康德的形而上批判哲学，以至于他不相信人的灵魂不朽的说法。他虽然不完全排除这种可能性，但他确信，我们永远没法知道，这种可能性是否可以变为现实。我们只能相信，在希望中，以此赋予我们身上的思想精神在我们死后继续发挥深远的作用。这个问题从科学上是无法得到回答的：在另外那个彼岸世界里是否有搁置思想精神的地方。考虑到自己的死，亚历山大·冯·洪堡调皮地认为，"在科学领域内人们争论：思想精神是否和身体不可分，或者思想精神在身体毁灭之后是否还能继续存在。我认为这个问题不是客观定论，正如说过的那样，但对我来说是时候作出选择了"[36]。

撇开这个未得到解决的哲学问题亚历山大同意哥哥的观点，即思想理念的伟大价值在于：当思考、发展和把思想变成语言的人不复存在时，思想理念还能继续发挥力量。当人结束此岸的存在时，"理念是唯一保留下来的东西"[37]。威廉·冯·洪堡写信告诉给莎洛特·迪德，因为她想了解，为什么他执着地研究理念。因为思想理念既不属于物质世界短暂的、外在的事物，也不属于与此有关的感受、渴望和热情，它们只存在于独立的精神世界中，这个精神世界可以和身体以及心理区分开来。

也许就是这个想法促使亚历山大发表哥哥关于语言的思想理念。哥哥的思想理念在这部作品中以文字的形式保留下来，虽然和"在鲜活的对话中指出，但没记录下来"的那些思想相比它们不那么完整[38]并且还是木乃伊似的死的思想，因为它们缺乏说话者的活生生的气息，但以作品的方式公开出版这些思想，它们就具有了一种形态，就总能够被重新唤醒、再次具有生命力。也许这种想法还能帮助他减轻一点失去哥哥的痛苦。

1835年6月，亚历山大写信给卡萝莉内·冯·沃尔措根，他谈到自己的巨大损失："我回到这个国家的主要原因是为了和他生活在一起，现在只给我留下狭小的空间来创造那种幸福。我在这里给您写信的地方可以让您回忆起那种状况（国王位于哈维尔河边一个无聊的私人庄园，这一带最贫瘠的地方之一）。我摆脱不了这种状况，甚至感激之情都让我止步。我能做的就是慢慢地又去到一个更广阔的世界，去巴黎待几个月……自从不幸发生以来我感觉非常寂寞孤单，不是没有勇气，但处于最沮丧的情绪中。此外还有对我参与的一部分政治世界的看法。一切都让人不开心。事情在朝着那个我17岁起就渴望的方向发展的时候，痛苦却带走了所有蓬勃发展的喜悦。"[39]

7岁时是1786年，那时他在马库斯和亨利埃特家里并且也融入了柏林的阅读圈，通过门德尔松和康德的著作他了解了启蒙主义的原则，他把"鼓起勇气运用自己的理性"作为自己生活和研究的准绳。作为自由的生物他想在全世界游走，但因为政治事件和社会状况事情未能完全如他所愿。人们想建立一个具有独立意识和能独立塑造自己生活的成年的人的社会，但用于建立这样一个社会的"工具"太弱小，原因在于神圣同盟的复辟倾向，这个神圣同盟在打败拿破仑之后把陈旧古老的势力集结起来反对革命，他们看到自身受到革命的威胁，因此反对民主、民族和自由的运动及力量，这些运动和力量都是因为法国革命和1789年的理念被唤醒的。亚历山大·冯·洪堡对此深感不安并觉得不幸。但他并没因此失去勇气。

1835 年之后他自己变得"良心不安"[40]，他用启蒙时代学习到的思想来评判和批评法律、经济、政治和科学的发展状况。他致力于各领域的学术发展，从生理学到天文学。回普鲁士之后他又先后 8 次去巴黎科学院，他不仅待很长时间，还开讲座，他也在柏林开讲座，尤其是关于地球物理的主题。他组织跨学科和国际性的科学家网络，他们可以相互交换信息，交流思想。此外他还是皇家宫廷的在职人员，普鲁士国王弗里德里希·威廉三世的、从 1840 年开始是弗里德里希·威廉四世的皇家侍从官，他也是从 1840 年开始成为普鲁士内阁成员，参与重要事务，这些事务是他没办法推卸的。

对国王们来说享有世界声誉的学者在他们身边可能是一种炫耀，对亚历山大自己来说"做洪堡"[41]太难了！在皇家宫廷他只看到自己被反对者包围着，这些反对者暗示 1789 年之后法国的三色旗，嘲笑他是"古老陈旧的三色破布""雅各宾派"和"无神论者"。所有这些都没削弱他独立运用自己理性的勇气。但他常常用讽刺性的多种含义和礼貌的嘲笑来自救，这让辨识他自己的真实想法变得很困难。不过他用下面这些话安慰朋友："但你怀疑过我的思想吗？从 1789 年以来我就确信自己的方向，我想，这在我所有的著作中表露无遗、清晰可见。"[42]

亚历山大·冯·洪堡在哥哥去世后开始写生命中最重要的五卷本著作。在书中他把迄今为止还没失去魅力和价值的观点付诸笔端。"这是我毕生的著作，应该反映出我的观点，这些观点是有关证明了的和未经证明的现象之间的关系，这些现象是我通过自己的体验或者通过大量的艰难的多语种的阅读研究看到的。"[43]因此，他在 1833 年开始计划并设计了大纲"物质世界描写的设想"，他想阐述并更广泛地实施和更深入思考那些他在柏林大学和音乐学院自由开讲座时简单刻画的一切，当哥哥威廉在特格尔专注于自己的土著语著作时，亚历山大开始写这本生命之书："应该包含雾到沼泽的一切，一个宇宙（物质世界描写）"[44]。题目还不确定，只是在给卡萝莉内·冯·沃尔措根（1834 年 3 月 29 日）的信中简单提了一下主题。不久他就有了"绝妙"的主意，用古老的希腊概念命名整部作品——

《宇宙》——这个概念原本表示贵重和秩序井然的东西，被毕达哥拉斯用到世界秩序上最后作为哲学专业术语"用于世界的良好秩序的学术名称，就是充满空间的整体，就是宇宙本身"（K，Ⅰ，62）。亚历山大·冯·洪堡最初担心，这个标题太装腔作势，听起来有点自大，甚至有点矫揉造作，最后他不再有顾虑，也因为哥哥威廉觉得"宇宙"这个题目很好，还有一个对此作出解释的副标题：物质世界概要。

当亚历山大开始写作《宇宙》时，哥哥威廉还健在。朋友们起初只期待着一卷，他自己想写两卷并希望1833年初冬能出版第一卷，如惯常的那样，特别是他的美洲游记，他低估了写作所需的工作量和时间。威廉去世的悲伤、公务职责、长时间的旅行和大量的学术政策活动推迟了写作。波茨坦的皇家宫廷在他看来就是狂欢舞会的死亡之城，他很难在此集中精力写书。在这本伟大的著作中他想描述自然的全貌，书中贯穿着康德的自然整体目的论观点和歌德的自然普遍和谐的整体观。为此他需要余下的时光，最后他完成了四卷，没能完成第五卷，也就是最后一卷。

第一卷1845年才出版，前言写于1844年11月的波茨坦，他待在城市宫殿暖气很足的阁楼里工作到深夜，他拟定主题，然后详尽地描述，修改了很多次。"在生机勃勃的生命晚期"（K，Ⅰ，Ⅴ），他奉献给德国观众一部从青年时代就魂牵梦萦的作品。他对各门学科千差万别的知识的渴望是无法抗拒的（尤其是天文学、地球物理学、矿物学、化学和植物学），他身上永远的冲动促使他去遥远的地方旅行。"什么赋予我主要的冲动，就是那种追求：从普遍的关联中去把握物质事物的现象以及把自然看作是因为内部力量而运动和生机勃勃存在的整体。"（K，Ⅰ，Ⅵ）这种冲动在他的早期作品中就有所体现，亚历山大·冯·洪堡回忆起《植物地理学》（1805），《自然景观》（1808）和在柏林的讲座《物质世界描述》（1827/1828），他把这部分内容放到《宇宙》中作为"自然享受的多样性和世界法则学术论证之导论"（K，I，3-40）。

这个题目说明了亚历山大·冯·洪堡努力追求的双重目标。他把自己看作想发现自然法则的经验型科学家，自然法则隐藏在丰富多彩的现象中。他反对"教条似的想象推测"（K，I，24）和浪漫的自然神话冥想，他赞同清晰的自然观，这种自然观的特点是仔细观察、精细测量和严格控制实验。亚历山大·冯·洪堡想根据"数据和范围关系"（K，I，36）来认识自然法则，在这个过程中细心寻找数字的大小和关系让他更充分地认识自然整体和世界法则。但同时他也将自然享受诉诸笔端，在自由的大自然及其壮丽的景色中可以经历这种享受。他任回忆恣意挥洒：他提到热带地区夜晚倒映在海洋温柔波浪中的星光；科迪勒山的森林及其山谷中巨大的柱子似的椰子树干；特内里费的火山顶及从火山口边缘看到的加那利群岛。这一切都是"不可测量的"（K，I，8），都可以成为享受的源泉，对享受本身来说可怕的大自然也可以魅力无穷。

对亚历山大·冯·洪堡来说，无论是认识自然还是享受自然都来自理念，他指的不是普遍的，而是从理性出发设计的基本原则。他对与经验分离的"理性的自然科学"（K，I，31）没有要求。相反他更喜欢思考性的观察和实证现象的感官享受，这些都是由自然整体的理念引导和论证的。对这种理念来说宇宙是最高级和最广泛最包罗万象的画卷："在宇宙理论中个体在对整体的关系中只是世界现象的一部分。这里描述的观点越崇高，这种理论就越能进行独特的研究和能让演讲变得生机勃勃。"（K，I，40）

他描述世界的讲演和文字作品应该生机勃勃，亚历山大·冯·洪堡在导论中没有提到哥哥的名字，但他引用了哥哥的语言观，他想把哥哥的语言观作为阐述自己作品形式的主线。哥哥和嫂子责备他的法国化，像是对他法国化的一种追溯性补偿，在作品里可以读到威廉的观点："思维和语言之间存在着一种内在而古老的相互作用，当语言赋予描述优美和清晰，当语言因为天生的可塑性及其组织结构有助于限制整体的自然观，那么它也同时几乎不易觉察地把自己的气息倾注给思维本身。因此，词汇比符号和形式表达的内容要多，词汇充满秘密的影响在它来自自由的民族情感和自己的土地上时表现得最强烈最明显。为祖国而骄傲，祖国智力的统一是每种力量外显最坚实的支柱。让我们将目光愉快地聚焦在祖国家乡的优势上。"（K，Ⅰ，40）

　　接下来的 10 年，亚历山大·冯·洪堡致力于完成 1844 年自己在导论中描述的计划。他开始描述整体的自然画卷，他想让这幅画卷远远地看上去"配得上宇宙这个伟大的词汇，宇宙作为整体、作为世界秩序、作为井然有序的装饰"。（K，Ⅰ，80）从宇宙的深处和最遥远的星云接近我们的太阳系，然后向下到我们的地球，最后专注于"动植物王国的微小有机体"（K，Ⅰ，80）。只有在这种"有机构成"（K，Ⅰ，83）的生命范畴中他才认识到自己原本的家乡并且作为自然科学家回到起点。为了直观显现有机物的生机勃勃他回忆起生命力的作用，就像他 1793 年在《弗莱贝格植物》及其植物生理学的附录里描写的那样。

　　但宇宙的中心是"人类"（K，Ⅰ，378）及人类思想精神的创造物，人和人类思想精神的创造物首先在语言中具有自己的媒介和形态。亚历山大指出"德国近半个世纪以来在创造性的语言研究中取得的辉煌进步"（K，Ⅰ，383）并提到哥哥威廉的伟大著作《论爪哇岛的土著语》，他特别强调书中热爱自由的思想。因为语言作为人类思维的"天然设施"让我们认识到人类的统一性，这种统一性反驳了每种"不愉快的看法"，即认为有高级和低级人种之分，也反驳了"最令人不开心的观点"，即想在自由人和奴隶之间造成天然的差异。"存在着可塑性强的、更有教养的、因为思想文化变得高贵的种族，但不存在更高贵的种族，所有种族都是一样为自由而生。为自由，自由作为权利在更原始的状态中属于个人，在国家生活享受政治机构的过程中属于全体。"（K，Ⅰ，385）

　　在 1847 年出版的《宇宙》的第二卷中亚历山大研究《自然整体的认知历史》（K，Ⅱ，135）。他从地中海古老的文化起源开始到牛顿和莱布尼茨结束。用于自然研究的文艺和绘画手段在这段历史中也占据了重要地位。第三卷于 1850 年出版，根据宇宙现象研究科学认识及假设的现状。亚历山大·冯·洪堡在此指出，没有哪种认识是终极且绝对可靠的。自然之书永远无法穷尽。每个研究都是在事物发展和知识进步过程中向更高一级迈进的阶段。我们可以接近真理，但不能拥有真理。八年后出版了第四卷，在书中他描述了宇宙的日地运行仪部分：我们地球的外部和内部。在此亚历山大·冯·洪堡特别详细地研究了火山，他曾近距离地经历了火山毁灭性的力量及其雄伟壮观的景象。

1858 年夏天约 90 岁的亚历山大·冯·洪堡许诺尽快完成著作的最后一卷，他写完一些跟地质学有关的题目如 1829 年参观过的西伯利亚阿尔泰山脉中的泥质板岩和花岗岩，他想最后写地球上的有机生命及其形成性力量。但他没能完成，他自己的生命力耗尽了。正如哥哥的土著语作品一样，出版这部未完成的宇宙著作又变成了爱德华·布什曼（Eduard Buschmann）的任务，布什曼给这部作品做注并补充了一部分内容，在这部分内容中他描述了亚历山大·冯·洪堡想怎样完成自己的《物质世界概要》。

亚历山大·冯·洪堡以巨大的能量写作《宇宙》，他试图用这部作品匹配崇高的伟大的世界整体，这是他一生都在探索的世界。他在经济上几乎处于崩溃边缘，在朋友门德尔松的家庭银行贷款 1300 塔勒，经济上完全依赖皇家宫廷，尽管如此，他全身心地专注于这部毕生著作。人们喜欢讲一个好奇的邻桌的故事，据说他问年老的亚历山大："是否是真的，像人们说的那样，一天 24 个小时他只睡 5 个小时，对此亚历山大的回答是，从 25 岁以来就是那样，一段时间以来他只睡 4 个小时。那人说道：'阁下，这如何可能！'亚历山大笑着回答：我没那么多时间了。"[45]

1858 年 10 月亚历山大·冯·洪堡得了流感，他又一次康复，他起床写信，接待来访者，读书，写《宇宙》的最后一卷，最后一年他的体力开始衰弱，侄女加布里拉·冯·比洛夫（Gabriele von Bülow）常常陪伴在他身边，他从 1842 年开始就住在柏林的奥拉宁堡大街 67 号。1859 年 4 月 21 日开始他再没离开过床榻，王子威廉即后来的皇帝威廉一世看望他："他不痛苦，话很少，但一直很清醒，慈爱。"[46] 他的生命在 5 月 6 日下午两点半温柔地结束了。只有侄女加布里拉和侄女阿德尔海德的丈夫奥古斯特·冯·赫德曼在他身边，加布里拉合上了他的眼睛。

直到最后，亚历山大·冯·洪堡清澈的眼光都看着落到病榻上的日光。"光线多么辉煌美好呀，看上去就像呼唤地球去天堂。"[47]

亚历山大·冯·洪堡于 1859 年 5 月 11 日葬在特格尔公园里，在还是孩童时他就在公园里享受"如此丰富的、充满魅力的、妩媚的大自然"（Jbr. 192）。他长眠在哥哥威廉和嫂子卡萝莉内的身边、"希望"的雕像下。

尾 注

1. 阿尔伯特·莱茨曼出版，《威廉·冯·洪堡给女朋友的信》，第 1 卷，莱比锡 1910 年，第 27 页。

2. 同上书，第 46 页。

3. 给弗里德里希·戈特利布·韦尔克的信。见鲁道夫·弗雷泽选编，《威廉·冯·洪堡：他的生活和作用；同时代的信件、日记和记录》，柏林 1955 年，第 882 页。

4. 亚历山大·冯·洪堡对霍尔奈（1857）。见 W. 霍尔奈《亚历山大·冯·洪堡》，汉堡 1860 年，第 27 页。

5. 阿尔伯特·莱茨曼出版，《威廉·冯·洪堡给卡尔·古斯塔夫·冯·布温克曼的信》，莱比锡 1939 年，第 157 页。

6. 参见马库斯·梅塞林《巴黎的东方读物：威廉·冯·洪堡的文字理论》，帕德伯恩 2008 年。

7. 参见科学院演讲记录。见威廉·冯·洪堡《论语言》，于尔根·特拉班特出版，图宾根 – 巴塞尔 1994 年，第 226 页。

8. 亚历山大·冯·洪堡《我的生活》，慕尼黑 1989 年，第 2 版，第 115 页。

9. 同上书，1826 年 12 月 13 日的信，第 199 页。

10. 歌德对埃克曼 II。1826 年 12 月。见约翰·彼得·埃克曼《与歌德晚年的谈话》。慕尼黑 1984 年，第 2 版，第 161 页。

11. 给高斯的信。巴黎，1827 年 2 月 16 日。见《亚历山大·冯·洪堡与卡尔·弗里德里希·高斯的通信》，柏林 1977 年，第 30 页。

12. 给萨穆埃尔·海因里希·施皮克尔的信。柏林 1829 年初。引用自亚历山大·冯·洪堡《我的生活》，见注释 8，第 202 页。

13. 参见库尔特 – 莱因哈德·比尔曼《因为学术团体受到愉快的鼓励：柏林科学院成员亚历山大·冯·洪堡》，柏林 1992 年。

14. 亚历山大·冯·洪堡在科学院的第一次演讲。1827 年 7 月 3 日。见上书第 49 页。

15. 亚历山大·冯·洪堡《论宇宙》。1827/1828 年在柏林音乐学院的宇宙演讲，法兰克福（莱茵河畔）– 莱比锡 1993 年，第 210 页。

16. 同上书，第 182 页。

17. 见注释 8，第 182 页。

18. 引用自汉诺·贝克《亚历山大·冯·洪堡》第二卷，威斯巴登 1961 年，第 46 页。

19. 亚历山大·冯·洪堡给哥哥威廉的信。由奥托玛绍的洪堡家族出版，斯图加特 1880 年，1829 年 6 月 9/21 日的信出自卡塔宁堡，第 186 页。

20. 1829 年 7 月 2 日、14 日信。同上书，第 188 页。

21. 信件引用自拉尔夫·赖纳·乌特诺夫《威廉和亚历山大·冯·洪堡》，见《德国兄弟：

12 对画像》，柏林 1999 年，第 160 页。

22.《歌德与威廉及亚历山大·冯·洪堡的通信》，柏林 1909 年，第 269 页。

23. 威廉·冯·洪堡给卡萝莉内·冯·沃尔措根的信，1829 年 3 月 26 日。引用自鲁道夫·弗雷泽《威廉·冯·洪堡》，见注释 3，第 910 页。

24. 见注释 1，第 26 页。

25. 特蕾泽·胡贝尔给威廉·冯·洪堡的信。奥古斯堡，1829 年 4 月 2 日。引用自鲁道夫·弗雷泽《威廉·冯·洪堡》，见注释 3，第 910 页。

26. 见注释 1，第 30 页。

27. 见注释 19，第 189 页。

28. 威廉·冯·洪堡给女儿加布里拉·冯·比洛夫的信，1830 年 10 月 2 日。引用自鲁道夫·弗雷泽《威廉·冯·洪堡》，见注释 3，第 932 页。

29. 同上书，第 948 页，1832 年 1 月 14 日的信。

30. 亨利艾特·赫尔茨给卡尔·古斯塔夫·冯·布温克曼的信，1835 年 3 月。引用自鲁道夫·弗雷泽《威廉·冯·洪堡》，见注释 3，第 964 页。

31. 孩子们的日记。特格尔，1835 年 4 月 2 日。同上书，第 964 页。

32. 亚历山大·冯·洪堡给卡尔·法恩哈根·冯·恩泽的信，1835 年 4 月 5 日。同上书，第 966 页。

33. 西格弗里德·赛德尔出版，《弗里德里希·席勒和威廉·冯·洪堡的通信》，第 1 卷，柏林 1962 年，第 150 页。

34. 亚历山大·冯·洪堡，前言。见威廉·冯·洪堡《论人类语言结构的不同以及对人类思想发展的影响》，柏林 1836 年（第 2 版波恩、汉诺威和慕尼黑），第 8 页。

35. 关于威廉·冯·洪堡的语言观参见布鲁诺·利普鲁克斯《语言和意识》，第 2 卷，法兰克福（莱茵河畔）1965 年；蒂尔曼·波尔舍《语言观》，斯图加特 1981 年；于尔根·特拉班特《语言的意义》，慕尼黑 1986 年；汉斯–维尔纳·沙尔夫出版，《威廉·冯·洪堡的语言思想》，亚琛 1989 年；于尔根·特拉班特《洪堡的传统》，法兰克福（莱茵河畔）1990 年；汉斯–恩斯特·席勒《现实自由的语言》，维尔茨堡 1998 年；莱因哈德·罗舍尔《语言意义》，帕德伯恩 2006 年。

36. 亚历山大·冯·洪堡与弗里德里希·阿尔特豪斯的第九次会面，1852 年 2 月 27 日。引用自汉诺·贝克出版，《亚历山大·冯·洪堡的谈话》，柏林 1959 年，第 328 页。

37. 见注释 1，第 276 页。

38. 见注释 34，第 5 页。

39. 亚历山大·冯·洪堡给卡萝莉内·冯·沃尔措根的信，1835 年，6 月 12 日。引用自亚历山大·冯·洪堡《我的生活》，见注释 8，第 206 页。

40. 参见赫尔伯特·斯库拉《亚历山大·冯·洪堡》。柏林 1985 年，第 11 版，第 295—298 页。

41. 同上书，第 301—304 页。

42. 亚历山大·冯·洪堡与弗里德里希·阿尔特豪斯的第二次会面，1849 年 12 月 23 日，见注释 36，第 281 页。

43. 给贝塞尔的信，1833 年 7 月 14 日。见《亚历山大·冯·洪堡与弗里德里希·海因里希·贝塞尔的通信》，柏林 1994 年，第 82 页。

44. 给卡萝莉内·冯·沃尔措根的信，1834 年 3 月 29 日。引用自亚历山大·冯·洪堡《我的生活》，见注释 8，第 204 页。亚历山大·冯·洪堡的《宇宙》重新编辑出版，奥托玛·埃特和奥利弗·利普里希写了后记，法兰克福（莱茵河畔）2004 年。《宇宙》的题目和出世参见佩特拉·维尔纳《天空和地球》，柏林 2004 年。

45. 《费尔迪南·施密特的报告：柏林50年代》，见汉诺·贝克出版，《亚历山大·冯·洪堡的谈话》，见注释 36，第 299 页。

46. 安娜·冯·聚多夫出版，《加布里拉·冯·比洛夫：威廉·冯·洪堡的女儿》(1893)，柏林 1918 年，第 18 版，第 531 页。

47. W. 霍尔奈《亚历山大·冯·洪堡：他的生活和对民族与科学的愿望》，汉堡 1860 年，第 156 页。

书中引用的文献说明

本传记中使用的最重要的一部分文献：

Br. : 罗马数字标注的卷本。威廉和卡萝莉内·冯·洪堡通信集 1787—1835。安娜·冯·西多夫出版。7 卷本。柏林 1906—1916 年。

G.S. : 罗马数字标注的卷本。威廉·冯·洪堡全集。普鲁士皇家科学院委托，阿尔伯特·莱茨曼出版，17 卷本。柏林 1903—1936 年。

Jbr. : 亚历山大·冯·洪堡青年时代的信件 1787—1799。伊尔泽·雅恩和弗里茨·G.·兰格出版。柏林 1973 年。

K : 罗马数字标注的卷本。亚历山大·冯·洪堡的《宇宙》——物质世界概要。法兰克福（莱茵河畔）2004 年。

父亲：亚历山大·格奥尔格·冯·洪堡

（1720—1779）

母亲：玛丽·伊丽莎白·冯·洪堡

娘家姓：科洛普

（1741—1796）

1700 年左右从湖边看到的特格尔庄园

兄弟俩第一任家庭教师：

约翰·海因里希·卡姆佩

兄弟俩多年的家庭教师和母亲信任的管家：

戈特洛普·约翰·克里斯蒂安·昆特

马库斯·赫尔茨

亨利埃特·赫尔茨

莫泽斯·门德尔松

格奥尔格·福斯特

亚历山大·冯·洪堡，1796

威廉·冯·洪堡，1796

洪堡兄弟与席勒（左）和歌德（右）在耶拿

卡萝莉内·冯·洪堡，娘家姓达谢尔奥顿，
戈特利普·施克画作，1804年左右

阿德尔海德和加布里拉·冯·洪堡姐妹俩，
戈特利普·施克画作

鲁本斯画作《末日审判》，1615/16 年

《特内里费火山口内部景观》，亚历山大·冯·洪堡的速写，1799

亚历山大·冯·洪堡（中）和艾默·波普兰特（右，植物标本采集箱）在安第斯山，左边是钦博拉索山，弗里德里希·格奥尔格·魏茨画作，1810

哈恩·德·布拉卡

莫拉斯省运送邮件

维也纳会议一角，让·巴蒂斯特·伊萨贝画作，1815

安第斯山的高度，亚历山大·冯·洪堡的速写，1803。左边最高山脉是钦博拉索山——科托帕希冒烟的火山。到雪线的地方，植物根据其海拔高度进行标记

特格尔庄园，卡尔·弗里德里希·申克尔改造后的新建筑，1821—1824

1830 年左右的柏林大学

威廉·冯·洪堡，约翰·约瑟夫·施迈勒画作，1826

亚历山大·冯·洪堡在书房，爱德华·希尔德布兰特的水彩画，1848

墙上挂着英语版的世界地图，纸箱中是保存的信件

特格尔庄园的公园：洪堡家族的墓地。

贝尔特尔·托瓦尔特森的大理石雕像"希望"

图书在版编目（CIP）数据

洪堡兄弟传 /（德）曼弗雷德·盖尔
（Manfred Geier）著；胡嘉荔，崔延强译. -- 重庆：
重庆大学出版社，2025.1. -- ISBN 978-7-5689-4760-2

Ⅰ. K835.165.5；K835.166.1

中国国家版本馆CIP数据核字第2024LW1442号

洪堡兄弟传

HONGBAO XIONGDI ZHUAN

［德］曼弗雷德·盖尔　著

胡嘉荔　崔延强　译

策划编辑：唐启秀

责任编辑：黄菊香

责任校对：谢　芳

责任印制：张　策

书籍设计：唐启秀

重庆大学出版社出版发行

出版人：陈晓阳

社址：（401331）重庆市沙坪坝区大学城西路21号

网址：http://www.cqup.com.cn

重庆亘鑫印务有限公司印刷

开本：720mm×1020mm　1/16　印张：19.5　字数：285千
2025年1月第1版　　2025年1月第1次印刷
ISBN 978-7-5689-4760-2　定价：78.00元

版贸核渝字（2022）第 006 号